わが道はチベットに通ず

サブリエ・テンバーケン著
平井吉夫訳

盲目のドイツ人女子学生とラサの子供たち

風雲舎

最良の友フランスへ
ook voor jou een doel voor ogen!

チベット学者Th・ドディン師の専門知識にもとづいた助言に感謝する。

本書に登場する若干の人物の名前は変えてある。

わが道はチベットに通ず　〈目次〉

装幀・浅香ひろみ

1・ケルサン・メト！

「ケルサン・メト！　ケルサン・メト！」

呼び声が下から聞こえる。わたしは馬を進める。落ちついてしっかりと、馬は石ころだらけの斜面にひづめを踏みいれる。道らしい道はなく、馬は一足ごとに歩みをとめる。どの岩塊がいちばん安全な歩みを約束するか、慎重に選んでいるかのように。

「ケルサン・メト！　もどってきて！」不安にみちた声が遠ざかる。

でもわたしはいまもどる気はない。馬の集中を乱してはいけないし、帰り道はもっと危険かもしれない。石のころがる音がこちらにむかってくる。ときおり馬はさっと跳びはね、落石を避ける。小さな山の馬は、登攀《とうはん》術にたけている。

わたしは警告されていた。この牡《おす》馬は攻撃的で、しょっちゅう強情をはって乗り手とけりをつけようとするんだ。でもわたしも強情で、この「悪魔」に身をゆだねた。そしていまわたしは喜んでいる。持ち主がナグポ（黒）と名づけた馬は、落ちついて、よく集中しているから。わたしは子供のころ、厄介で気性が激しいといわれる馬のあつかい方を学んだ。そういう馬はしばしば敏感で頭がいいので、まもなくわたしは安心して身をまかせられることを知った。

「ケルサン・メト！」下からさけぶ声がする。「雷雲がおしよせてきたよ。峠は越えられない！」

「越えなきゃ！」わたしは呼びかえす。「むこう側に村があるのよ、きっと泊まれるところもあるわ！」

一人の農夫がわたしたちに天気が荒れると警告した。できるだけ早くつぎの村に着くようにしなさい。峠のこちら側はガレ場ばかりで、寝られる草地もすこしはあるが、夜中に守ってくれるものはなにもない。

ナグポはちょっと足をとめ、わたしたちのわめき声に耳をかたむける。わたしの「チュア！」という低い声で、また動きだす。五日間わたしは馬の背で過ごし、そのうちにわたしたちはまったく独自な言葉でわかりあえるようになった。鞭はもちろん、手綱や両脚の締めつけさえ必要なく、短い命令と軽い体の移動だけでこと足りる。

風が吹きだし、ひゅうひゅう耳をかすめ、鞍《くら》のうしろに結びつけた荷物を引っぱる。風が強くなる。さいわい突風が危険をもたらすことはない。風はうしろから吹いてきて、わたしたちを山に押し上げるだけだから。

まもなく、やはり峠を越えることにした同行者たちの、あえぎ声が聞こえてくる。かれらは鞍から下りて、馬とならんで攀《よ》じ登ってくる。わたしはむしろ馬に身をまかせ、手綱をだらんと垂らし、ナグポの平静を保つことに全神経を集中する。

やがて登りきった。馬は汗まみれになり、重い鼻息をたてて峠に立つ。嵐はわたしたちを山のむこう側に追いたてようとする。わたしは鞍から下り、ナグポを風除けにして、同行者を待つ。最悪の場面はきりぬけたと思うと、緊張のあとの疲労にどっと襲われる。わたしがまだわかっていないのは、これまでの難儀は本物の地獄へのほんの前奏にすぎなかったことだ。

みんなが口々に悪態をつきながら、すっかり息を切らせて峠にたどり着くと、まずは稜線沿いに行進をつづける。むこう側に歩ける道が見つかるようにと切に願いながら、わたしはナグポと先頭に立つ。この牡馬は他の馬よりしっかりしていて意志が強いので、馬たちから先導者とみなされている。どこに踏みこめばよいかという勘もはたらくようだ。慎重にルートを選び、それをひづめでテストする。土が足もとでずり落ち、石が深みにころがる。やはり道らしい道はないらしい。

ナグポはちょっとためらい、それから身がまえて、岩から岩にとぶ。きわどい跳躍、と旅の仲間があとで話してくれた。ぱっくりと口を開いた深い岩の裂け目を跳びこえたのだ。この跳躍のさいにわたしの左の鐙《あぶみ》がはずれ、いやに長く感じる数秒あと、ずっと下のほうから岩床に当たるにぶい音がする。

わたしは高所恐怖がわきあがるのを感じ、ほんの一瞬凍るような戦慄につつまれる。しかしわたしはすばやく我にかえる。鞍の上にとどまっていられなければどうなるか。そんなことをいま考えているひまはない。すばやく歩を進める。岩から岩へ、跳びはね跳びはね、下へ下へ。

「ケルサン・メト！」声が必死になっている。同行者たちは馬といっしょにまだ岩の裂け目のむこう側にいる。

平坦地、小さな岩棚の上、と推測した場所で、わたしはナグポの足をとめる。「ここで待ってるわ」わたしはさけびかえす。「あなたたちはほかの道をさがして」長いあいだ、とても長いあいだ待つ。懸念が頭をよぎる。どうしよう、いま岩を吹き荒れている嵐が、かれらをつかんで奈落にほうり投げたら?

長い数分あと、かれらがべつのほうから近づくのが聞こえる。しかしほかの音、雷鳴も遠くで聞こえ、たちまち近くにやってくる。「進んで、進んで!」かれらはわたしに呼びかけ、わたしは低い「チュア!」でふたたびナグポを動かす。

嵐がひどくなってくる。突風がわたしの帽子の紐をちぎり、頭からもぎとる。わたしは帽子を飛んでいくままにする。こちらの人たちは、ふたたび見つけた帽子は不幸をもたらすと信じている。そんなことはどうでもいい。いま重要なのは自分の四つの感覚を、ここで起こっていることに集中させること。吹きすさぶ風。轟く雷鳴。空気はこまかい砂塵にまみれ、目にこびりつく。頸《くび》のスカーフを目の上にひきあげる。わたしに目はいらないから。わたしに必要なのは、なだれ落ちてくる石の音を聞く耳。わたしに必要なのは、おだやかな声で馬の気分を落ちつかせる口。わたしに必要なのは、だんだん腹帯がゆるみだした木製の鞍の上に、しっかりとどまるための平衡感覚。いま大切なのはわたしの下の動きだけ、馬の一歩一歩、一跳び一跳び。

「ケルサン・メト!」うしろから声がかかる。「もっと右! 左は断崖だよ!」

馬は境界線に道をとりたがる。そしてわたしは意識させられる。鐙を失った左足が空虚の上にぶら下がっていることを。でもわたしはもう馬に干渉できず、そのつもりもない。ただただ馬のなすがままに身をまかせる。

近くに雷が落ちて、ナグポがおびえる。轟音。石が裂け、馬が激しくいななくのが聞こえ、悲鳴がわたしを集中から引きはなす。なんだろう？　岩塊が奈落に落ちて、だれかをひっさらったように聞こえた。想像のなかで、岩の狭間の底でぐちゃぐちゃにつぶれた体を見る。かれらに峠を越えてついてくるよう強要したのは、このわたしだ。その思いが頭をよぎる。かれらはわたしを一人でほうっておけなかった。なにかあったら、その責めはわたしにある。

せまい山道で馬首をめぐらせようとしても、ナグポは言うことを聞かない。馬のほうが正しい、とわたしは思う。ではどうすればいい？　ここでただ待っているのはフェアだろうか？　もう一度、馬首をめぐらせようとするが、いまやナグポは強情をはって、さらに下っていこうとする。神経質になった馬をおとなしくその場にとどめておくため、わたしは鞍から下りる。二度目の落雷が夜をつんざく。雨が降りだす。冷たい奔流となって水が降りかかり、衣服に流れこんで、たちまちわたしはずぶ濡れになる。突然、馬の足音が聞こえ、すばやく上から近づいてくる。「なにがあったの？」わたしは闇のなかに呼びかける。

声は聞こえるけれど、雨と風に言葉が飲みこまれる。ようやく近くにきたとき、かれらがさけぶのが聞こえる。「進んで！　進んで！　なんでもないから、ちょっと落ちただけ！」

わたしはまた鞍に乗り、馬たちのひづめの音と、馬とならんで歩く人たちのブーツの音に導かれ、ナグポを下に進ませる。小さな岩鼻をまわりきると、ひづめの下の道がしだいに平坦になり、砂質になるのを感じる。

緊張と寒さでふるえている馬とともに、わたしたちは家畜小屋の軒下にいる。長く待つこともなく、興奮した農夫が家からとびだしてきて、大声でどなってわたしたちを雨のなかに追いはらう。隣の家で雨宿りを請うが、そこでは犬をけしかけられる。わたしたちはよほどうさんくさく見えるらしい。

一人の年をとった農婦が窓を開け、やっと話を聞いてくれる。ドルマが自己紹介して、わたしたちの小さなキャラバンを指さし、口上を述べはじめる。高い峠越えの長くて厳しい道を描写し、びしょ濡れでぽたぽた水が垂れる衣服と、落ちたときにけがをした自分の脚を見せる。

「オジ・アァ！」と農婦は同情をこめてうめくけれど、その場をはなれない。

わたしたちの窮状を印象深く具体的に示すため、ドルマは片足をひきずりながら窓の前を行ったりきたりして、痛々しい嘆き声の伴奏をつける。そのしかめっ面がことのほかおかしかったのか、急に農婦は大声で笑いだした。とはいえこの見せ物もしばらくすればばからしくなり、農婦は頭を暖かい小屋にひっこめ、窓をぴしゃっと閉める。

がっかりしてわたしたちは馬といっしょに雨のなかにたたずむ。わたしたちはドルマにもう一度やってみてくれとたのむ。「オォロヒ！」とドルマは何軒かの小屋に闇のなかで呼びかける。やがていくつかの窓が開く。

「泊めてもらうだけでいいんです、家畜小屋でも！」ドルマは呼びかける。いまや悲嘆の声が真に迫っている。

「いったいどこからきたのかね」一人の農夫が疑わしげにたずねる。

ドルマは語る。わたしたちは盲目の子供たちに新発明の盲人用の文字を伝えるため、一週間以上も騎馬の旅をつづけてきた。「ケルサン・メトは自分も目が見えません！」ドルマは言って、わたしの袖をつかみ、展示品みたいにわたしを開いた窓の前に押しやる。

「おぉい！　外国人がいるぞ」子供たちが興奮してさけび、窓から頭をつきだす。

「ケルサン・メトは」ドルマは言う。いまや名調子になっている。「ケルサン・メトはたった一人でチベットにきました、盲人に読み書きを教えるために！」

「ニィン・ジェ！　なんと感動的な」農夫の妻たちはうめき、興味津々の舌を鳴らす。しかしそれ以上はなにも起こらない。

いまやドルマは怒りだし、声がうわずってくる。「もしあんたたちが今夜わたしたちを泊めてくれなければ、こう言われることになるわよ。チベット人は客をもてなさない、チベット人は異邦人を戸の前で凍え死にさせた、と！」

これがついに功を奏したようだ。ゆっくりと戸が押し開けられ、一人の老人がわたしたちを愛想よく招じ入れる。

2・盲目の女子大生、中国で失踪？

「北京《ぺきん》行きCA936便にご搭乗のお客様はBゲートにおこしください」

それは初めての中国旅行ではなかったし、わたしが一人で旅をするのもこれが初めてではなかった。それでもわたしは友人たちからありとあらゆる懸念と非難を聞かされた。「まさか本気じゃないだろうな、その突拍子もない旅は」と、チベット学科でドクター試験をひかえたティーリーは言った。このフランス人のマッチョはこう言い添えた。「お嬢さん、お嬢さん！　きみを一人で行かせるわけにはいかないよ。きみにはなんとしても男の同伴者が必要だ！　あと三か月待て、そうすりゃぼくがラサまでついていってやる」

もう一人の学友は、わたしが出立を告げると、腹をかかえて笑いだし、「盲人がチベットをめぐる。まるでハリウッド映画みたいだな」と言った。ある女友だちの母親は心配そうに、親の許しは得ているのかとたずねた。そのときわたしは二十六歳になっていたのに。

そのころのボーイフレンド、クリストフはこう聞いただけだった。「きみはそれでいったいなにを示したいんだ？　だれがきみに強制した、たった一人で旅をしろと？　ひとまず勉学を修了すればいいじゃないか。そうすればぼくたちはいっしょに暮らせるし、いっしょに旅行もできる」クリストフとわたしはかつて中国にいたことがある。ひと月で彼はドイツにまいもどり、わたしのほうはあとふた月とどまった。巨大な国の小さな部分を独力でさぐりたかったから。初めはたしかに不安になった。こんな旅を目の見える同伴者なしにのりきれるだろうか。しかしまもなく気がついた。なんとたやすく行くことか、人生を偶然にまかせて、予見できないものにこだわらなければ。計画や期限をきめず、いま頭に浮かんだことをやりとげる自由と、わたしはなじみになった。

帰郷してからは、旅のあいだにあれほど楽しんだ自立の味がなつかしかった。ここドイツでは、なにがわたしにとって正しいか、それをだれもが知っていた——友人の善意の忠告にせよ、自信たっぷりに下される教授の勧告にせよ。わたしは空気も吸えないような気分になった。わたしはそういうこととおさらばしたくなり、新たな旅行の計画を練った。しかしこのたびは、たんに場所から場所へと移動するのでなく、長いあいだ温めていた願望を実現したかった。チベット高原のどこかで盲学校を立ち上げる。

「ご立派なこった」クリストフは苦々しげに言った。「きみはとびだす、ぼくをここに置きざりにして、それもこれもたんなるきみのエゴのために」

あやうくわたしは負けそうになったが、なんとか踏んばった。「なにがあなたをここにひきとめてるの？　さっさと荷づくりして、仕事もなにもかも置いてったら！」

クリストフは初め答えられなかった。友人のジェラルドが男に味方した。「サブリエ、ぼくは思うんだが、きみは堅実性というものに鈍感なんじゃないか。きみだってそのうちにわかるよ、家や家庭や定職の心配をするということが、どういうことなのか。きみが六十歳になったときに、なにを達成しているか、それを考えるべきだよ」

この種のお説教ほどわたしを怒らせるものはない。「わたしは人生を楽しむのをやめなきゃいけないの、いつか六十歳になるというだけで?」

とはいえジェラルドの言うことには思いあたるふしもあった。ときおりわたしも、自分は正しい道を選んだのだろうかと自問していたから。わたしはもうすこし「堅実さ」を学ぶべきではないか、それがよりよい職業のチャンスを開いてくれるなら。

それに、これはたしかに常軌を逸している。一人でチベットに出かけて、そこで盲人の生活環境を探索するなんて。ふつうならそのための調査チームを送るところだ。少なくとも理性的な人間ならだれだって、こういう旅では手がたく旅行会社の世話になるだろう。なにがわたしを再三再四こんな単独行に駆りたてるのだろう?

いまなおわたしははっきりした答えを出せない。しかしわたしがいつも大いに緊張すると見る夢がある。わたしは砂丘の縁に立って、海をながめている。空は明るい青、海はなめらかで暗い。太陽は輝き、浜辺は人であふれている。突然、水平線のかなたで深く青い水の壁が盛りあがり、ゆっくりと音もなく浜辺に押しよせてくる。人々はとびあがり、こちらに駆けてくる。でもわたしは水の壁にむかって歩いてゆく。わたしは緊張し、神経を集中しているけれど、押しよせてくるものに魅了されてもいるのを感じる。

ついに水の壁が浜辺に到達する。それはいまやものすごく高くなり、空の半分をおおっている。

いつしか、緊張の極に達したとき、波は逆巻《さかま》いてわたしを呑みこむ。そのとき、わたしは気づく。覚悟していた水の重圧が、ちっとも重くないことに。それどころか、自分が軽くて強くてエネルギーにみちるのを感じ、やりたいことはなんでもやれる、という気分になる。


「北京行きCA936便にご搭乗のお客様はBゲートにおこしください」

「あれは二回目のアナウンスよ！　そろそろ行かなきゃ」すでに両親はすこし神経質になっていた。しかし両親は、わたしがなしとげるものと信頼して、喜んで旅立たせてくれた。母などはわたしの嬉しい興奮に感染していた。なにもかもあとにして出ていきたいという感情を、母は知っていた。若い女子学生のころ、母は二年間トルコに行って、アンカラでイスラム美術を学び、建築学生たちと――ときには男装して――東アナトリアを巡歴し、セルジューク時代のモスクを測量した。「あなたがほんとうにやりたいと思ったら、なんとかやってしまうわよ」と、母はいつも言っていた。

とはいうものの、そのときわたしは母と父、そしてたぶん自分自身を落ちつかせなければと感じていた。そこでこう言った。「だって、なんでもないことじゃないの。わたしのどこがちがうの、ほかの旅行者と？」

そしてほかの旅行者と同じように、わたしは三回目のアナウンスで手荷物をかき集めた。突然燃え上がった旅立ちの興奮をかくすため、ことさらさりげなく最後の点検をした。書類はすべて上着のたくさんのポケットに納まっているかどうか。そして短い別れのあいさつ。わたしたちの横にはすでに電気自動車が待機していて、それがわたしをフランクフルト空港のはてもなく長い通路を運んでくれる——快適で愉快なサービス。でもわたしはちょっとばかげているような気もした。たしかにわたしは目が見えないけれど、歩くのは得意だから。

「どこに行くんですか?」電気自動車の運転手が興味ありげに聞いた。

「北京、そこからチベットに旅行するの」

「それをたった一人でやるわけ?」運転手はいぶかしげにたずねた。

わたしはうなずいた。そんなことはごくあたりまえの話だと言わんばかりに。実際のところわたしはひどく興奮していたけれど、言葉につまったらしい運転手をおもしろがってもいた。運転手はここかしこで車をとめ、パスポート検査その他、わたしが書類を提示すべき場所を過ぎると、やっとためらいがちにたずねた。「いったいどうやってやるのかね?」

わたしは思案した。「もともときちんとしたコンセプトはないの。予測外のことがしょっちゅう起こるから。偶然にまかせて、フレキシブルになるしかないわね」

「でもあちらではまったく一人になるんだよ! だれがあなたを助けてくれるのかね?」

「一人になるのがいやで、助けがいるときは、わたしは一人じゃないのよ。盲人用の白杖を持ってにぎやかな場所に出てごらんなさい。中国には人がうようよいるでしょ。うけあってもいいけど、十分以内にかならずだれかが話しかけてくるわよ」

運転手の沈黙は、この返事にあまり納得していないこと、あるいは不信の目でわたしを見ていることを物語っていた。そこでわたしは愛想よく言い添えた。「おかげさまで人間に二つのカテゴリーがあるのが、よくわかるわ。つまり、一つは感じがよくて、オープンで、賢い人。もう一つは無知で、傲慢で、盲人とかかわりたくないやつ」

「それはよくわかる」と運転手がすぐさま応じたのは、もちろん自分も感じがいい種類に属しているからだ。

このとき側廊から乗客の大集団が足ばやに押しよせてきて、道をふさいだ。運転手は二度激しくクラクションを鳴らし、大声をはりあげた。「ご注意を、ご注意を！ こちらは盲人輸送車！ どうか気配りをお願いします！」

これにはいささか気まずい思いをさせられた。びっくりしてとび散った乗客たちが、同情の目でわたしをじろじろ見ているのが、ありありと想像できる。こういう状況をわたしはいつも憎んだ。たとえばわたしが満員のバスに乗りこんで、混雑からできるだけ早く抜けだせるように、ドアの近くに立っていたとする。そのとき障害者優先席がふさがっていようものなら、バスの半分が語気もするどく哀れな人物に襲いかかる。「見えないのか、あんたが障害者席を占領しているのが？ 恥ずかしくないのか、盲目のご婦人を立たせておいて？」わたしがそれにさからって、おかまいなく、立つのは平気ですから、などと言えば、よく聞かされるのがこういう言葉だ。「盲人が世話を焼いてもらったときは、安んじて感謝していればいいの」

こういうときに、わたしがいつもいやというほど見せつけられるのは、自立できない同情すべき盲人というステレオタイプに社会が固執していることだ。むかしのわたしは自分のことを、まともにあつかうべき大人ではなく、保護されるしかない小娘と感じていたので、憤怒と屈辱のあまり泣きだすこともよくあった。

しかし年を経るにつれて多少は面の皮が厚くなり、むしろおもしろがって反応することを覚えた。だからそのときもわたしは運転手にこう言っただけだった。「たいしたもんね！　あなたの一喝はサイレンよりも効きめがあるわ」

Bゲートに着くと、運転手は車からとびおりて、うやうやしくわたしをかかえおろそうとした。これはもうやりすぎだ。「どうもありがとう、お世話になって。でもわたしは難なく自分で下りられますから」わたしは愛想よく、しかしきっぱりと言った。

運転手があまり気を悪くしないように、小さなカメラケースを窓口まで持っていってもらった。そこで運転手はすぐさま小声で係員とひそひそ話をはじめた。「このご婦人は盲目なのに、一人でチベットに行かれる。めんどうを見てあげてくれよ」

飛行中わたしはドイツ人の飛行機技師の隣にすわったが、ばかげたことにこれがわたしの気分をちょっと落ちつかせた。上空で飛行機が故障しても、この技師にたいしたことができるわけではないにせよ、異常な音が聞こえたときに、だいじょうぶかと聞くことはできる。

左には中国人の男性がすわり、スチュワーデスに『チャイナ・デイリー』を注文して、わたしが技師と飛行機や飛行一般について話しているあいだ、新聞に読みふけっているようだった。夕食が片づけられたとき、わたしは勇を鼓して、仕入れたばかりの中国語の知識を駆使して、左の席に問いかけた。「あなたは北京に住んでいますか？」

返事をもらえなかった。たぶんうなずいただけなんだろう。そこでわたしはさらにたずねた。ボーフム中国研究所の三週間集中コースで習ったとおりに。「あなたは子供を持っていますか？」

またもや返答なし。たぶんあらためてうなずいたか、あるいは子供がいないことを言いたくなくて、反応しなかったんだろう。

「わたしは子供をもっていません」とわたしは言った。われわれは同じ運命を分かち合っているのかもしれないというサインを送ろうとして。さらに、わたしは二十六歳で、ボンの大学で中央アジア学を専攻していることも言い添えた。

どうやらこれも隣人に感銘をあたえなかったようだ。たぶんこの人ははにかみ屋なのか、たんにわたしの言うことがわからなかったんだろう。どうもわたしの発音はまだまだ改善の余地がありそうだ。そこでわたしはあやまった。「ごめんなさい、わたしの中国語がうまくなくて。わたしは三週間しか習っていないものですから」

あいかわらず左からなんの反応もないので、だんだん不愉快になってきた。右から反応があった。飛行機技師がわたしの肩をたたいて言った。「お嬢さん、そちらの方は眠っていて、しかもヘッドホンをつけているから、なんにも聞こえませんよ」

十二時間空を飛んで北京に着いたときは、すでに真昼になっていた。むっとする熱気が待ちかまえ、ドイツの寒い天気とのコントラストが激しかった。太陽は容赦なく照りつけ、息苦しかった。飛行機技師がパスポート検査までわたしに付き添い、別れを告げた。「よいご旅行を。いまに新聞であなたのことを読むことになるでしょうね」

はい、はい。わたしは思った。「盲目の女子大生、中国で失踪」とか。さて、わたしは一人になった。これからどうするか？　不安はまったくなかった。ちょっと緊張していたけれど、ちゃんと準備勉強をすませた試験の前のようなもの。ともかくなんとかして自分の荷物にたどり着かなければ。

電気自動車の運転手になんと言ったか？　盲人用の白杖を持って出ていくだけでいい、通行人のだれかがすぐに助けてくれる！　有言実行。わたしは手荷物と杖で武装して、にぎやかな場所に出た。そこはたしかににぎやかだった。小走りのハイヒールがゆったりと大股のブーツにまじって床を鳴らした。子供たちがはしゃぎ、中国語、ドイツ語、英語の切れはしが聞こえた。人はうようよいるのに、だれも立ちどまらなかった。

そこでみずからイニシャティヴをとるしかなかった。わたしは人間の川に合流して、案内所の窓口がありそうなホールまで流れていった。しばらくすると一人の中国人の男性が、案内所の窓口と思われるところで係員と思われる女性と話しているのが聞こえた。男は銀行のありかをたずねていた。ここだ、ここだ。係員は荷物受取り場への道を教えてくれるにちがいない。

わたしの番になると、わたしはのぞき穴に身をかがめ、習い覚えたとおりにたずねた。「すみませんが、教えていただけませんか？」係員の女性はなにか言ったけれど、わたしにはわからなかったので、さらに言った。「教えてください、どこで荷物を受け取るのか？」

係員はガラスのむこうで立ち上がった。「あそこ」と言って、どこかを指し示したらしい。べつの聞き方をしてみた。「わたしは助けがいるんです、自分の荷物を見つけるのに」と言って、白杖を見せた。これも通じなかったようだ。係員はホールのどこかにある案内板を見るようにと指示したから。

もう一度やってみた。「すみませんが、わたしは目が見えないので、だれかに教えてもらわなければならないのです、どこに荷物があるのか」

厄介なことに、中国語の「目が見えない」には「字が読めない」という意味もある。そこで係員の女性はとても親切に説明してくれた。「中国語が読めなくても、あそこには英語の案内板もありますよ」

すでに窓口にはちょっとした行列ができていた。わたしのうしろの男性がいらだって咳ばらいをした。それから性急に、かなり声を荒らげて言った。「この外国人は盲目なんだ、あそこまで付き添う人が必要なんだ」

ようやく荷物をまとめると、タクシー乗り場をたずねた。おどろいたことに、これはなんの問題もなく片づいた。というわけで、わたしはこの日、はやくもいくつかのことをマスターした。自分のリュックサックを見つけ、運転手と値段の交渉をして、がたがた走るタクシーの後部席に気持ちよく疲れてすわり、北京の中心街のホテルにむかった。

3・九はトマトの赤

十六時間熟睡してホテルで目が覚めたとき、猛烈な空腹を覚えた。すでに真昼どき、わたしはレストランをさがすことにした。

中国でのレストランさがしはわたしの得意種目のひとつだった。街路に沿って歩くだけでいい。しかるべき匂いが鼻に立ちのぼれば、そちらに進路をむけて、だれかれかまわずわたしの華麗な中国語でたずねる。「ここはレストランですか?」たいていはわたしの予想を確認する返答をもらえる。一度だけ、二人の思春期の若者に出くわしたとき、二人はわたしの質問を聞いてはじけるように笑いだした。笑いがおさまると、かれらはわたしをべつの家に案内してくれたが、それはたしかにレストランだった。初めわたしが入りかけたのはなんだったのか、知りたいものだ。

うまくレストランを見つけると、つぎのハードルを越えなければならない。つまり、空いている席を見つけだし、実際に腹をみたすこと。目の見える旅行者は一目散に厨房に駆けつけ、あれこれの野菜や肉の料理を指し示せばいい。わたしの場合、そう簡単にはいかない。空いた席を見つけるのはさほどむずかしくない。ひとまず、行儀のよい中国人の客と同じく、入口の近くに立って、ボーイが席に案内してくれるまで待つ。このアクションのさいには同時に二、三の失態、たとえば椅子にぶつかるとか、を演じて、読めないだけでなく、見えない人間を相手にしなければならないことを、ボーイにデモンストレーションしてもよい。

さて、これをすべてクリアすると、料理を注文する段になる。これはわたしの中国語教本の第八章に載っているが、スペースの問題で残念ながら家に置いてこなければならなかった。なにしろそれは四つの大きなファイルになっていて、そこに百五十枚の点字紙が詰めこまれているのだから。

北京の初日、わたしは長々と思案しないで、ひとまずライスとスープを注文した。

「ほかになにかご注文は?」ボーイがびっくりしてたずねた。

前日の夕食を食べそこなったので、わたしはなにかほしくなった。「なにがあるの?」わたしは質問した。

これはしないほうがよかった。いまやボーイは少なくとも四十種類の料理を読みあげ、いずれも非常においしそうに響いたけれど、わたしにはさっぱりわからなかった。なにかおすすめのものは? ボーイはすっとんで行き、まもなくわたしのテーブルは最高の珍味を盛った皿や鉢でいっぱいになった。豚肉に蜂蜜ソース、蟹のパプリカ添え、若鳥にアーモンドの砕片と辛い生姜を散らしたもの、魚の唐揚げ、辛い薬味をきかせた茸、いまも名前がわからないさまざまな野菜。少なくとも四人分の宴席だった。そのころのわたしはまだ熟練した箸使いではなかったので、すぐにギブアップしてしまい、集中的ですばらしかったけれど、かなり短い享楽のために、ひと財産を支払った。

成都《せいと》におもむく前の北京の日々はよい修業期間になった。わたしがそこからやってきた国では、盲人用の白杖の先っぽが見えたとたん、母性本能とヘルパー症候群がフル回転する。わたしがドイツのどこかでたまたま横断歩道の近くでだれかを待っていると、「またたくまに」引っつかまれて道路のむこうにつれて行かれることがよくあった。わたしが抗議すると、熱心すぎるヘルパーは驚愕と羞恥もあらわに道路のまんなかからわたしをつれもどし、そそくさと逃げていった。いやいや、ドイツ人の親切心に不平を言ってはいけない。

ここ北京ではちがっていた。歩行者用の信号やゼブラゾーンがほとんどないのはべつにしても、白い杖が親切心を活性化するシグナルであることを理解している人はめったにいなかった。「なんですか、それは」と行きずりの女性がわたしにたずねた。その人は杖を持ちあげて、しげしげと調べた。「これは必要ありませんよ、ここにはタクシーもバスも市電もあるんだから」その人がわたしの杖を脚の補助具と思っていることがわかるまで、しばらくかかった。のちにチベットで、スキーに行くのか、それとも羊を飼いたいのかと聞かれたこともある。そういう誤解はもちろん故郷のボンでもあった。「これは地雷探知器かなにかかい？」

「あなたは生まれたときから目が見えないの？」

わたしは成都にむかう飛行機内で六歳の少女の隣にすわっていた。

「キャリー！」母親の若いイギリス女性が声を殺して叱った。「そういうことを聞いてはいけません」

もちろんそういうことを聞いてもよかった。むしろわたしはそれを喜んだ。妙な抑制や逡巡が盲人とのつきあいをさまたげているが、それを一掃するにはこういうやり方しかない。わたしは母親の異議を無視して答えた。「それはむずかしい質問ね。両親がわたしの視力障害を発見したのは、わたしが幼い子供のときだった。でもいまよりずっとよく見えたのよ」

「どういうこと？」

「十二歳までわたしは顔や景色を見分けられたの……わたしは色が見えたし、たくさん絵を描いたわ」

色は今日までわたしにとって重要な役割を演じている。両親は眼科医の助言にしたがって、できるだけ長くわたしに色を感知する訓練をしてくれた。そして色はわたしが見てとれるほとんど唯一のものだったから、わたしはそれをオリエンテーション（方位の確認）に利用した。たとえば自転車に乗っているときは、アスファルトにグリーンベルトや歩道の縁石の角の濃い灰色の影がある。

しかしもっと重要なのは、色がわたしにとって記憶の補助手段になっていることだ。物心がついたときから、わたしは数と言葉を色に分類してきた。たとえば数の四は黄金色、五は淡緑色、九はトマトの赤。これが電話番号や算数の宿題を覚えるのを容易にしてくれる。暦の曜日や月にも色があり、それはさらに丸いケーキを切り分けるように円グラフに配列されている。つまり、あるできごとが何曜日に起こったか知りたければ、まず日の色を思いだし、それが不確実なら、ケーキのなかの位置をたしかめる。子供のころ人にそのことを話すと、たいていの相手はわたしを変人あつかいした。のちにようやく、これがめったにない、生まれつきの、しかも実践的な能力であることを知り、いつでも、とくに学校で、大いに役に立った。

「それで、いまはなにが見えるの？」キャリーは知りたがった。

「眼科医は言うでしょうね、なんにも見えないも同然だって。たぶん、光と影がちょっと。でも想像と夢のなかではずっとたくさんのものを見てるわよ。色でいっぱいの景色や、顔だって」

「悲しくなることはある、実際には見えないのが？」

わたしはしばらく考えた。この質問はまだだれからも受けたことがなかった。「そうねえ、子供のころはよくやけくそになったわね。わたしはわんわん泣くんだけど、だれにもその理由がわからなかった。でも、ちゃんと見えないことで、悲しくなったんじゃないと思うわ。わたしはがっかりして、心を傷つけられただけ。ほかの人がわたしのことをわかってくれないと感じたときに。わたしが正常に見えると思っている人は、わたしがきちんと反応しないと気を悪くした。それから、わたしが盲目というだけで、わたしは物わかりが悪いと思う人もいた。だから、すごくゆっくりと、大きな声でわたしと話す人がたくさんいたし、弟や両親がわたしのそばにいるときは、わたしに直接話しかけずに、わたしの頭ごしにたずねる友だちもいたわ。『サブリエはボンボンが好きかしら？　この靴はサブリエに合うかしら』なんて」

キャリーが笑いだした。「でもあなたは目が見えないだけで、耳は聞こえるのに！　それにしゃべることもできるじゃない！」

4・当地区に盲人は一人もおりません

成都のことを回想するとき、最初に思い浮かぶのは蒸し暑い気候と、いつも雲におおわれた空だ。それは当地の諺《ことわざ》にもなっていて、太陽が雲から顔を出すと、犬がおどろいて吠えだすという。とはいえ成都の居心地はとてもよかった。人々は愛想がよくて、北京のようにせかせかしていなかった。中国人の学生たちとキャンパスを散歩するのはとても楽しかったし、せまい市場の小路や、初めはたしかに危険を感じる交通の大混乱のなかを、一人でぶらつくこともよくあった。ときには広場や小さな橋の上にたたずんで、騒音や匂いや川の流れを満喫した。

あるとき、そんなふうにたたずんで、まわりのものごとに耳を傾けていたら、人々が黙ってわたしのまわりに群がっているのに気づいた。旅行者ではなさそうだった。それならふつうはカメラのたえまない「カシャカシャ」でわかるから。何分か黙って対峙しているうちに、わたしは居心地が悪くなり、この状況をちょっとしたジョークでほぐそうとして、こう言った。「わたしはパンダじゃないわよ、どうしてそんなにじろじろわたしを見るの?」

パンダはここ四川省《しせんしょう》に棲息する絶滅に瀕した稀少動物で、中国人も外国人も動物園か研究施設で見物するしかない。しかしわたしの見物人はこの冗談めかした比喩が理解できないらしく、あいかわらず黙ってわたしの前に立ちつくしている。ついに一人が勇気を奮い起こして、きっぱりと言った。「そう、そう、あんたはパンダじゃない、あんたは外国人だよ」

ヨーロッパ人と中国人のあいだのユーモアの当たりはずれは運しだいで、それをわたしは一度ならず経験した。あるとき、雨期のまっさいちゅう、あちこちに深い水たまりのできた土の道を歩いていた。わたしは乾いた場所を見つけられず、水たまりのまんなかで助けを待っているしかなかった。やがて水が膝まで上がってきた。ずっとわたしを観察していたらしい一人の中国人の男性が、ついに口を開いた。「どうして水の外に出ないのかね?」

わたしは泥まみれの靴と、ずぶ濡れのズボンと、わたしの水遊びを見物がてら、ばかなことを聞くやつを、呪ってやってもよかっただろう。「心配ご無用、わたしは水泳が大好きなの」むっとして言いかえした。

おだやかな声で男はそれに応じた。「わからんなあ。近所にちゃんとしたプールがあるのに」

しかし多くの点で文化の相違はそれほど大きなものではない。わたしは若い中国人の芸術家グループと知り合いになり、よく町の中心部の小さなバーにつれていってもらった。そこは「ザ・リトル・バー」といい、ボンやケルンの旧市街の飲み屋とほとんど変わらなかった。芸術家たちはみずから手がけた店の内装を自慢げに説明した。壁を飾るポスター、スケッチ、箴言《しんげん》、絵はがき、テーブルにはローソク、奥に板張りの小舞台があり、そこで毎晩ライブミュージックが演奏された。側面に長いカウンターがあり、そこで学生や若い芸術家がビールを飲みながら哲学、マルクス・エンゲルス、現代芸術を論じ合った。カウンターのむこうに立っているのはバーの持ち主、タン・ライという女性で、論客たちにビールを注ぎ、カクテルをつくった。タン・ライはしばらくボンで働いたことがあり、流暢にドイツ語を話した。

「知ってる、あんたはここで有名人だってことを？」ある晩タン・ライがタバコ吸いの渋い声で言った。「みんな話してるわよ、馬で荒野をめぐり、盲人を助けようとしてる盲目の西洋女のことを」冷たいビールをわたしの鼻先に置いた。「今日はお代はいらない、あんたはわたしらの客人で、わたしらの国のためになにかしてくれるんだから」

「ちっともうまくいかなかったけどね」わたしはぶすっと言った。


事実わたしは康定《こうてい》までしか行けなかった。康定は成都から西に二〇〇キロはなれた小都市で、その先は立ち入りできない広大な地区の入口にあり、そこには主としてチベット語を話すカムパが住んでいる。この農耕牧畜民はしかしながら行動や言語に中央チベット人とはちがうところがある。標準チベット語とされているラサ方言とは異なる発音や文法の特徴とならんで目立つのは、ここの人々が慇懃《いんぎん》な美辞麗句をあまり使わないことだ。カムパはおおむね非常に単刀直入で、もってまわった言い方をせずに核心にせまる。

「馬がいるなら」若い牧人の男性が、わたしの計画を聞いて言った。「おれの馬をあげるよ、ついでにあんたはおれも手に入れる！」

わたしが丁重におことわりすると、カムパ男は腹の底から笑った。わたしはどちらかといえば買いとれる馬をさがしていた。これはすぐに片づき、まもなく充分に信頼できる案内人も見つかった。成都からきた学生で、康定の旅行社で働いており、チベット語と中国語のほかに英語もすこし話した。その学生は興奮して言った。「いまの仕事に退屈しきってたんだ、お金はいらないよ。こいつは見逃せない冒険だからな」

わたしたちはいっしょに買い物や歩きたいルートの計画を練った。康定からデルゲにむかうことにした。そこはチベット自治区との境界に近い。その途次に盲人と出会えるのを期待して、高地での失明の原因と頻度にかんする小さな統計を作成するつもりだった。

今日は馬の買いつけをすませようと思っていたら、知事から公式の招待を受けた。地区のお偉方が顔をそろえていた。衛生部長、外務担当官、学校部長、当地の病院の眼科医。ミルクティーと揚げパンでもてなされ、たいへん丁重に迎えられたが、わたしはいやな予感がした。困ったことに通訳がいないので、わたしは自分の希望をできるかぎり明確に伝えるため、知っている中国語とチベット語を総動員した。

「すべて知っていますよ」知事が愛想よく言った。「われわれはすでに成都に電話して、必要な書類をととのえています」

「つまり、公式な許可をもらえるわけですね?」こんなに迅速にいくとは夢にも思っていなかった。

「いや」これは外務担当官。「あなたが旅行をしたい地域は、外国人には閉鎖されています。あそこはしばしば地震や危険な地滑りがあって、道路は遮断されるし、強盗に襲われることもある」

つづいて眼科医が発言をもとめた。「あなたの考えはじつに立派だ。しかし当地区に盲人は一人

中華人民共和国　チベット自治区

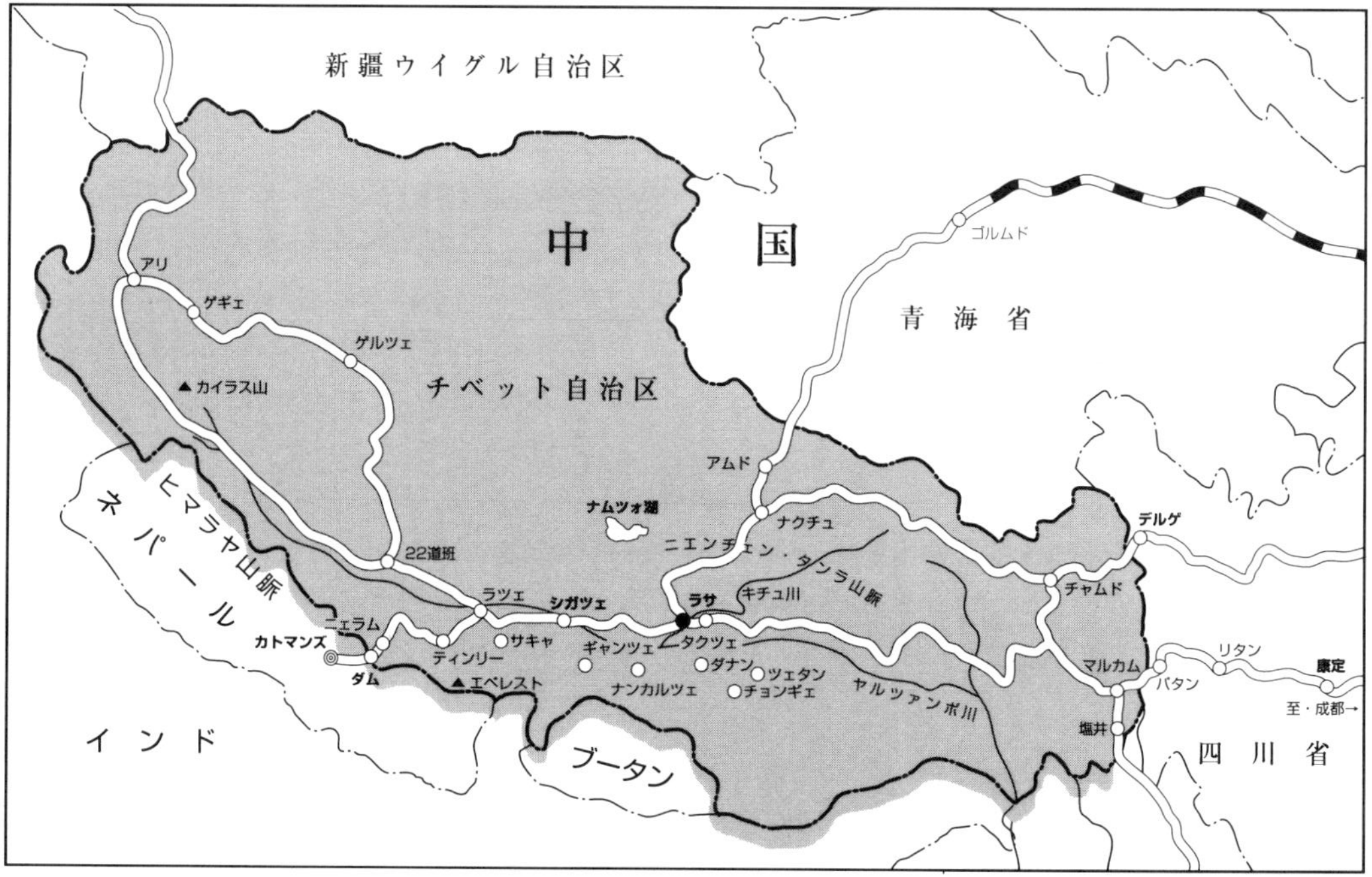

もおりません」

「それはすばらしい」わたしは言った。「するとあなたがたは盲学校建設のための資金も必要ではないのですね」わたしは役人たちに、いずれこの事業のために寄付金を集めるつもりだと告げた。

お偉方は神経質に内輪でひそひそ話。それから知事がおもむろに言った。「遺憾ながらあなたは成都にもどらなければなりません。もし旅行許可がとれたら、われわれは喜んであなたの計画を援助しますよ。そのときは無料でランドクルーザーも提供しましょう」

まことに気前のよい申し出だった。そこに盲人は一人もいないというのに。わたしは愛想よく謝辞を述べ、いとまを告げようとしたら、衛生部長がわたしをひきとめた。「もしも許可がもらえなかったら、義援金をわれわれのほうに送ってくださってもけっこうですよ。われわれが盲人のためになにができるか、そのときに検討しますから」

これでわたしの偉大な計画は終わってしまったのか？　わたしはひとまず帰路のバス券を買い、わが人生でいちばんアドレナリンの分泌の多い一日半をバスで過ごしたあと、うす汚れ疲れはてて成都にもどった。ふつうは十六時間の行程が三十三時間もかかった。くたくたに疲れたバスの運転手が乗客を、せまい、一部は崩れ落ちた山道を引きまわした。一度――トラックの渋滞に出くわして、運転手がタバコを吸いに下車したとき――突然バスがころがりだした。わたしは眠っていたが、少なくとも二十の喉からいっせいにあがった悲鳴によって、夢からひきはなされた。

なにがあったのか、あとで知った。運転手がハンドブレーキを引くのを忘れ、満員のバスが初めはゆっくり、だんだんはやく傾斜した山道を下っていったのだ。食いとめてくれるかもしれない前のトラックは、カーブのむこうに停車していた。正面は断崖が口を開けている。そこに舵取りのいないバスはむかっていった。悲鳴の合唱が、運転席のうしろで寝ていた運転助手をたたき起こした。サーカスなみの跳躍で助手は積み重なった荷物をとびこえ、ハンドブレーキを引き、断崖の数メートル手前で車をとめた。ショックのあまり乗客は泣きだして、四十の人命を救った運転助手に万感こめて感謝した。

成都ではいつも同じ言葉を聞かされた。「われわれは残念ながらあなたのためになにもできません。しかしあなたの関心事が非常に重要であることはわかります。なになに部に行ってみなさい、そこならきっとお助けできるでしょう」こんなふうに外務部から学校部へ、そこから衛生部へ、そして最後にはふりだしにもどった。

そのうちにうんざりしてきた。わたしは公園のベンチにすわり、やはりまぎれもなくナイーヴな自分の計画についてじっくりと考えた。わたしはフランクフルトの電気自動車の運転手になんと言ったか？　フレキシブルにならなければ。計画にこだわらず、むしろ偶然にゆだねよ。とつおいつ思案しながら、望ましい直観がひらめくのを待っていたら、中年の男性が、わたしのベンチにすわってもいいかと問いかけてきた。トムだった。イギリス人の世界放浪者。トムは長く中国をめぐっており、すでに康定で顔見知りになっていた。

「それで、これからどこへ行くの？」わたしは好奇心にかられてたずねた。

「はっきりきめてないけど、たぶんラサだろうな」

「ラサ」わたしは声をおさえて言った。「あそこには三年前に行ったことがあるわ」そのときわたしは母とカトマンズからラサに飛んだ。重い高山病でほとんど全日程をベッドに縛りつけられたので、旅の思い出はほんのわずかしかなかった。

「今度はそれほど高山病の心配はないよ」トムは言った。「きみは長いあいだ康定にいただろう、なんといってもあそこは海抜三千メートル近いからね」

「ビールをもう一杯どう？」タン・ライがザ・リトル・バーのカウンターで言った。

わたしは首をふった。翌朝五時に出ないとラサ行きの飛行機に乗り遅れる。これがわたしの新計画だった。あそこで残りの二か月を旅行者として過ごし、観光と小旅行をしてみよう。いまはそれだけ。

5・ラサのバナクショーホテル

「チベットはいつも天気がよくて、太陽は一日じゅう燦々《さんさん》と輝いている。心配ないわよ、モンスーンはラサまでこないから。それには山が高すぎるから」このとおりの文句を、わたしは飛行機のなかで隣席の女性に言った。一年ほど成都の大学で勉学しているドイツ人の学生で、死ぬほど太陽にあこがれていた。

いまわたしたちはラサの小さな空港にむかっていて、まわりは雲でいっぱいだった。飛行場で検問所の建物に走ったときは、雨が激しく吹きつけて、わたしのチベット通としての権威ははかなく消えた。

入境審査の前で長い行列になったのは、国内線でもチベット自治区に入るときは、ビザと入境許可証を徹底的に調べられるからだ。ともかくそれが、高山病にたいする処方をためす機会をあたえてくれた。トムが教えてくれたとおりに、わたしは昨晩のうちにミネラルウォーターの大瓶を二本買ってきて、その一本にアスピリンの発泡錠を溶かした。いちばん大切なのは、血をつねに薄くしておくことだとトムは言った。機内でもたくさん飲んでおけ――ただしコーヒーや濃いお茶はだめ、あれは体から水分を抜くから。それよりコーラやジュースのような甘いものがいい。

言われたとおりにしたら、海抜三六五〇メートルの高度にもかかわらず高山病の徴候はつゆほども感じなかった。いっぽう隣席の女性はかなり具合が悪くなっていた。こちらはすでに成都で予防薬を飲んでいた。よくすすめられる薬だが、これは体から水分を抜いてしまう。初めこの女子学生は指先がむずむずするのを感じ、しだいに目まいを覚えた。リュックサックとスーツケースのあいだに押しこまれてリムジンバスにすわっていたときは、さらにひどい頭痛にもみまわれた――いずれも典型的な高山病の初期症状。わたしにはその気分がよく想像できた。

バスが空港からの道を大きく迂回しなければならなかったので、ラサまで一時間半もかかった。終点はヤクホテル、たいていの旅行案内書の筆頭に出てくる。わたしがリュックサックを手にとってバスからとびおりたのは、もっとわたしの好みの宿をさがすためだった。そういう宿がラサ市内の北京東路にたくさんあるのを、わたしは知っていた。ラサのメインストリートで、ダライ・ラマの宮殿、ポタラ宮の東を走っている。

聴覚によるかぎり、ラサはいちじるしく変貌していた。広い道路は、三年前にはまだほとんど車が走っていなかったのに、プープー吠える乗用車、リンリン鳴らす人力車、ガタガタ走るトラックがうようよしていた。この交通地獄をぬって小型のトラクターがエンジンをふかしながらのろのろ進み、荷台には屑鉄、建材、あるいはただの土が縁まであふれている。ところが、この交通負荷にもかかわらず、成都や北京とちがって、ここにはスモッグがほとんどなかった。たしかにゴミため の近くは臭いし、小さい路地は人の糞便の匂いがした。しかしとりわけ街じゅうにただようのは、香煙、スパイス、無数のレストランからもれてくる食べ物の匂いだ。

とくにストリートチルドレンが目立った。歩いていると、子供たちはわたしにまとわりついて、あわれっぽい声でさけぶ。「グチ、グチ！　マニー、マニー！」神経を消耗させる「ハロー」の呼びかけも三年のうちに劇的にふえた。いたるところから耳に響いてくる。本気で接触をもとめているのか、ただの行きずりの「ハロー」なのか、区別するのはそう簡単ではない。

すでに数日前にラサにきていたトムも「ハロー！」と呼びかけてきたが、わたしが反応しないので、わたしの前に立ちふさがった。雑踏のなかで知人と鼻をつきあわせたのが嬉しくて、わたしはトムに、おすすめの宿はないかと聞いた。トムは自分も泊まってたいへん気に入ったバナクショーホテルにわたしを案内した。これは伝統的なスタイルで建てられた旅館で、ポタラの東の旧市街の近くにあり、とくにリュックサック旅行者に好まれていた。わたしは一泊五マルク（一マルク約五五円）の四人部屋を、やはりふたたび道で出会った例の高山病の女子学生、卒業前の世界旅行をしている二人のイギリス人学生と分け合った。しかし泊まり客はたえず入れかわり、おかげで楽しい時間がはじまった。

その前にわたしはラサを独力で探索していたので、すでに町はなじみになっていた。私は楽しんだ。朝まだき、お茶とみごとに酸っぱいヨーグルトを前に、バナクショーの屋上テラスにすわる。朝、ゆったりとおちついて、日記をディクタフォン（速記用口述録音器）に吹きこむ。そのあとでバルコル（八角街）を散策する。ラサの中央に鎮座する聖域にしてチベットの心臓、ジョカン寺の周囲をめぐる巡礼路。

バルコルを見つけるのはむずかしくなかった。旧市街のいりくんだ小路の迷路をぶらつくだけで、いつのまにやら人波に巻きこまれ、そのまま流されていけば、つねに時計まわりにジョカン寺の周囲をめぐることになる。そのさい地面にしゃがんでいる物乞いの脚や、祈る僧侶の群にぶつからないよう気をつけるだけでいい。

バルコルはまさに騒音のごった煮だ。ぶつぶつお経をとなえ、マニ車をまわしながら、かたわらを通りすぎる巡礼の群をかきわけて、宝石売りの女性がわたしの袖をつかんで「ルッキー、ルッキー！ チーピー、チーピー！（見るだけ、見るだけ、安いよ、安いよ）」と呼びかける。どんなにがんばってもわたしには「ルッキー、ルッキー」ができないことをわからせたとたん、女商人はからから笑ってつぎの犠牲者にねらいをつける。

巡礼路の両側に屋台店がならび、ありとあらゆる必要品と不必要品を売っている。革製品、スパイス、プラスチックのおもちゃのピストル、これは子供だけでなく、なぜかいつまでも幼い僧侶にも人気がある。帽子も多種多様で、緞子《どんす》や毛皮、藁《わら》や革もあれば、まるまる一頭の狐が頭から尻尾まで毛皮を提供しなければできそうもないかぶり物もある。勇猛な種族として知られる東チベットのカムパは短剣、革鞭、装飾品や宝石を売っているが、本物のトルコ石に偽物が入りまじり、本物の横に陶器やプラスチックの珊瑚がならんでいる。目覚まし時計ばかり売っている店もある。どの時計も良好なる機能を誇示してけたたましく鳴り響き、地獄のような喧騒をまきちらす。

ここバルコル、そしてほとんどどこの裏通りでも、人民の娯楽のためにテレビが大音響をたてて

ラサ市街図

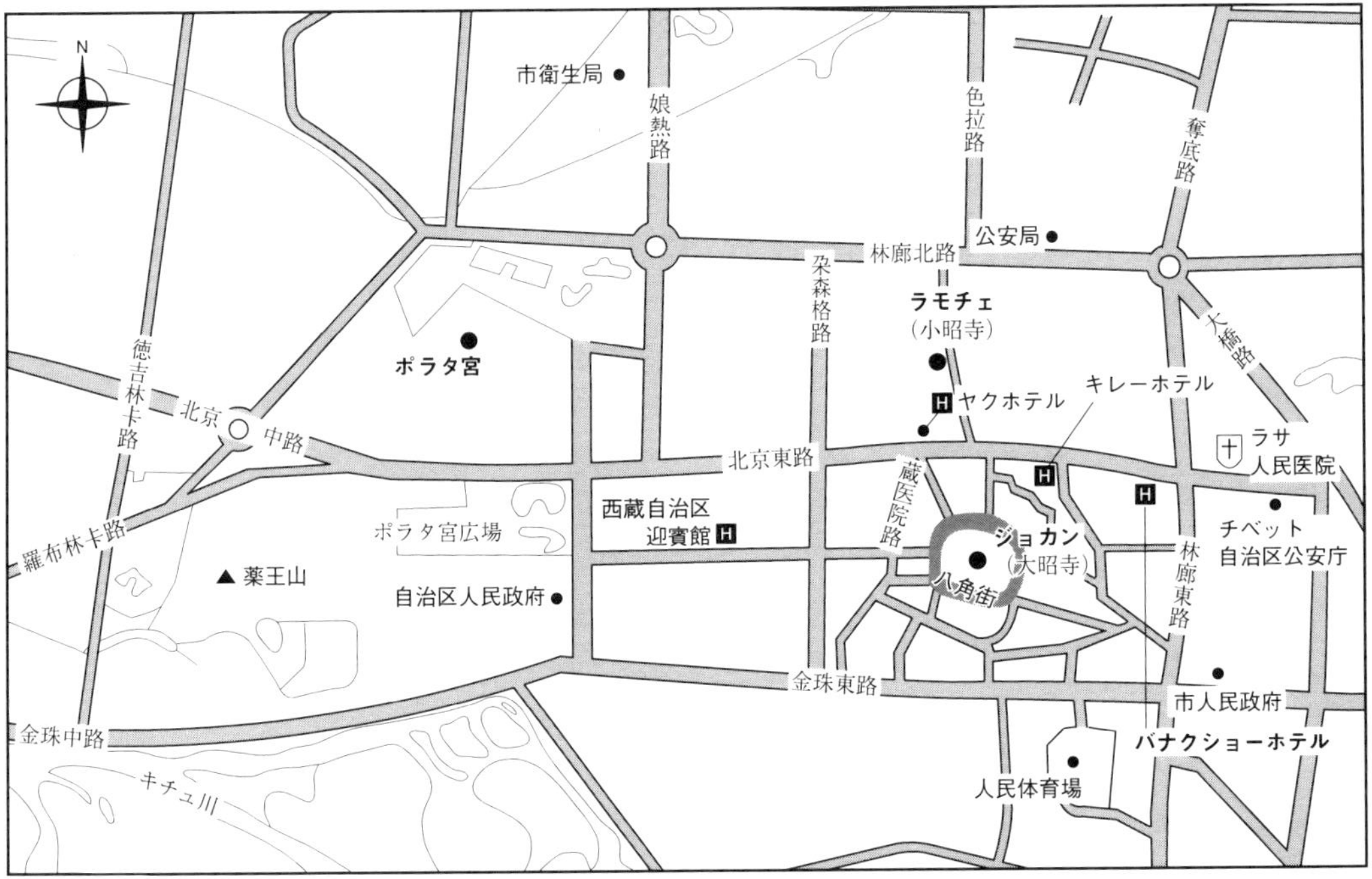
N
市衛生局
娘熱路
色拉路
奪底路
公安局
林廓北路
朶森格路
ラモチェ
(小昭寺)
大橋路
徳吉林卡路
ポラタ宮
キレーホテル
ヤクホテル
北京
中路
北京東路
ラサ
人民医院
蔵医院路
西蔵自治区
迎賓館
ポラタ宮広場
ジョカン
(大昭寺)
チベット
自治区公安庁
羅布林卡路
薬王山
八角街
林廓東路
自治区人民政府
金珠東路
市人民政府
金珠中路
バナクショーホテル
キチュ川
人民体育場

いる。ボリュームのつまみを上げすぎて、耳をつんざく騒音しか聞こえない。騒音にも場面によって多少の変化はある。わめくか、殴るか、吠えるか。というのは、わたしがたしかめたところによれば、アクション物の放映が多いからだが、ほとんどだれも興味を示さない。

初めのころ、午後はたくさんの寺院をひとつひとつ訪ねた。あるとき一人歩きで大伽藍《だいがらん》にたどり着き、しばらく入口に立って、堂内に耳を傾けた。ほとんど物音がしないのに、広間に大勢の人がいるのを感じた。わたしは壁にもたれて石の床にすわりこんだ。しばらくすると一人の僧侶が藁の敷物を持ってきてくれて、わたしにささやいた。静かにすわっていればよい、瞑想中の僧たちは好奇心から集中を乱すようなことはないと。やがて僧たちは祈りはじめた。経文の朗誦と鉦鼓《しょうこ》の響きが織りなす音の舞台装置をわたしはたっぷり楽しんだ。

勤行《ごんぎょう》のあいまに僧たちにバター茶が配られ、わたしもひと碗の伝統的な飲み物をいただいた。母は三年前、このお茶を飲むときまって気分が悪くなったので、わたしはおそるおそる碗を口につけた。塩味のお茶は腐った脂の味がきつくて、僧侶たちがいかにもうまそうに音をたててこの飲み物をすするのが不思議だった。しかしチベットにいればこの味覚から逃げることはできなかった。いまも、わたしがためらいがちに碗をほんの少しなめたとたん、勤勉な僧侶がポットを持ってとんできて、ブリキの碗の縁までいっぱいにした。その後わたしはこのお茶に慣れただけでなく、とくに寒い日には――新鮮なバターで調合されているかぎり――ほかのいかなる飲み物よりも珍重している。

ちなみにチベットではなににせよバターの味と匂いがする。それもおどろくにはあたらない。ヤクの乳からつくったバターは、チベットでは食用だけでなく、灯油、木材の塗装、肌クリーム、髪油、革や鉄製品の塗油などにも使われるのだから。

晩はたいていどこかのレストランにすわり、旅行者たちとおしゃべりして、ラサをうろつく外国人の奇人変人ぶりをおもしろがったりした。平和の闘士やチベット心酔者は、声をひそめ胸をふくらませて中国の密偵や迫害されたチベット人との遭遇をひけらかす。改宗したての仏教徒は、あるラマから得度《とくど》を受けたばかり、どうやら悟りを開く直前にあるらしく、世界の救済に邁進せよとの召命を感得している。また、なんでもかんでも「グレート」と「ワンダフル」の旅行者もいれば、なにもかも気に入らないやつもいる。天気も、人も、食べ物も。

最後の部類に属しているのが、ある晩知り合ったオーストラリア人のフランクだった。フランクはアジア旅行を香港で開始して、すでにそこでなにもかもぞっとした。いまラサにいて、その度合いは頂点に達した。シャワーが熱くならない、「チキンカレー」で下痢をした、最後のとどめに、天井から雨漏りがベッドを直撃。

同じ晩にわたしはパウル、ステファン、ビリアとも出会い、新たなルームメイトになった。ビリアはイスラエルからやってきた。兵役を終えて修学の前に、いまひとたび自由を楽しむつもりだった。ビリアはチェコ人のステファン、オランダ人のパウルとともに朝の飛行機でやってきた。たいていの個人旅行者は好奇心旺盛で人見知りしないので、旅行中のわたしにしばしば遠慮なく話しかけてきた。これがわたしの人生を楽にしてくれる。この三人の新入りも格別内気なほうではなかった。それどころか、かれらはわたしを質問の矢で穴だらけにした。

五人目——不平屋のフランクが仲間に加わり、わたしたちは宿の部屋割りをすませてレストランをさがした。フランクはかたいヤク肉を注文して、仇《かたき》のように歯をぶちこんだ。ビリアはボビをためすことにした。野菜と肉をくるんだパンケーキ。この料理を無事故で胃におさめるにはたいへんな忍耐を必要とする。わたしはいまでも「サンドイッチの悪夢」にうなされるほどだ。ビリアにとってもこれは最後のボビになった。なにしろひと噛みするごとに、中身がどさっと落ちてしまう。パウルがそれを死ぬほどおもしろがって、微に入り細をうがって彩り豊かに描写するものだから、わたしたちは陽気にはしゃいだけれど、ビリアはかなりいらいらしたにちがいない。

ステファンはライスに若鳥と新鮮な茸を注文して、たっぷり賞味した。それが今後六週間で最後の温かい食事になるとは知らずに。この晩を境にステファンはベッドをはなれられなくなった。ジャルディア虫に寄生され、危険な吐瀉《としゃ》をくりかえして。これにラサ旅行者はよくやられる。ベッドとトイレに通じる廊下をのぞけば、ステファンがチベットで目にしたものはたいしてない。

パウルはトゥクパしかたのまなかった。伝統的なヌードルスープ。卓越した語り手は、食べることなんかに時間を浪費しないのだ。たしかにパウルが自在にあやつる語り口は極上品だった。パウルは語りに語り、ジョークをとばし、盲目のバス運転手やなにやかやの珍談奇談を口演した。

つづく数週間、わたしたちはいっしょにラサをへめぐり、長くておだやかな夏の夕をバナクショーの屋上テラスで楽しみ、朝食でもしばしば顔を合わせた。ある日、そんなふうにゆったりとした饗宴のひととき、不意にだれかがわたしの肩をたたいた。「もしもし、お嬢さん！　きみはいまごろ僻地のどこかで、盲目のチベット人のために闘っていると思っていたが、ここで文明にひたってすわりこみ、パンケーキをつぎからつぎに詰めこむ以外に、やることがないとはね！」

ティーリーだった。ボンのチベット学科の博士候補。わたしが旅立つとき、ティーリーはあんなことを言ったけれど、ここで会うとは思ってもいなかった。ティーリーが中国人のガールフレンドにチベットの美しさを見せたいと言うので、すぐさまわたしたちはラサ周辺の遠足をいくつか提案した。テルドゥムの温泉、サムイェの古い寺院、これは川を渡らなければならない。そしてわたしはひらめいた。ナムツォに行きたい。この山上の湖のことを多くの旅行者がうっとりとして語るのを、わたしは聞いていた。かれらは色彩の豊かさと、澄みきった高地の空気をほめちぎった。

「そこでなにをするつもりだい？」フランクは懐疑的だった。「スリル満点の水上スポーツでもやれるのかい？」

「いいえ」わたしは言った。「でも、すばらしい、彩り豊かな風景があるわ」

またしても、大いなる沈黙。ついにパウルが勇を鼓して、慎重にたずねた。「なんできみはそんなに風景に魅了されるのかなあ、きみにはそれが見えないのに？　でも、きみにとって風景は、ほかの人と変わりがないんだろうなあ。ぼくが目を閉じれば、まわりはまっ暗になるだけだが……」

6・わたしは非常にビジュアルな人間

しばしばこう思われている。盲人は自分一人では状況の見当をつけられない、と——まるで視覚を失うことによって、まわりの世界にたいするイメージもすべて失われるかのように。しかし実際には、目で知覚できなくなったものを、他の感覚が大幅に補ってくれる。盲人は聴覚、嗅覚、触覚のシグナルを利用して、閉ざされた空間や街路で状況の見当をつける。

なじみのない環境のなかで、とくに重要なオリエンテーションの補助手段は盲人用の白杖だ。これで盲人は自分の前にある道を触診できる。杖の先を振り子のように揺らして地面の上を滑らせる。この摩擦がつぎの一歩に必要な情報をすべて伝えてくれる。道はぬかるんでいるか、石ころだらけか、砂質か、平坦か否か、それを盲人はこの振り子のテクニックだけで知る。そのうえ音響の情報も加わる。杖先の摩擦は音をたて、それが建物や対象物からさまざまなかたちで撥ね返ってくる。たとえば狭い小路を歩いていると、この反響が、側面は石や木材の壁なのか、薮や樹木なのか教えてくれる。

いつも通っているバルコルから盲学校までの道を、わたしはつぎのようなやり方で歩いている。わたしはその道を、開かれた広場の端からはじめる。それが広場だということは、聞こえる声の距離の差異でわかる。近づく声もあれば、遠ざかるものもある。たえまない噴水の音はまったく変わらず、反響がない。つまり立てこんだ家並みの壁から撥ね返ってこない。わたしの右に自動車が往来する道路があり、それがさしあたりガイドラインになる。わたしは広場を横切る。右の道路と等距離を保つよう注意しながら。いまわたしは、ずらりとならんだ屋台市場にむかっており、そこでは中国人の商人が声をはりあげて果物を売っている。夏はリンゴと梨、冬はオレンジとグレープフルーツの匂いが鼻に立ちのぼると、客の邪魔をしないよう慎重に右に転じて、道路にむかってすこし歩く。道路のすぐ近くを、ふたたび自動車の騒音を右に聞きながら、さらにまっすぐ歩いていくと、杖が一種の歩道の縁石にあたり、群衆が周回していなければ、これが新たなガイドラインになる。それはわたしを導いて、道端に屋台をならべた靴屋の前を通りすぎる。職人たちのハンマーの音と、鼻をつく革の匂いでそれがわかる。

そのすぐ先でガイドラインは左折し、わたしはそれについていく。ここで歩道の縁石は終わり、わたしは道路のまんなかに出る。ここはもう旧市街だから。自動車はめったに通らないし、通るとしてもカタツムリのようなテンポでしか進めない。右側に飲食店がならび、焼きたてのパンや肉うどんの匂いをぷんぷんさせている。

この道路では前に話したテレビのスピーカーがとくに念入りに響きわたっている。たぶんわたしは、この音響による環境汚染をある点で評価できる、ラサで数少ない人間の一人だろう——すなわちオリエンテーションの補助として。右側の戦争ないし拳闘ドラマを三つほど過ぎると横町に入る。わたしはそれをまったく特殊な匂いで識別する。この横町は多くの住民が公衆トイレとしても使っているから。しかも地面は非常にでこぼこしていて、杖はしばしば石と石のあいだ、小さな穴ぼこ、水たまり、あるいは「用たしの跡」にひっかかる。この小路はT字路で終わり、わたしは左にまがる。

このあたりに寺があるにちがいない。朝と晩に香煙の匂いが鼻にただよってくるから。右から風が吹くのを感じたら、それがせまくて人通りの少ない小道への指標になる。もっとも、わたしはよくここで予告なしに危険な工事用の穴にぶつかった。穴の直径は半メートル、深さは、聞くところでは、四メートルに達することもある。底に電線がむきだしになっていて、この一画を歩くときはとくに注意を要する。

道の正面を遮断している石の壁に沿って、一本の小路が左にのびている。ここは閉所恐怖症の人にはおすすめしかねる。幅一・五メートルしかない道が約五〇メートルつづく。目の見える人はしばしばここで、家々が頭上からなだれ落ちてくるような印象をいだく。家の戸口にはたいてい老人がすわっていて、わたしに愛想よくあいさつし、ゴミの山や水たまりの注意をしてくれる。ここではチャン、伝統的な大麦ビールと、焼きたてのバレブ、チベット風パンケーキの匂いがする。

小路はT字路で終わる。わたしは右に向きを変える。この道は広くて平坦だ。それはジグザクになって車の多い道路に通じており、交通の騒音が、家々の壁に静められて、初めは低く、だんだん大きく聞こえてくる。当地ではなんの運転経験もなしに免許証を金で手に入れることも稀ではなく、交通信号や横断歩道の意味がわかっていない自動車運転手がいるので、わたしはしばしば通行人に助けをもとめて「競走区間」を渡る。

建設現場のうしろに砂質の、ほとんど掘り起こされた道が左にのびていて、中庭の入口でさらに左に折れ、右側の二つ目の中庭にいたる。

この道の説明をわたしはすでに多くの学校訪問者にも伝えている。初めはたいていの人が、これを詳細に書きとめるのをめんどうくさがるが、結局みんなこの説明どおりにやってくる。なかには目をつぶって迷路をたどろうとする人たちもいて、匂いと音の道しるべをなぞって方位を確認できたことにびっくりしていた。

「盲人は暗闇しか見えないのか?」この質問をわたしはよく受けるが、わたしはそれに、少なくともわたしは、きっぱり「ノー」と答えることができる。それに、この質問はあまり論理的ではないと思う。完全に盲目ならば、まったくなにも、つまり「暗闇」も見えないはずだ。一つしか機能する目を使えない友人が、わたしに言ったことがある。「足の親指で見ようとしてみな。靴の底につっこまれた親指になにが見えると思う? まさに足の親指が見るように、ぼくの失明した片目も見るのさ、つまり、なんにも見ない」

すこしでも、たとえば明暗などを知覚できる人には、自分のまわりはたんなる暗闇ではない。わたしは盲目だが、けっして「暗闇のなかにいる」という感じはしない。まったくその逆で、わたしは非常にビジュアルな人間だと言ってもいい。

映像的にイメージする能力は、すべての盲人の特徴とは言えないが、すべての晴眼者の特徴でもない。目が見えようと見えまいと、とくに音と匂いを記憶にとどめる人はたくさんいる。だれもが過去のできごとをビジュアルな、目に見えるかたちで思いだすわけではない。もっともわたしの場合は、自分が知ったすべてのものを、音、匂い、風、寒暖などによって吸収した印象を、想像力を駆使してそのまま色彩豊かで精密な映像に置き換える。友人知人の立居ふるまいも、音響その他の情報による知覚に応じて、わたしのイメージのなかで大きなジェスチャーや表情豊かな姿勢に転化する。

たとえば、誇りを傷つけられて黙っている人は、背筋をのばし、頭を上げ、鼻をつきだした姿勢で、わたしのなかに投影される。そのさい顔の表情、たとえば「伏せていた目を上げる」や「口もとをぴくっとさせる」などは、わたしにとって重要ではない。その種のきわめて繊細な表現形式はわたしの経験の範囲にないから。子供のころもそのようなシグナルは、かすかに残っている視力では知覚できなかった――でもそのかわり、すでに述べたように、色があった。十二歳になるまでわたしはたくさんの色のヴァリエーションを吸収し、記憶にためこんだ。まあ「ペトロール（グレーがかった）」とか「モーヴ（藤色の）」とかいうモダンな色調ではないにしても。

色を対象物に、たとえば衣服の柄や風景全体に塗っておくと、それはひときわ明瞭かつ鮮明に記憶を照らしてくれる。わたしが旅行した土地のようすを描写すると、びっくりしてたずねられることがよくある。「どうして風景をそんなにくわしく描写できるんだ、すこしは見えたんじゃないのかい？」

そこで、わたしは自分の印象を、人から話してもらって得ることもあれば、みずから他の四つの感覚と、もちろん想像力をはたらかせて得ることもある、と答えると、がっかりされることも稀ではない。「ああそう」と目の見える友人は言う。「そうすると、きみが描写するものは、現実じゃないんだ」

「現実じゃない」とはどういうことだろう？　それはただ、晴眼者にとって現実とは、もっぱら視覚でとらえられるものである、と言っているにすぎない。たしかに目で知覚されたものは、他のすべての感覚の印象をはるかに凌駕《りょうが》する。とはいえ、たいていの人は知覚のための五つの可能性をそなえている。しかし視覚がこんなふうに優位を占めるとき、他の感覚は現実の認識に寄与しないのだろうか？　目でとりいれる映像は、耳、鼻、舌、肌が伝えるものよりも「より現実的」なのだろうか？

色彩が風景描写で重要な役割を演じるたびに、わたしは目が見えているような感じがする。まさにそういうことがティーリーとのナムツォ旅行でもあった。ナムツォは長さ約八〇キロ、幅四〇キロの塩湖で、標高四七〇〇メートルを超える高地にある。一説によれば、三千万年から六千万年前にチベット高原全体をおおっていた古テティス海の残りだという。ネス湖と似たような伝説もある。ナムツォのはてもなく深い湖底に怪物が棲んでいて、ときどき鼻面を緑碧の湖面からつきだすとか。こういう話に誘われて、いくつかの、もちろん西洋の探検隊や海洋生物調査チームがのりだして、湖と怪獣の伝説の真相をきわめようとしている――研究者の足や科学的ダイバーの足ひれが搔きまわしていない空間が、この地上にあってはならぬというわけで。もっともわたしをナムツォに誘うのは怪獣よりも、ここを訪れた人のだれもが夢中になる変化に富んだ色彩だ。

こうしてわたしたちは一日じゅう砂質の山道を上がったり下がったりして、中国製のおんぼろジープが岩鼻をまがったとき、突然ティーリーが歓声をあげた。「あれだ！　はやく、はやく、カメラ！」

ティーリーが、カメラの「カシャ、カシャ」を伴奏に、風景を愛でているあいだ、わたしは窓からながめて、しだいしだいに眼前に展開する映像を楽しんだ。わたしの前に巨大な、緑碧の湖面がひろがった。岸辺はすっかり塩におおわれ、夕日を浴びて雪のように白くきらめき、近くの湖水は明るい青緑色に輝いている。遠ざかるにつれてナムツォは深い暗緑色と暗青色になり、さらに地平線に目をやれば水は明るい青に変わってほのかに光り、夕空の青い光彩と溶けあっている。まわりの山と砂丘は太陽に照らされ、黄金色、茶色、火のような赤に輝いている。数日前に雲をかぶった山頂はうっすらと雪化粧をして、あちこちの山腹にみずみずしい緑の草原が萌《も》え、そこでは遊牧民が山羊とヤクに草を食《は》ませている。

こうしてすわりこんだまま、鼻と額を窓ガラスに押しつけて、なにものも見逃すものかと色鮮やかな目の保養に耽溺《たんでき》していたら、ティーリーがわたしの肩をたたいて、すこしからかうような声で言った。「指図をするつもりはないが、きみがナムツォを見たいのなら、べつの方角を見たほうがいい。きみがのぞきこんでいるところには、うす汚い灰色の岩しかないのでね」

多くの晴眼者は、わたしからこの話を聞くと、憐憫《れんびん》の情に打たれる。わたしのファンタジーがわたしにこんないたずらをしたことが、わたしにはショックだったにちがいないと思いこんで。でもわたしはおもしろがっている。わたしが豊かな想像力を駆使できることを、あのシーンは示しているのだから。

　目が見えようと見えまいと、人はみんな自分なりの現実のイメージを持っていて、それは多かれ少なかれいわゆる実際のすがたと合致している。そういうイメージは音、匂い、味、触覚の印象にもとづいて、音響的、あるいは純粋にビジュアルなすがたで明示できる。とはいえ視覚によって得られるのでなければ、ビジュアルな印象はどのようにして生まれるのか？　わたしの経験では、わたしが世界についていだく映像は、目の見える人のイメージとさほどちがわない。わたしの風景描写を晴眼者もほぼ追体験するのがふつうだから。ちがいは、わたしの考えでは、主に映像が生まれるプロセスにある。

　たとえば晴眼者が部屋に入ると、一瞥《いちべつ》するだけで、はやくも部屋は「像をむすぶ」、べつの言い方をすれば、部屋はその人にとって映像となる。それに要する時間はほとんど問題にならず、それは一瞬にまで縮められる。

　それに反してわたしは時間を、多くの時間を必要とする。なにかを眼前に導きだして、まわりの世界の映像をつくりだすには。わたしが見知らぬ部屋に入ると、まず生じるのは、これは部屋だという、漠然とした、具体性に欠ける自覚でしかない。やがて部屋を一歩また一歩と開拓し、そこにあるものに触れるにつれて、しだいにビジュアルなイメージが生まれてくる。椅子にぶつかれば、椅子を迂回し、テーブル等々に手で触れる。さらにそれに他の感覚で知覚した印象が加わり、部屋の広さや雰囲気などを知らせてくれる。これらすべての印象がわたしにはたらきかけるには時間を要する。一瞥とか一瞬とかいう比喩は耳、鼻、指、舌には当てはまらないから。

こうして身をもって知った部屋を描写するとき、わたしがまず用いるのは時間的な概念で、空間的な概念ではない。わたしの部屋体験では、テーブルは椅子の「むこうに」あるのではなく——それは空間的な、視覚体験から得られる概念だ——、むしろわたしは初めに椅子にぶつかり、そのあとテーブルと衝突する。まず部屋を時間によって体験してから、しだいにビジュアルなイメージも生育する。この映像は、しまいにはもっと詳細になるにせよ、晴眼者のそれと合致しなければならないわけではない。そこで、わたしが晴眼者といっしょに記憶から部屋や人や風景を描写すると、おもしろいことがよくある。そして聞き手は、そもそもきみたちは同一の状況を話しているのかと、いぶかしげにたずねることになる。

たとえば、わたしは友人といっしょに馬に乗って秋の森を散策している。わたしたちのかたわらで青緑色の小川がサラサラと音をたて、ここかしこで密生した薮をぬって蛇行している。風が枯れ葉を巻きあげ、馬のひづめの音が森の土を踏んでにぶく響く。

わたしはいかにしてこの映像にいたるのか？　木と湿った土の匂いがする。周期的に長細い影におおわれる、つまり、樹木と太陽が交互にわたしの肌を冷やしたり暖めたりする。かすかにカサコソと聞こえる音は、秋の枯れ葉がたてているのだろう。土壌がひづめの下でうつろに響く。サラサラと聞こえる水音が強くなったり弱くなったりするのは、小川がときどき遠ざかり、ふたたび道と並行して流れるからだろう。水音は清らかに澄んでいて、滑らかな石の上を走っているかのようだ。目の見える同伴者の映像は、これとはまったく別物だった。わたしたちの前にあるのは灰色の、コンクリートでできた製材所。地面には紙屑がむぞうさに散らばり、風が吹きつけるとカサコソと低い音をたてる。伐採したばかりの木材が道沿いに高く積み上げられていて、長い影をわたしたちに投げかけ、森と秋の芳香を発散している。わたしの小川は人工の運河で、やわらかい砂地に掘削され、ときどき鉄管のなかに消える。

わたしがファンタジーのなかで描いた映像は、同伴者が自分の知覚した現実のすがたをわたしに伝えるやいなや、たちまち崩壊する。いまわたしは、秋の枯れ葉のざわめきが紙屑の音であり、木の香りを発しているのが挽《ひ》き材であることを知っている。

わたしの知覚作業には見ることが欠けている。まわりの世界について可能なかぎり包括的な判断を得るということでは、これは不利なことかもしれない。もっともわたしは、そしてこれは有利とさえ思えるのだが、自分の制約された知覚を意識して、残された四つの感覚に人一倍集中する。わたしは世界を想像のなかで描けるから、ときにはわたしの世界のほうが美しいことだってあるのではないか。いずれにしても、わたしがこの本で描くのは、わたしがイメージした映像、わたしが知覚した現実像なのだ。

7・盲目は前世の業

ある朝――わたしはすでに一週間あまりラサにいた――ドルマと知り合った。チベット女性で、わたしとほぼ同い年。ドルマは流暢な英語でバルコルにいたわたしに話しかけてきた。「ここでなにをしているの、あなた一人で？」

「そうね、なんとなく旅をしてるというか」わたしは言ったが、そこで本来の計画を話すことにした。たちまち話がはずみ、わたしたちは近くのレストランに入った。ドルマがモモを注文した。これはチベット風の餃子《ギョウザ》で、ヤク肉の細切《こまぎ》れや野菜が詰めてある。

「あなたがここの盲人の境遇に関心をいだくのは、あなた自身が盲目だから？」ドルマはたずねた。

わたしはしばらく考えた。「ええ」それからこう言った。「まさに、そのためよ、わたしが盲人に関心をいだくのは」

「わかるわ」ドルマは言った。「それに、とても論理的だし。だって、だれよりも盲目のことがよくわかるのは、自分自身が盲目の人だもの」

そうか。それが「論理的」だと思う人間が存在することを知るために、わたしはわざわざチベットまでこなければならなかったんだ。それまでわたしが聞かされた意見は、むしろその逆だった。いわく、盲人の世話は目の見える特殊教育の専門家にまかせたほうがよい。かれらは盲目について「勉学」しているし、盲人にできることとできないことをよく知っているから。

ドルマは一発でわたしの共感を喚びおこした。それからの日々、わたしたちはしょっちゅうバルコルの小さなレストランで会い、ときにはドルマの質素な住居を訪ねることもあった。そこは旧市街のちっぽけな部屋で、ドルマは夫と二人の子供、一人の子守女、少なくとも百匹の鼠といっしょに住んでいた。子供たちはわたしを「ハロー」としか呼ばず、夫はわたしの名前を発音できなかったので、ドルマはある日わたしにチベット名前をつけた。ケルサン・メト。「幸福の花」という意味があり、いまでもチベットの友人の多くがわたしをこの名でしか知らない。

ドルマは医療相談員をつとめており、いろいろな地方に出かけては、農民や牧畜民に保健衛生の基礎知識を教えていた。チベット自治区の失明の頻度は平均以上に多い、とドルマは断言した。その主な原因は強い紫外線。牧畜民と農民はとくに標高の高い地域で暮らしており、目を太陽から護れないので、しばしば角膜に障害が起こり、手術で治癒するのはごく一部だけ。

「チベットにそんなにたくさんの盲人がいるのなら」わたしはたずねた。「盲人の世話をする特別な施設もあるんでしょうね？」

「いいえ」すぐさまドルマは答えた。「そういうものはここにはないの」そして慎重に言い添えた。「でも、いまはあなたがいるわ」

待って、待って。わたしは思った。それはちょっと早すぎるんじゃない。わたしはひとまずこの国となじみになって、生活条件をもっとよく知る必要があった。「盲人はチベットではどんな生活をしているの？」わたしはたずねた。

同じ質問を、かつて故郷の大学でチベット人の教師ペマにしたことがある。「ああ」ペマ先生は答えて言った。「目を閉じたまま、一日じゅう眠っているよ」

「そんなこと信じない」わたしは笑って言った。「だって、わたしは一日じゅう眠ったりしないもの！」

「うん」ペマは応じた。「きみもやっぱりおかしいよ！」

ドルマは多種多様な情報を集めてくれた。村や遊牧地によって事情はさまざまだった。ある村では盲目の子供や成人も小さな仕事をまかされて、それなりに共同体に統合されている。ある村では盲人は完全にほったらかしにされ、暗い小屋のなかでひっそりと暮らし、家族や隣人の助力にたよりきっている。なかには盲目が実入りのいい商売の種にされることもある。一族あげてラサにやってきて、盲目の子供や親族を物乞いとして街頭に送りだすのだ。

盲目はチベットの俗信では前世の悪行の罰とされている、とドルマは説明した。盲人は悪魔に憑《つ》かれていると信じる人々も多い。だから盲人は超感覚的な力で、人の目には見えないものを認識できるのだ、と。この魔力なるもののせいで、盲人はしばしば賎視される。地方によっては盲人に触れることさえ不浄とされている。いっぽう教養を積んだ仏教僧ラマは、まったくべつの考えをもっている。ラマは障害を、盲目もふくめて、当人にあたえられたチャンスと見る。厳しい試練をのりこえることは、ラマの見解によれば、精神を強靭にする。

ある日、ドルマの提案で、小さな巡回調査をすることになった。まずは往来たけなわの真昼のバルコルで。ドルマはちょっとあたりを見まわして、一人の子供の細い腕をつかんだ。「この盲目の女の子は屋内で燃料を焚くうちに視力を失って、いまではおばさんから物乞いに出されているの」鉄砲玉みたいに怒れるおばさんが戸口からとびだしてきて、子供をすぐはなせ、とドルマにどなった。

ドルマは苦々しげに笑った。「はい、はい、子供がたっぷりお金を持ってこなくなるのが心配なんだね」

子供はエネルギッシュなおばさんにひっつかまれて、ほかの、邪魔をされずに「日々の仕事」に専念できそうな場所につれていかれた。

わたしたちは人力車に乗って、ポタラのほうに行った。宮殿のうしろの公園の端に一人の若い男がすわり、ギターを弾いて歌っていた。聴衆は手拍子をとり、大いに浮かれているようだった。

「これはタシ」ドルマが言った。「タシは盲目で、すばらしい歌をつくるの。ラサの近辺ではみんなタシのことを知ってるわ」

タシの前の地面に置いてある陶器の鉢に、わたしは小銭を入れた。「すると音楽で暮らしていけるのね？」

「そう思うわ」ドルマは言った。「タシはいい暮らしをしてるもの。自分で自分のお金を稼いでるから、受け入れられ、尊重されている。でもたいていの盲人は家族や村の厄介者になってるわ」

盲目の歌い手にしばらく耳を傾けてから、ドルマはわたしをラサの旧市街につれもどした。せまくて悪臭ただよう小路や閑散とした裏庭をいくつも通りぬけた。どこもかしこも汚水とプラスチックのゴミや紙屑であふれていた。やがてわたしたちは崩れかかった石段を上ると、いきなり「部屋」のなかに立っていた。

本来それは部屋と言えるものではなかった。一つの屋根と、角《かど》を形成する二つの壁だけでできていて、残る二つの壁のかわりに、分厚い毛布が雨風と雪をふせいでいた。ぼろぼろの藁《わら》の敷物にすわっていた老女が、さっと土がむきだしの床に座を移して、わたしたちに自分の座席をゆずった。

ドルマが手短に説明した。この女性には五人の成人の息子があり、みんな盲目なのだ、と。父親はそのことに折り合いがつけられず、離婚した。ちなみにチベットの夫は、自分の子供が盲目で生まれたり、失明したりすると、こんなふうに反応することがよくある。ドルマは老女の前にしゃがみこみ、わたしも盲目で、チベットの盲人のことを知るために、わざわざドイツからやってきた、と話した。母親は興奮して、大声で末の息子を呼ぶと、息子はすぐさま階段を駆け上がってきた。

「これはミグマル」ドルマが言った。「家族でただ一人、自分でお金を稼いでる。ミグマルは古いラジオを修繕して、町で安く売ってるの」

母親は末の息子に、わたしたちを兄たちのところへ案内するよう言いつけた。ミグマルは先に立って歩いたが、正常なテンポで足を運べるところを見せた。盲人用の杖を持たないのに、まがり角の多い中庭やせまい横町でみごとに方位を確認できた。ときどきミグマルは両手を打ち鳴らした。わたしも似たようなテクニックを使っている。わたしは指をはじいたり、舌を鳴らしたりして、その反響だけで、自分がいるのは広い中庭か、狭い小路か、まわりの壁は木か石か、部屋に絵や壁掛けがかかっているかどうか識別できる。

しばらく狭い小路の迷路をへめぐってから、ミグマルは低い戸口をくぐり抜けた。わたしたちもあとにつづいた。そこは居酒屋だった。当地の大麦ビール、チャンの匂いが強烈だった。チャンは冷えたレモネードのような味がするので、アルコール濃度を過小評価しがちになる。低い木のテーブルに生酔いの男たちがすわり、麻雀をしながら若い女にチャンの酌をさせていた。

片隅にミグマルの兄たちがうずくまり、いずれもチャンの鉢を手にしていた。ミグマルが話しかけても、なんの反応も見せなかった。わたしたちも腰をおろし、ドルマが搾《しぼ》りたてのチャンを注文した。ぼくはアルコールを飲まない、チャンが兄たちをどんなふうにしたか、あまりにもよく知っているから、とミグマルは言った。兄たちは他人の助力にたよりきり、隣人にめんどうを見てもらうしかない。口にはしなくても、この若者たちが絶望と諦念に打ちひしがれているのが感じとれた。

いっぽうミグマルは自分の生活に満足しているようだった。「たくさんの隣人が、知らない人まで、こわれたラジオを持ってぼくのところにくるんだ」ミグマルは得意そうに言った。「ぼくは自分のめんどうを見られる、目が見えなくても」ちょっと考えこんでから、おずおずと、はにかむように言い足した。「もっともっと稼げるかもしれないんだけどなあ、ぼくが中国語や英語も話せたら」

「学校に行くことを考えたことがある?」ドルマがたずねた。

「うん」ミグマルは言った。「ぼくは学校に行ったことだってあるんだよ、従姉《いとこ》といっしょに。でも、ほんの短いあいだ。先生はぼくがクラスにいるのをいやがった。ほかの子供たちのように読み書きを覚えられないからって」

これこそわたしが長いあいだ待っていた発言だった。わたしはすぐさま応じた。「でも盲人のための特別な文字があるのよ」

数枚のチベット語の点字紙をわたしは旅の初めから上着のポケットに入れて持ち歩いていた。いまその一枚をとりだした。それは小さな厚紙で、表面に三十の子音が点字アルファベットで打ち出されており、ボンのわたしの先生がチベット文字を書き添えてくれた。ドルマがミグマルに音節アルファベットを読み聞かせ、わたしはミグマルの手を点字の上に導いた。

ミグマルは両手で点字をさすり、思いにふけるように言った。「おかしな話だなあ、遠い国からきた人が、この国の言葉で書いた盲人用の文字を持ってくるなんて……」

8・チベット語の点字をつくる

「ああ、もうだめだ！　そんなにガリガリやられたんじゃ、まったく集中できない！　おれたちは歯医者にいるのか、え？」図書館のドアがバタンと閉まり、いまやわたしは一人になって、少なくとも五人の学生をみごとに退散させた読み取り器と、心おきなく対座していた。

この器械はオプタコンといい、カメラを内蔵した小型の装置だ。印刷された文字をインパルスに転換し、それが微細な針の動きで左手の人差し指に伝達される。もっともこの読書法はとても疲れるし、器械がたてる騒音はまことに耐えがたいもので、歯科医のバーとの比喩はよく実感できる。

「専攻についてはよくよく考えることだね」と、憂慮する講師は、図書館でテキストにかじりついているわたしに言った。「きみがくるまで、こんな学問をあえてやろうとする盲人は一人もいなかった。目の見える学生でさえ最初の学期でギブアップするものが多い。それに、きみはわかっているのかい、そもそも自分がチベット学でなにを達成したいのか」

こんなふうにチベット学科の教師たちは、つねに友好的かつ親切に、しかし鼓舞激励とは言いかねる助言をしてくれた。始業式でも教授はつぎのような言葉でわたしたちにあいさつした。「チベット学と中央アジア学にたいする関心が高まることは、もちろんつねにわたしの喜びとするところである。とはいえわたしは諸君に指摘しておきたい、職業上の展望は実際のところゼロに等しい、と。そして、現実の職業のチャンスをほとんど開かない学問にしては、費やすものはまことに大である」

多くの新入生がこの式のあと顔を見せなくなり、残った数人の強情者は、この学問にほんとうに関心を持っていたけれど、なかにはおかしな連中もいて、改宗したての「ホビー仏教徒」はこの専攻を、ネパールやインドで僧院に住みこむためのスプリングボードと心得ていた。かれらの多くも――いつも香油や香煙の匂いをふんわりとただよわせて――まもなく勉学をやめてしまったのは、研究よりも瞑想に時間を費やしたかったから。

わたしにも最初の学期のあとで問題が生じた。なぜこんなにつらい思いをしなければならないのか。副専攻の哲学と社会学に全面的に集中したほうがよかったかもしれない。それなら少なくとも異邦の文字を解読しなくてもいいから。必要な文献を朗読してもらうこともできるし、スキャナーやコンピュータの特殊な言語アウトプットで読むこともできる。

ところが中央アジア学の分野でわたしの訳読作業を定期的に手伝えるものは一人もいない。というわけで、わたしは何時間もテキストにかじりつき、オプタコンを使って一字一字読み進むしかなかった。左の人差し指の感覚が麻痺するまで、耳が騒音でパンクするまで。

読み取り器を授業中に使うのは隣人愛の観点から避けたかったので、わたしは訳読すべきテキストを事前に暗記しておかなければならなかった。これはテキストの概要をつかめるうちは、ある程度うまくいった。しかしかなり長い、こみいった文章になると、全部覚えるのは無理で、あとは受け身の姿勢で授業を聴いているしかなかった。

わたしは翻訳のために必要な単語を、チベット語の先生にカセットに吹きこんでもらった。しかしここでも問題が生じた。なぜなら発音だけでは該当するチベット語の単語の正しい綴りを推測できないからだ。多くの言葉が同じに、少なくともそっくりに聞こえ、わたしは文字を正しく配列できなくなるたびに、絶望的な気分になった。でもギブアップしたくなかった。

チベット学を勉強しようと決心したのは、まだギムナジウムの第十学年に通っているときだった。そのころわたしはマールブルクの級友たちとチベット展を訪問した。わたしたちはみんな盲目か高度の視力障害者なので、ガラスのむこうに展示しているチベットの短剣、マニ車、木彫品などを鑑賞できるようにと、博物館員は陳列ケースを開けて、展示品をわたしたちの手に持たせてくれた。

わたしたちは不思議な匂いのする木材、金属、骨でできた祭器や工芸品をじっくりと調べ、チベットの慣習、宗教、歴史についていくつか勉強した。わたしは博物館員に、どこでチベットのことをもっと学べるのかと問い合わせ、わたしの故郷の町ボンの大学にチベット学と中央アジア学の大きな学科があるのを知ったとき、わたしの進路もきまった。

何人かの教師がわたしの熱望に水をぶっかけた。「それよりも法学を専攻しなさい」と、わたしはよく聞かされた。「あそこはすでに多くの文献が、盲人にも読めるようになっている」

卒業をひかえた生徒たちの将来計画の相談を担当した教師は、とにもかくにも真剣にわたしの「とっぴな考え」とつきあってくれた。わたしがチベット語を学びたいのは、いずれあの国を自力で探索し、たぶん社会プロジェクトを実行することになるからだ、と説明すると、先生はわたしにこう助言した。そういうことはたった一人で立ちむかうものじゃない、とりあえず赤十字に相談してみるといい。しかしわたしはこんな回答しかもらえなかった。盲人や障害者に外地勤務はさせられない。

わたしはくじけなかった。しかし、いまわたしは課題に直面していた。勉学をやり通すため、みずから技術と方法を開発すること。いずれにしてもオプタコンだけでは前に進めなかった。そもそも、なぜチベット語の点字がないのか？　わたしは試行をはじめた。

そのさいわたしは従来のブライユ点字を基本にした。そこでは各記号が一つから六つまでの手さぐりできる点であらわされ、それはサイコロの六のように三つの点が縦に二列に配列されている。この六つの点で六十四の組み合わせをつくれるので、世界のたいていの文字システムはまかなえる。

点字をチベット語のために使えるようにするには、チベット語の音節文字システムの法則から出発しなければならなかった。この文字には三十の子音字（母音aを含む。これはまた各子音にも組みこまれている）があり、音節とも呼ばれる。というのは、これらの音節子音はそれ自体で独立しており、とくに母音字は示されず、この記号がすでに一個のaを含んでいて、いっしょに発音される。たいていの記号はそれ自体ですでに一つの意味がある。たとえば“kha”は口、“ra”は山羊、等々。

とはいえチベット語アルファベットの子音字を一定のフォーメーションに合成することもできる。そのさい注意すべきは、つねに一つの主子音字があって、そのまわりに他のさまざまな子音字が集

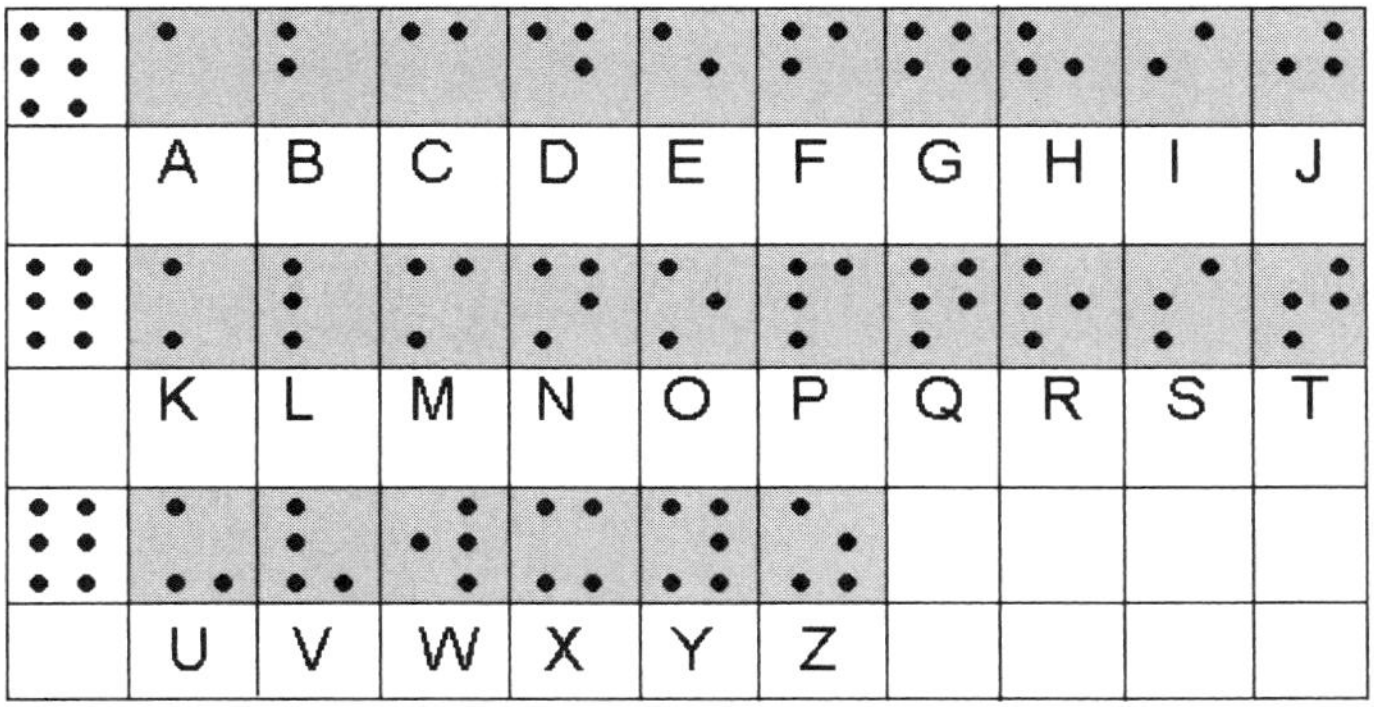

ブライユ点字。これで世界のたいていの文字システムはまかなえる

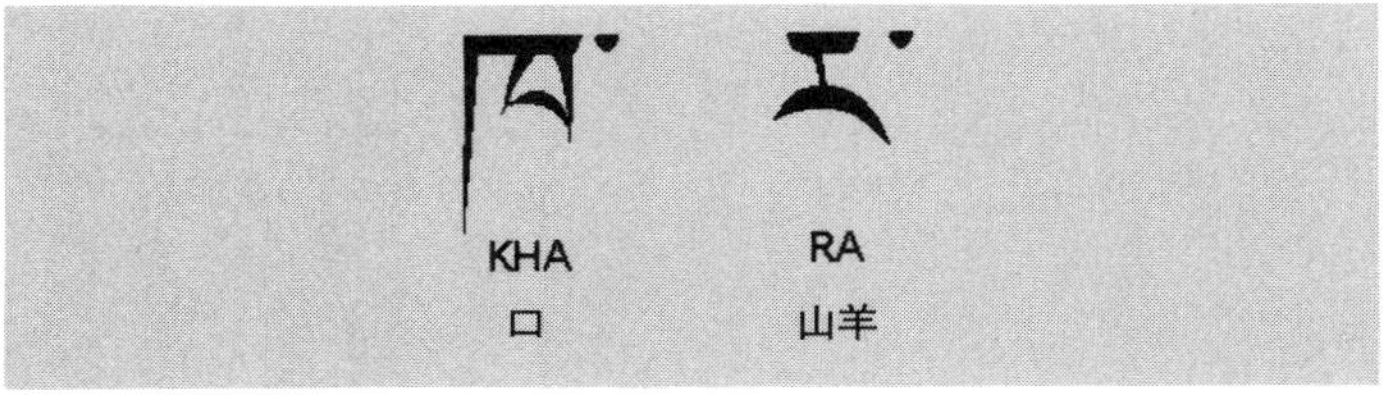

チベット語の音節文字。これらの文字には母音が含まれ意味を表わす

チベット語の子音字インフォメーションとその点字

チベット語の音節アルファベット。ローマ字転写点字

まることだ。これらの子音字は主子音字の前後、上下に書かれる。それに母音字i、u、e、oが加わる。これもまた主子音字の上下に置かれる。

この重なりあって集まった子音字フォーメーションを一つの点字にするとめちゃくちゃに場所をとるので、わたしは現行のローマ字転写の法則のいくつかをチベット語に利用した。すなわち、上に書かれた子音字を主子音字の前に、下に書かれたのを後に置き、付記された母音字は下に書かれた子音字のさらに後にもっていった。

このシステムを開発したことで、わたしの作業はたいへん簡略になった。それからも新しい文献はまずオプタコンで読んだが、それを簡単にあつかえるテキストに置き換えることができた。テキストを読みながら音節から音節へとカセットに吹きこみ、そのあとすべてを点字に転写した。それほど手間はかからない。チベット語の正書法は非常にこみいっているので、すでに何百年も前からとてもリズミカルな判読法が開発されていて、それに沿って読めばテキストを文字から文字へとかなりのはやさで吹きこめる。

いまやわたしは盲人用タイプライターを使って問題なく早口の口述についていけるし、ときには目の見える級友よりもはやいぐらいだった。もう講読のテキストを苦労して暗記する必要はなく、みんなと同じように授業で読んだり訳したりすることができた。

わたしは単語をいつも小さなカードに書き写し、それをアルファベット順に整理した。それがやがてドイツ語―チベット語とチベット語―ドイツ語の点字辞書になり、わたしだけでなく、かなりの級友たちが恩恵をこうむった。この単語をきみの辞書で調べてくれと、級友にたのまれることも稀ではなかったから。

のちにある盲目の数学者が、コンピュータ用の筆記プログラムを開発するのを手伝ってくれた。おかげでローマ字に転写されたテキストを、点字プリンターを使って点字に翻訳することができるようになった。こうしていまではあらゆる本をチベット語を話す盲人にも読めるようにすることができる。

しかし、そうなるまでにはなお長い道のりがあり、初学者のわたしは、自分のささやかな発明が、わたしと他の人々に開いてくれる可能性を、まだまったく予測していなかった。数学期が過ぎてから、ようやく教授や講師がこれに注目するようになった。

ある日、ボン大学のある高名なチベット人の学者が、きみのシステムを見せてくれと言ってきた。この先生は、中央チベット東部の小地区に学校を建てて、財政支援をするために、定期的にチベット自治区を訪れていた。先生はわたしに申し出た。きみの文字を現地の文化当局に紹介しよう。そしてこう言った。「ひょっとしたら、きみ自身がこの方法をチベットでひろめる可能性もあるかもしれない」

わたしは不意をつかれた。たしかにわたしは前からチベットに行って、なにか有意義なことをやりたいとは思っていた。なぜ、すぐに思いつかなかったのか、自分のために開発した読み書きの方法をあちらの盲人に教えることを？

外国人がチベット自治区で働くのは、ほとんど不可能だということは知っていた。それでもわたしはひどくがっかりした。先生があまり勇気づけにならない知らせを持って旅から帰ってきたときは。「きみの文字にたいする関心はどこでも大きかった、これまでそういうものはなかったからね。しかし、きみを招くよう提案すると、みんな非常に慎重になった」

「かれらはいったいなんと言ったんですか？　外国人は望ましくないと？」

先生は一瞬ためらってから、用心深く言った。「思うんだが、かれらには想像を絶することなんだよ、盲人がそういう仕事ができるほど自立しているなんて」

わたしは落胆した。でもくじけるつもりはなかった。たぶん、この障害をのりこえる道はあるはずだ。

9・ぼくは学校に行けるんだよ！

ドルマはよき戦友だった。地方を騎馬でめぐり、盲人たちにわたしの文字を紹介する計画を打ち明けると、たちまちドルマは燃えあがった。わたしたちはドリグン地区をめざすことにした。この地域からやってくる巡礼の話によると、そこには非常にたくさんの盲目の子供たちが暮らしているという。とくに食物にビタミンAが欠乏しており、それがしばしば子供を失明させる、と眼科医は言った。

ドリグンはラサから約一七〇キロはなれている。馬だと十日はかかるとドルマは見積もった。

「そもそもあなたは馬に乗れるの？」とわたしがドルマにたずねたのは、ポタラ広場をぶらついているときだった。広場には華やかに飾りたてた馬がたむろして、観光客の恰好のカメラ対象になっているので、わたしたちはその二、三頭を借りるつもりだった。

「ええ、もちろん！」ドルマは即答した。

わたしは恥ずかしかった。なんてばかなことを聞いたんだろう。チベット人はだれもがすぐれた騎手で、歩きだす前から馬に乗っているというのに！

チベットでの馬の取引はややこしい仕事だ。とくに「長鼻」（西洋人）が参入しているときは。たちまち値段は天まではねあがり――無知な外国人にけっこうな値段で駄馬をつかませるのも腕しだい。

「十日も！」ある馬の持ち主が大声でさけんだので、たちまち野次馬がわたしたちのまわりに集まってきた。「十日あとにはわたしの馬はひづめをぼろぼろにして帰ってきて、もうだれにも売れなくなる！」馬の持ち主は一頭あたりの日割りでひと財産を要求し、まごつくドルマにわたしは計算してみせた。この金額なら少なくとも十頭の駿馬《しゅんめ》を買える。

おもしろがっている見物人のなかに一人の老人がいた。老人はチベットではポーラ（祖父）と呼ばれている。ポーラはドルマをわきに呼んで、こうたずねた。なぜ馬でなけりゃならんのかね、ジープのほうがずっと楽なのに。ドルマはそれに答えられなかった。

わたしは首をふった。ジープでは窓ガラスがわたしを外界と遮断してしまう。しかもかなり高速度で走るため、匂いと音が伝えてくれる旅の印象を、わたしはすべて断念しなければならない。そのうえ道路、田舎道、涸れた河床などの問題もある。僻地の村々は車では行けないし、峠を越えたりガレ場を切り抜けたりするには、馬のほうがずっとうまくやれる。

ポーラはわかってくれたようだった。「わたしの二頭の馬を使えばいい、それに荷駄の馬も一頭つけてやるよ」老人は言った。「わたしの母も盲目だった。読み書きができれば、きっと喜んだはずだよ。馬にはよく餌を食わせて、元気につれて帰ってくれ」

わたしは老人の気前のよさに圧倒され、ドルマがこの申し出に同意するのをためらったのが不思議だった。ポーラは翌朝さっそく馬をバナクショーにつれてくるというので、わたしたちはただちに目前にせまった旅の食料を買いに出かけた。ドルマはバルコルで一袋の麦焦《むぎこ》がしとヤクの干し肉を買いつけた。これで十日間もつのだろうか？

「こんなとんでもない話は聞いたことがない！」と、わたしたちがバナクショーに帰ってくると、ビリアは言った。「わたしの馬も借りてくれた？　わたしなら自転車でお伴してもいいけど」

この申し出をどう受けとればよいのか、わたしにはよくわからなかった。「長鼻」がたった一人で、しかもそれが盲目とくれば、ひと騒ぎひき起こすには充分だ。それに馬に水を飲ませ、鞍をつけ、餌をやるとなれば、手伝いが必要になるかもしれない。ビリアさえよければきてもらいたいけれど。でも自転車では。

翌朝、わたしたちはみんな大いに興奮した。それぞれ小さなリュックサックに食料を詰めこみ、寝袋も鞍のうしろにむすびつけて携行することにした。とくにこの種の旅行のために買っておいたテントはあきらめた。ドルマは保証した。村に行けば一夜の宿はかならず見つかる。

ポーラは約束の時刻にやってきた。たいへんおどろいたことに、二頭の騎乗用の馬と一頭の荷駄馬——白馬一、栗毛二——は小さな鈴をいっぱいつけて、色とりどりのバンドで飾ってあった。チベットではふつうの木製の鞍に厚手のやわらかい絨毯が、編んだ革帯で固定されていた。白い牝馬《めす》がかたわらに子馬をつれていたのは、母親がいないと子馬が寂しがるだろうとの、ポーラの心づかいだった。

荷物を荷駄馬の背にくくりつけた。わたしは白馬の鞍に攀じ登り、ポーラが荷駄馬の引き綱をわたしの手に握らせた。これでいよいよ出発するはずだった。ところが、朝から馬のまわりをうろうろしていたドルマが、いっこうに騎乗のかまえを見せない。自分で鞍まで上がれないのだと思ったらしく、ポーラがドルマを抱き上げて、一気に馬上にまたがらせようとしたとたん、ドルマが泣きそうな声でさけんだ。「わたしは全然馬に乗れないのよ！」

このシーンにさそわれて、物見高い旅行者やバナクショーのかしましい従業員がわたしたちのまわりに集まってきた。わたしは馬から下りて、これからどうするかビリアと相談した。「ひとまず馬から荷物を下ろすことね」ビリアは機嫌よく言った。「あとはそれからのこと」

ドルマはしょんぼりと壁にすわっていた。わたしはドルマの前に腰を下ろして、恥ずかしがることはない、と言った。こういうできごとが、ここでは面目まるつぶれを意味することを、わたしは知っていた。ビリアとわたしは気分なおしに冗談を連発した。とうとうポーラがのりだして、ドルマの助けになるなら、自分も旅に同行しようと申し出た。話は好転して、わたしたちはポーラの賃金をとりきめ、旅立ちを翌日に延ばした。

翌朝、堂々たるキャラバンが宿舎の前で勢ぞろいした。東チベット出身のポーラは、伝統的なカムパの民族衣装を着ていた。乗っているのは黒毛の若い牡馬で、神経質に鼻息をたて、ひづめで激しく地面を掻き、しきりにまわりに噛みついて、しつこい野次馬を蹴散らした。ほかにポーラは三頭の馬と昨日の子馬をつれてきて、ビリアの馬も用意したので、ビリアは喜んで自転車旅行を断念した。

ここでまことに奇妙なものが演じられるという噂は、猛烈なスピードでひろまったらしく、バナクショーの中庭と街路の左右の歩道は人で埋まり、口々に「アァジ」あるいは「オジ・アァ」とさけんで小キャラバンに別れを告げた。ようやく静かになったのは、遠く町の外に出て、畑地や草地に乗り入れてからだった。ここで聞こえるのは、頭上を旋回する鳥の声と、馬のひづめのにぶい音と、たくさんの鈴の音ばかり。とはいえ、はや足のときの鈴の音は耳を麻痺させそうで、しばらくわたしの神経にさわった。しかし鳴ること自体は盲人にはありがたく、それぞれに独自の鈴の音があるので、どこにどの馬がいるのかいつもわかった。

馬たちは敏捷で元気いっぱい、少しも歩をゆるめなかった。ドルマの馬だけがけだるそうに、だく足でのろのろと歩いたのは、ポーラがとくに鈍重な馬を選んだからだった。ともかくドルマは馬の背で揺られることにどんどん慣れていった。

小川のほとりで最初の休憩をした。荷物と鞍を下ろして、馬に水を飲ませた。農民たちにかこまれるまで、長くはかからなかった。農民たちは好奇心もあらわに根掘り葉掘り質問して、専門家らしく馬の世話をひきついだ。わたしたちが草のなかに腰を下ろし、ヤクの肉をかじりだすと、すぐさま農婦が駆けつけてきて、湯気をたてるバター茶を大きなブリキのポットからついでくれた。わたしも碗をとりだした。そうしなければ不作法のそしりはまぬがれないだろう。

よく受ける質問に、チベット料理はおいしいか、というのがある。それはまあ、ヨーロッパ社会に適合した味覚神経としては、この伝統的な食品を一口で無条件に美味の列に入れるわけにはいかないけれど、チベットの高度、気候、食料資源にはよく適合している。薄く切ったヤクと山羊の肉は、乾燥させることで半永久的に保存できる。塩味のバター茶は凍てつく冬に体を温めてくれるし、乾期にも体内の水分を維持し、高い脂肪含有量が多くのエネルギーを供給してくれる。

麦焦がし、バター茶、少量のチーズを練って、小さな団子にまるめ、生で食べるツァンパも、重要な食べ物のひとつだ。ツァンパは大切な栄養素をたくさん含んでいて、チベット高原ではこれに匹敵するものはない。もちろんこれらの料理を珍味《ちんみ》佳肴《かこう》と呼ぶのは、わたしとしてもためらうけれど、何日も荒野を歩いていれば、干し肉にも、塩味のバター茶にも、ツァンパ団子にも、すぐ慣れてしまう。

この小ピクニックでは、わたしたちはたくさんの農婦と子供にとりかこまれた。わたしたちが計画を話すと、一人の歯のないモーラ——祖母あるいは老女は敬意をこめてこう呼ばれる——が、ドルマにおじぎをした。老女が身ぶり手ぶりと、わたしにはきわめて聞きとりにくい発音で説明しようとしていることが、ドルマにもすぐにはわからなかった。一人の男の子が助けてくれた。二日行程はなれた村で暮らしている家族に、十六歳の双子の兄弟がいて、二人とも目が見えない。かけがえのない子供が職業を営めないことに、両親はたいへん悩んでいる。モーラが教えてくれた村は、ドリグンへの道中を迂回せずに行ける場所だった。

まず高い峠を越え、それからキチュ川に沿って進んだ。骨の折れる行軍で、夏の太陽は容赦なく照りつけ、道はあっても歩きにくいものばかりだった。いくつもガレ場を踏み越え、キチュ川の小さな支流を徒渉しなければならなかった。そのうえわたしが乗っている牝馬の生後二か月になる子馬がしょっちゅう立ちどまり、物珍しげに道ばたに積まれた干し草の山を嗅ぎまわり、ときどきあわれな声で鳴きだすと、母馬は足をとめ、耳を立て、いななきながら子馬のほうに駆けつけた。

その日は短い休憩を三回とって、馬に川の水を飲ませ、乾いた豆と草を食《は》ませた。たいてい村から何キロもはなれていて、そのたびにポーラは馬の餌のことで憂慮した。草は人の住んでいるところにしか生えていなかったから。

その晩わたしたちは期待にあふれて宿さがしに出かけた。しかしいたるところで拒否された——外国人を民家に泊めるのは法律で禁じられていると言って。わたしが事前にそれを知っていたら、テントをラサに置いてこなかったのに。

張りだした岩の下にでも夜の避難所をもとめることにした、まさにそのとき、一人の友好的な農夫が、わたしたちの苦境を聞いてやってきて、ひとまずわが家にもぐりこめと言ってくれた。しかしいずれにしても村長の許可をもらわなければならない。

その貧しい家は、ひと部屋のかたく踏みかためた土間しかなかったが、農夫はわたしたちをバター茶と冷えたチャンでもてなしてくれた。わたしたちは木のベンチに座を占めた。そこは座所兼寝台として使われ、藁ぶとんと絨毯が敷いてあった。たいてい絨毯は家庭で最も価値のある品物だが、ここのは穴だらけで、みすぼらしいものだった。わがホストはわたしたちの滞在をたいへん喜んでいるようだった。村長に知らせるために息子を送りだしたあと、農夫は身の上話をはじめた。先ごろ妻が死に、男手ひとつで三人の息子を育てなければならない。末の息子は二歳になったばかり、長男は十二歳。この子はようやく学校を卒業して、いまでは畑仕事を手伝えるようになった。

その息子がまもなく一人の若いチベット人をつれてもどってきた。村長だった。ドルマが村長にわたしたちの意図を話した。それを聞くと村長は起立して、深々と頭を垂れ、わたしたちがチベットのために行うことに、何度も何度も謝辞を述べた。わたしはこそばゆかった。わたしたちがこれまでにやったことといえば、すばらしい夏の騎馬旅行を楽しんだだけだったから。村長が小声でささやいて主人に別れを告げたあと、農夫は誇らしげに、あなたがたに一夜の宿を提供する大役を村長から仰せつかった、と説明した。

わたしたちはむしろ中庭の軒下に寝袋をひろげたかったが、主人は一家の寝所をわたしたちに明けわたし、自分は三人の息子とともに中庭で夜を過ごすと言いはった。予期したとおり、その夜わたしたちはいっときも目をつぶっていられなかった。屋内はまぎれもなく害虫や鼠の匂いがして、バターに灯をともしたランプを消すと、そいつらがたちまち動きだした。はじめは低い「クリッ、クリッ」という音が石の炉のほうから聞こえるだけだった。それがしだいにたくさんの小さな鼠の足が乱雑に踏み鳴らす音になってきた。鼠たちはいかにも人生を楽しんでいるようだった。それも不思議ではない。この国でいまだに広く信仰されている仏教は殺生《せっしょう》を禁じているし、なじみの「陪食者」をきらうものなど、ほとんどいそうもないのだから。わたしは寝袋に深くもぐりこみ、外敵から身を護ったつもりでいた。大まちがい。急に内側でもひどくむずがゆくなってきた。その夜の半分をわたしはむずむずの元を追っかけてすごした。翌朝、寝袋を振ってみたら、ばらばらと死んだ蚤《のみ》が落ちて、体じゅうに刺し痕が残っていた。

朝食は腐った脂の匂いがするバター茶。主人の農夫はものすごく上機嫌、昨夜は鼠と蚤から解放されて、ことのほか熟睡したにちがいない。

そそくさと馬に鞍を置き、主人と息子たちに別れを告げて、馬にまたがろうとしたときに、村長がわたしたちを呼びにきた。村長はわたしたちを村のはずれにある小さな家に案内した。寝台に一人の老女がすわって、小さな子供を膝に抱いていた。四歳の孫娘、と村長が説明した。この子は目が見えません、そのため歩くことを覚えられなかった。

わたしたちはぎょっとした。祖母は恥ずかしそうに打ち明けた。自分が畑に出ているときは、ずっとこの子を寝台に縛りつけてきた、けがでもしないかと心配で。

ドルマが毛布をはねのけた。女の子は新生児よりさほど大きくなかった。腕と脚はやせこけて、骨と皮ばかりになっていた。ドルマに医者の本能が目覚めた。祖母に子供の脚のマッサージのやり方を教え、こうすればいつか強くなって、歩けるようになると言い聞かせた。老女はドルマの言葉がまるで信じられないようで、くどくどと言った。「でもこの子は目が見えないんだよ。それがどうして歩けるのかね？」

いまやドルマは本気で怒りだし、わたしを指さして言った。「ケルサン・メトも目が見えないのよ、それでもすたすた歩けるし、馬にだって乗れるのよ！」

祖母はおずおずと、これからはもっと子供の世話をすると約束した。ドルマは追い打ちをかけ、ときどきここに立ち寄って、進歩のほどを鑑定すると断言した。

物思いにふけりながら、わたしたちは旅をつづけた。まもなくまた山に入った。馬たちはこの朝あまり元気がなかった。前日の長旅の疲れがまだ抜けきっていないようだった。ポーラが鞭をとり、ぐずつく馬を駆りたてた。ところが足をはやめるどころか、馬たちは強情をはって立ちどまり、うしろ脚を蹴りあげ、拷問者に嚙みつこうとした。ポーラはこれを荒っぽい冗談の種にしたらしく、性悪な小人みたいに馬のまわりをはねまわり、たっぷり鞭をくらわした。わたしたちはポーラの悪ふざけを呪った。なにしろ馬はますます暴れるだけだったから。鞭の一打ちごとに、西洋でわたしに刻みこまれた先入観、チベット人はみんな敬虔な仏教徒で、動物に慈愛と敬意をもって接するという神話が、どんどん崩れていった。わたしは思った。馬がポーラの尻にがぶりと嚙みつけばいいのに。ところがそうはならずに、憤激した馬はドルマの足をとらえ、嚙みついたまま、しばらくはなさなかった。ドルマの喉がはりさけるような悲鳴。これがポーラを正気にもどらせた。

ポーラは鞭をしまい、自分の乗馬に歩みよった。その馬は神経質に鼻を鳴らしながら、安全な距離を保って懲罰を見守っていた。ところがポーラが鞍にとび乗ろうとしたとたん、けたたましいいななきと、にぶい足音、それから激しくひづめを踏み鳴らす音が聞こえた。ドルマとビリアが意地悪そうにくすくす笑った。馬は二、三度ぐるぐるまわり、老人を振り落とすと、激しいギャロップで暴走した。

ポーラはすぐさま転落から立ちなおり、暴れ馬を追いかけて、なんとかつかまえることができた。ようやく馬はおとなしく引かれてきたが、ポーラが騎乗のかまえを見せたとたん、またしても背をまるめて、やたらに嚙みつこうとした。結局わたしたちも不安で汗だくになった馬から下りて、馬が落ちつくまでしばらく引いていくことにした。

午後になって、旅の初日にモーラが話してくれた小さな村に近づいたとき、子供の群がこちらにむかって走ってきた。一人の少女がポーラに、村長がお待ちしていると告げた。どうしてわたしたちのことを知ったんだろう？　ここには電気も電話もなく、大きな石がごろごろしている荒れ道を走る自動車はめったにないのに。

村長はすぐさまわたしたちを、盲目の双子の家族が住んでいる大きな農家に案内した。この家は、昨夜の宿とちがって、居間だけでなく、たくさんの小さな、ごちゃごちゃといりくんだ部屋があった。母親に導かれて、わたしたちは部屋の迷路をぬって狭い廊下を歩いた。ここでは腐ったバターや黴《かび》の匂いはなく、いたるところに香煙と焼きたての揚げパンの匂いがした。

家の奥で盲目の兄弟がおびえるように小さな壁にすわっていた。ドルマが話を交わそうとした。二人はほとんど反応せず、ときどきなにかつぶやくだけだった。母親が息子たちに、わたしたちが話した新しい文字を習う気があるか、とたずねた。二人はノーと答えた。幼いときからこの子たちは、いっしょにこの壁にしゃがんでいるばかりで、ほかにやりたがることもなかった。もうこの年ではなにかを学ぶのは無理だし、家から出るのはこわがるだけだろう、と両親は説明した。

それからのドリグンへの道中では、摩訶《まか》不思議な評判が先行しているらしく、わたしたちは行く先ざきで好奇の目にさらされた。村に入ると、しばしば全住民が村の最高点、たいていは家畜小屋の上に建てられたトイレにひしめいて、これから演じられる情景を見物しようと待ちかまえていた。黒馬に乗った一人の民族衣装のチベット男、飾りたてた馬に乗った、それぞれ非常に風貌の異なる三人の女。

ここかしこでわたしたちは、学齢期の盲目の子供がどこにいるのか教えられた。時とともに、わたしたちにかんする噂はいくつかの変種を生んだらしい。ある暑い午後、馬に水を飲ませて、いざ出発しようとしたとき、一人の若い農夫が道に立ちふさがり、盲目の祖母を治療してくれと、わたしにたのんだ。農夫は祖母をつれて遠くからやってきたので、わたし自身も盲目で、眼科医ではないと説明すると、ひどくがっかりした。

ドリグンの一〇キロ手前でドルマの馬の足がにぶりだした。暑熱と悪路に消耗して、ついに牝馬は先に進むのを拒否した。この馬をさらに歩かせることができるのはポーラしかいないので、ポーラはドルマに、陰険な下心がなくもなく、自分の牡馬に乗るようにと提案した。しかしドルマは断固として拒否した。自分の牝馬と同じく、いまやドルマも停止して、もはや一歩も動こうとしなくなった。

初めからわたしはナグポという名の、この黒い「悪魔」が気に入っていた。そこでわたしは老人に、その馬にちょっと乗せてくれないか、とたずねた。

「だめ、だめ！」ポーラはびっくりしてさけんだ。「ナグポは危険だ！　あんたを振り落とすかもしれないぞ」

「ええ、それで？」わたしはたずねた。

「できっこないわよ」ビリアが言った。「あんたは目が見えないじゃないの」

こういう非論理的な理由づけに、わたしはいつも腹を立ててきた。わたしは子供のころから何度もむずかしい馬とつきあっているので、よりにもよっておびえている乗馬の初心者にこの馬をおしつけるなんて、とんでもないことだと思った。ようやくポーラもわたしにやらせてみる気になって、鞭をわたしの手に握らせた。わたしはすぐさま鞭をポーラにかえした。ポーラはわたしに手綱を持たせ、用心深くあとずさった。いわば成功のプレッシャーをかけられて、わたしはいささか興奮した。ゆっくりと、両手で手綱をまさぐりながら、側面から牡馬に近より、開いた片手を慎重に鼻面の前にかざした。はじめ馬は身動きもしなかったが、やがて用心深く手を嗅ぎはじめた。わたしはなだめるような声で無意味なたわごとを言った。ビリアが思わず吹きだした。すると馬がおどろいて、頭を高くそらした。でもわたしはそれにかまわず、ひたすら話しかけた。だんだん馬は落ちついてきた。馬の興奮がおさまったのを感じたとき、わたしは慎重に鞍に攀じ登った。すぐに過大な要求をするのは避けたかったので、しばらく休んでから、軽く腿《もも》を締めて馬を前に進ませた。すぐさま馬は歩きだした。はじめはためらいがちに、しだいにきびきびとした足どりで、他の馬たちの先頭に立った。馬たちはこの小休止で元気をとりもどしたらしく、いまでは、乗り手がいなくても、おとなしく先導馬のあとについていった。

ドルマとビリアにとって、これはちょっとした奇跡だった。わたしはひづめに踏みつぶされて草のなかに横たわっているはずだったから。だがポーラにはこのすべてがおもしろくなかったようだ。それからの日々、わたしと馬の人生をつらいものにするためなら、ポーラはなんでもやったから。しばしばポーラはナグポにしのびよって鞭をくらわした。すると馬は、はじめは前脚、つぎに後脚でとびあがり、わたしを背に乗せたままつぎの曲がり角まで暴走した。ありがたいことに、わたしはいつも鞍の上にいた。

ドリグン地区の境界から遠からぬ地点で小休止して、休養が必要な馬たちをポーラにあずけ、ここに一晩置いていくことにした。また、この地点はドリグンにいたる連絡道路に沿っていた。まったく幸運なことに、わたしたちは一台のトラックをとめて、あっというまに目的地に到達することができた。

この道路沿いにも小さな村があり、村長は謎の通信システムによって、わたしたちがくるのを嗅ぎつけていた。わたしたちがトラックの荷台からとびおりたとき、村長は道端に立っていて、カタ（白い祝福のスカーフ）をひらひらと振り、歓迎のしるしにそれをわたしたちの首にかけてくれた。村長はすでに伝令を盲目の子供がいる二つの家族のもとへ送り、わたしたちの到着を知らせていた。はじめに案内された家には、父親と五歳の盲目の息子がいた。

男の子はキュンチョといい、とても活発で好奇心が強かった。さっそくキュンチョは点字の素材を調べはじめた。わたしはキュンチョの指を点の上に導き、文字を説明していった。父親が好奇心にかられてわたしたちのところにやってきた。父親のほうは読み書きができるので、システムを理解するのは早かった。どこでキュンチョはこれを学べるのかね？　ドルマがためらわずに答えた。

「ケルサン・メトはラサで学校を開くの、チベットの目の見えない子供たちのために」

わたしはいささかおどろいた。それはちょっと約束しすぎじゃない？　まだわたしは一度も当局と交渉していないし、そこではあらゆる事態が予測できたから。

「あなたはやるわよ」ドルマは言った。「ここまでやりとおしたんだから」

村長はわたしたちをもう一つの家族のもとに案内した。農家の中庭の木のベンチに八歳の盲目の男の子、その妹、両親、祖母がならんですわっていた。チラエという名の少年は、わたしたちに気づくとさっと立ち上がり、駆けよってきて、わたしたちを中庭のまんなかに案内した。おそれげもなくチラエはわたしたちの衣服をまさぐり、好奇心旺盛にどんどん質問した。

両親と祖母が根が生えたようにすわりこんでいるのが気になった。氷を解かすため、わたしは点字アルファベットを袋から出して、かれらに説明しようとした。あまり成功しなかった。そこで村長が助けに入った。「ケルサン・メトは遠い国からこられた。ラサに盲学校を建てるために」「学校！」チラエがさけび、興奮してとびまわった。「パーラ（父親）、アマラ（母親）、ぼくは学校に行けるんだよ！」

いまや両親もだんだん解けてきたらしい。父親が立ち上がり、バター茶といくつかのパンケーキをとってきて、わたしたち一人一人にふるまった。

「この子を学校にやるのを、村の学校の先生は許可してくれなかった」母親がためらいがちに言った。「わたしらには夢みたいで、まだ信じられない」しかし息子がわたしの横にすわって、個々の点字記号の説明を聞いているのを見て、こう言った。「あんたも目が見えない。わかるよ、あんたが盲人を思いやる気持ちは。もう一度ここにきて、チラエをラサにつれていってくだされ」

10・幽霊

ドルマはいまでも確信している。わたしたちがドレからかろうじて逃れたことを。ドルマはあの夜のことを話したがらない。たぶんきまりが悪いのだろう。なんといってもドルマは現代の教養ある女性だから。でもそれが本来の理由ではないことを、わたしはさぐりだした。ドルマはおそれているのだ。わたしたちがそのことを話すと、ふたたび悪魔がわたしたちの存在に気づくのを。悪魔はあの夜よりももっと凶暴になっていると、ドルマは信じている。

そのときわたしたちは村長の「ゲストハウス」に泊まっていた。一種の家畜小屋で、二つの窓穴と木の戸がついていたが、戸はぐらぐらになって蝶番《ちょうつがい》にぶら下がり、風が吹くたびにバタンと大きな音をたてた。小屋は村はずれにあり、張りだした岩の下に隠れていた。一人の年老いた僧侶が晩にわたしたちをそこへ案内して、灯明《とうみょう》のバターランプを置いていった。ドルマがゲストハウスに入るのをためらっているのを、ビリアとわたしは感じた。わたしたちの質問に、ドルマはあいまいに答えるだけだった。「なぜだかわからないけど、ここは安全じゃない感じがするの」

おかしなことを。たしかに小さな家畜小屋はちょっとみすぼらしかったけれど、一夜を過ごすにはこれで充分だと思われた。小屋は粘土でできていて、床はむきだしの土、それがあらゆる音を吸いこんで、わたしたちの声もくぐもって聞こえた。壁ぎわに四つの板張りの寝台があり、絨毯とやわらかい毛皮が敷いてあった。部屋のまんなかに大きな、上を平らにした石があり、テーブルとして使われていた。そこに僧侶はバターランプを置き、ぶつぶつとあいさつ言葉をつぶやいて、訪れた夜の闇のなかに消えた。

わたしたちは黙って寝台にすわり、暗闇に耳をすます。小屋のまわりは静まりかえって、近くの村からも物音ひとつ聞こえず、水のせせらぎも、風の音も、鼠の足音もしない。あまりの静寂に、わたしたちは居心地が悪く、沈鬱な気分になって、とても毛皮の下にもぐりこむ気になれない。

「でも、いい一日だったじゃない」ビリアがすこしばかり会話をこころみる。でもその声は大きすぎて、どこか不自然に響く。

「はい、はい」わたしは言う。「興味深いできごともあったし」寝台の上の絨毯は冷たくて湿っぽい手ざわりがする。わたしはいましばらくここにすわって、眠気に襲われるのを待つことにする。

ドルマはわたしに寄り添うようにうずくまり、毛皮を肩まで引きあげ、ずっと口をきいていない。そのドルマがやがてしょんぼりと言う。トイレに行きたいけれど、暗闇に出ていく勇気がない。トイレは小屋の裏の岩の上にある。そこへ行くにはまず裏にまわって、岩に立てかけてある木の梯子《はしご》を見つけだし、がたがた揺れる十段を攀じ登らなければならない。

「なにがこわいの?」ビリアが知りたがる。「幽霊とか? 幽霊なんて存在しないわよ。あれはお話のなかに出てくるだけ」おもしろがっている声をつくろうとするけれど、あまりうまくいかない。

ついにわたしは勇を鼓して立ちあがる。「行こう、ドルマ、わたしがついていってあげる、暗闇はわたしのお手のものだから」

「だめ、だめ！」ドルマはあわてて言う。「あなたは知らないでしょ、あいつらからどうやって逃げるか」

「だれから？」わたしはつとめてさりげなくたずねるけれど、だんだん鳥肌が立ってくるのがわかる。

「ドレのことを言ってるの。あいつらはここに何百といるんだから！」それからドルマは殺されたカムパの物語を語る。かれらは独立戦争のさなか、近くの橋を守っていて、中国軍に殲滅《せんめつ》された。殺されたものの魂はドレ、悪魔になって生きつづけると、チベット人はかたく信じている。

わたしは思いだす。馬とポーラを置いてきた場所に通じる道に、古い石の橋がかかっていた。わたしたちは朝、その下を騎馬で通り抜けた。ドルマがわたしたちに、しばらく黙っていてくれとたのんだ。幽霊がわたしたちに気づくといけないから。からりと晴れた朝っぱらから幽霊を信じるなんて、ビリアとわたしにはまったくばかげていたから、すこしばかり冗談口をたたいた。でもドルマとポーラがますます静かに、ますます真剣になるのに気づいたので、幽霊橋に近づくにつれて、わたしたちも冗談やクールな箴言《しんげん》をやめることにした。とはいえ悪魔のことはすぐに忘れてしまった。太陽は燦々と輝き、川が道のかたわらでざわめき、馬たちはこれまでになく元気に大地を蹴っていたから。

でも、いまは、夜。ふたたびドレが身近になる。とはいえビリアとわたしはおのれの不安を認めたくない。ドルマが立ちあがり、バターランプを手にとって、窓穴に歩いてゆき、闇に耳をすます。やがて意を決して言う。「あいつらが近くにきてる。わたし一人で行ったほうがいい。ドレのことなら、すこしは経験があるから」静かに、できるかぎり静かに、ドルマは戸を開けると、ランプを持って消え、わたしたちを暗闇にのこす。

「幽霊を信じる?」わたしはビリアにたずねる。

「くだらない」ビリアは小声で答え、わたしのすぐ横で寝台にすわる。「そんなもの、ただの迷信よ」

「でも、とにかくチベット人はドレを信じてる」わたしは大学の授業で訳読した悪魔にかんする古いテキストを思いだす。そこに特別な人間の話があって、そういう人間はドレを感じたり、聴いたり、見たり、コンタクトをとったりする力があるという。

わたしはビリアに、ドレについて知っていることをすべて話す。でもビリアは笑うだけで、こう答える。「その話しぶりは、あなた自身がばかげたことを信じてるみたいよ」

「もちろんわたしは幽霊なんて信じない」わたしはむっとして言い、ビリアをわたしの寝台から押しのけて、毛皮の下にもぐりこむ仕度をする。

まもなくドルマが小屋にもどってきて、慎重の上にも慎重に、音をたてないように戸を閉める。疲れきったようすで、ランプは逃げる途中でなくしてしまった。「よかった、いてくれて!」あえぎながら、ほっとしたように言う。

「だれかに追いかけられたの?」ビリアが好奇心にかられて、でもちょっと挑発するようにたずねる。

「わからない、わたしはただジグザグに走っただけ、あいつらに跡をつけられないように」

わたしはテキストを思いだす。そこにこんなことが書いてあった。ドレはまっすぐしか動けず、角やカーブを走ることができない。この信仰は広く行きわたっている。アジアのあちこちでいわゆる幽霊壁が家の前に設けられ、これが、幽霊がまっすぐ家に踏みこんでくるのをふせぐという。カーブに弱い幽霊という話を初めて聞いたとき、わたしはこの弱点がおかしくてならなかった。でもいまは、わたしのベッドが開いた窓穴のまっ正面にあるのが、こわくてたまらない自分に気づく。こうしてわたしは毛皮の下に深々ともぐり、まもなく眠りこむ。

いつのころか、わたしはぎょっとする。なにかが変わっている。わたしはじっと夜に耳をすまし、肘《ひじ》をついて、突然わたしの背筋を寒くしたものを、さぐりだそうとする。ビリアは低く寝息をたてている。ドルマの寝台からはなんの物音も聞こえない。たぶんドルマもわたしのように身をすくめて、静寂に耳をそばだてているのだろう。音が戸口から聞こえる。ひっかく音、押し殺したようなシュッという音、それから低くバタンと鳴る音、だれかが戸を押し開けようとしているような。幽霊は戸を開けられるのかしら。わたしは不安にかられ、あらゆる理性に抗して自問する。両手がじっとりと汗ばむのを感じる。

いつしか雨が降りだす。小屋の前でガサゴソする音、粘土の壁をひっかく音、そして小屋のまわりの地面を踏み鳴らす、低いけれど、だんだん大きくなる音が聞こえる。

「ドルマ、あれはなに?」わたしはささやく。新たに燃えあがる不安にかられ。

「あいつら、小屋に入りたいのよ」おびえた声がドルマの寝台からかえってくる。

「わたしたちにどんなことをするの?」血なまぐさい光景がわたしの頭を駆けめぐる。長い黒い影が、たしかに見えるような気がする。それはゆっくりと窓の前を左右に動き、大きな血ぬられたカムパの剣を窓穴から差しこむ。

「わたしの叔父があいつらにさらわれたことがあるの」ドルマがささやく。「そのあと全然ちがう場所で見つかったときは、すっかり頭がおかしくなっていた。いまでも叔父はまともな言葉をしゃべれない」

わたしは震えあがり、本能的に寝台にしがみついた。「でも、どうしてよりにもよってわたしたちを?」闇にむかってたずねる。

「わたしたちはここではよそもの、それがあいつらを引きつけるのよ」

わたしたちはしばらく黙って、小屋の外で演じられているものに耳を傾ける。足音はだんだん大きくなり、まもなく低い息づかいも聞こえてくる。本来なら日常的な物音なのに、このときは血に飢えた吸血鬼のすがたになって、鼻息をたて、歯を光らせて、窓穴に押しよせてくる。

ドルマの寝台は窓の真下にある。ドルマはとびあがり、わたしにむかって駆けよる。わたしが恐怖にかられて描いた幻想を、そっくり見てしまったかのように。震えながらドルマはわたしの横にすわり、わたしたちはいっしょに外に耳をそばだて、いまかいまかと、なにか不可解なことにみまわれるのを待つ。

10・幽霊

不意にドルマがとびあがる。「犬がきてる！」どこかほっとしたように聞こえる。ドレがふつうの人間の目には見えないことを、わたしはチベットのテキストから知っている。しかしたしかな徴候は犬だ。犬は幽霊が出ると寝床からとびだして、吠えながら追いかける。「犬がきてる」この、きっかけのせりふを外の世界は待ちかまえていたかのように、その瞬間、夜はかしましい犬の鳴き声で満たされる。たしかに近くの村の犬たちが大軍団を結成して、けたたましく吠えながら、小屋のまわりを駆けまわっている。

この喧騒でビリアが目を覚ます。「なに、これ？」神経質にたずねる。

「これは犬」わたしはそっけなく言う。ちょっと痛快な気分で、ビリアも不安になっているのに気づく。

いまや三人かたまってわたしのベッドにすわり、外で起こっていることに、緊張して耳をそばだてる。突然、わたしたちの息がとまる。ゆっくりと引きずるような足音が聞こえ、くるったように暴れる犬にかまわず、だんだんだんだん近づいてくる。

わたしは手足がこわばるのを感じる。舌も麻痺したらしい。騒音に弱められてビリアのかすれた声が耳に聞こえる。「幽霊は犬がこわくないの？」

わたしはドルマの腕をつかんで、ささやく。「ドルマ、だれなの、あれは？　だってカムパのドレの音は聞こえないんでしょ、ね？」

「わからない」ドルマはつぶやく。放心したように。

そして、ゆっくりと、とてもゆっくりと、足音がまっすぐ小屋にむかってくるのが聞こえる。戸口に遠からぬところで、それはしばらくとどまり、わたしたちは本能的に部屋のいちばん奥にひきこもって、身を縮めて土間にしゃがみこむ。永遠と思えるほど、いつまでもそこにうずくまる。けたたましい犬の咆哮にもかかわらず、心臓の鼓動が聞こえる。そのときだ、低い男の声がゆったりと祈禱を口ずさんでいる。そのすぐあとで犬たちが村に帰っていく。吠え声がしだいに遠ざかり、消える。すべてが静寂にもどる。幽霊現象は終わったようだ。

音をたてて戸が開き、老僧が入ってくる。手にしているバターランプは、ドルマが悪魔から逃げるときになくしたものだ。電光石火、わたしたちは自分の寝台にもどる。老僧は見ただろうか、わたしたちがおびえきって土間にしゃがんでいたのを？　わたしたちのパニックにはなんの根拠もなかったことがはっきりして、ビリアとわたしはいささかばつの悪い思いをする。いったいなにがあったんだろう？　あれは不安がつくりだした想像にすぎなかったのだろうか？

11・チベット寺院の静寂

すでに夕暮れがせまっていたが、バルコルはまだ静かにならない。巡礼たちは、経文をとなえ、マニ車をまわしながら、コルラ、夕べの聖所周回をつづけている。わたしは巡礼の流れに導かれてジョカンに行く。寺院の正門は五体投地の音で識別できる。信者たちは木片を両手と両膝にむすびつけ、つるつるに磨耗した石の床に身を投じる。

門番の僧侶がわたしを中庭に入れてくれる。扉が背後でバタンと閉まると、わたしは別世界にいる。バルコルのあらゆる騒音がぬぐいとったように消える。巡礼たちの念誦《ねんじゅ》の声も、商人たちの耳を聾する大音声——なにを言っているのかさっぱりわからず、いくら拡声器で音量を上げても説得力は高まらない——も聖所の中庭まではとどかない。

中庭の周辺に大きなバターランプが灯り、金属製の燭台が縁まであふれている。燃えあがる芯が熱いバターのなかで泳ぎ、温かい光と文字どおり息もつけない匂いを放っている。わたしはそれを右にして、中庭を半周する。側面からの空気の流れは、ここから廊下がはじまることを示し、寺の奥の院へと導いてくれる。祈禱所の前に数人の若い僧侶が立って、入場許可を待っている。僧たちはわたしをつれて祈禱所に入り、隅にわたしの席を設けてくれる。

わたしは冷たい石の床にすわり、静寂に耳を傾けて、晩禱がはじまるのを待ちながら、堂内を照らすバターランプのむっとする匂いを吸いこむ。やわらかな灯明は、一日じゅう強烈な日照にさらされた目を休めてくれる。

この数日、ジョカンはわたしの毎晩の避難場になっていた。七時から八時までの一時間の祈禱に、たいてい百人近い僧侶が参列し、リズミカルな声明《しょうみょう》で経文を朗誦《ろうしょう》する。わたしは毎日この休息時間を利用して、祈禱に耳を傾けながら、ここ数週間のできごとを反芻することにしている。

ドルマとビリアとともに騎馬旅行から帰ってきてから、多くのことがあった。まさにつぎからつぎへと。わたしはドルマといっしょにラサの中心部にある孤児院を訪ねた。院長はわたしを愛想よく迎えてくれた。すでにあなたのことは聞いていた、お目にかかれて嬉しい。院長はわたしたちを、やわらかい絨毯を敷きつめた執務室に案内した。

ドアがわりの刺繡のカーテンから室内に入ると、香煙のもやにふんわりとつつまれた。部屋のまんなかに低い漆塗《うるしぬ》りの木のテーブルがあり、その脚はみごとな彫刻で飾られていた。テーブルのまわりに典型的な座ぶとんが敷かれ、部屋の隅に大きな祭壇があって、仏像と高価な銀製の供物鉢が鎮座していた。

ロブサンという名の孤児院の院長は、揚げ菓子とジャ・ンガモのポットを載せた盆を持ってこさせた。このお茶は沸かしたミルクで煎じ、ふつうの塩味のバター茶とちがって、砂糖を入れる。これが出されるのはおおむね晴れの席だけだ。そうでなければ毎日何リットルもお茶を飲むチベット人は、虫歯の心配をしなければならないだろう。

わたしたちが最初の碗を飲みほすと、ロブサン院長はドルマに、わたしとわたしの計画についてちょっと話してくれとたのんだ。ドルマはうまく話したようで、ロブサンが感銘を受けたのが聞きとれた。院長はしきりに舌を鳴らしたが、これは共感、関心、あるいは承認の意と解釈できる。なかでも感激したのは盲人用の点字で、それを院長はドルマにことこまかに説明させた。わたしたちはかなり長時間、甘いお茶と揚げ菓子を前にして、これまでに見つけだした盲目の子供たちのさまざまな境遇を語った。そしてドルマがわたしの計画を伝えた。盲人のための施設、たぶん小学校と職業訓練所を立ち上げる。別れにさいしてロブサンは、わたしたち二人の首にカタをかけ、また近いうちに孤児院を訪問するというわたしの約束をとりつけた。

数日後、不意にロブサンの従業員がわたしのところにやってきて、さらに話をしたいので孤児院までおこし願いたいと言った。わたしはドルマを同伴したかったが、パルデンという名の従業員は、大至急きてくれと言う。しかたなくわたしは、パルデンの自転車の荷台に乗って、一人で出かけた。英語をすこし話せるパルデンは、道すがら身の上話を聞かせてくれた。自分はつい先ごろ小さな私立学校に教師として雇われた。学校はロブサンの施設に属している。自分は専門教育を受けた小学校教師ではないが、読み書きと加減乗除を教えるには充分だし、中国語もすこし話せる。

このたびは院長はわたしを居心地のよい執務室ではなく、寒々として威嚇的な大広間で応対した。わたしはすわり心地の悪い革の安楽椅子にすわった。かたわらの木の小テーブルにバター茶の用意ができていた。ロブサンはわたしの左側に腰をすえた。神経質に鉛筆で木の板をたたく音が聞こえたから、たぶん事務机を前にしていたのだろう。数分間、わたしたちはこうしてすわったまま、どちらからも声を発しなかった。客から会話をはじめるのが、作法なのかしら？　しぶしぶわたしは、自分が知っている最上級の仰々しいチベット語で言った。「先日の貴施設への訪問は、わたしの大いなる喜びでありました。また、このたびはご招待くださり、光栄至極に存じます！」「オーラエ！」とロブサンは応じたが、どこか息苦しそうな響きがあった。わたしは相手の神経質がこちらに伝染するのを感じた。

しばらくしてドアが開き、第二の人物が広間に入ってきた。ロブサンがさっと立ち上がり、急にリラックスした印象を、わたしは受けた。見知らぬ人物はわたしに歩みより、手を（女の手を）さしだし、わたしの前の床にしゃがんだ。「わたしはチュンダといいます」その女性はことのほか流暢な英語で言った。「わたしは院長の娘です。わたしが父の通訳をします、父はチベット語と中国語しか話せないので」その声には独特の明るさと鋭さがあった。

チュンダは椅子をわたしのほうに引き寄せ、しばらくロブサンの話を聞いてから、通訳をはじめた。

「父はあなたをチベットの友、わが国の貧者の救済者と思っています。貧者の福祉に配慮する人々に、父はとても共感を覚えます」この言い方はいささか美辞麗句がすぎるとわたしは思ったが、これもアジア的メンタリティなんだろう。ここはひとまず聞きおいて、すべてを演劇のように観賞するのがいちばんいい。ふたたびチュンダは父親の言葉に耳を傾け、通訳をつづけた。「父はあなたをチベット人の名において歓迎し、あなたの奉仕活動に感謝の意を表したい」

わたしはひとこと訂正しておかなければと感じた。「でもわたしはまだ特別なことはなにもしていませんよ」

チュンダはわたしのコメントを通訳し、父親の返事を待たずに、言い添えた。「ここラサでは多くの人々が知っています、あなたが盲人のための文字をひろめるためにこられたことを。だから父はあなたに謝意を表するのです」それはまあ、おそれいりますが、そのために院長がわたしを呼びつけたのではないはずだ。

ロブサンが演説を再開した。自分の言葉の意味をしっかりした足音で強調しながら。「父は僧侶でした。多年にわたる人生を宗教に捧げてきました」チュンダが通訳した。「しかし、やがて大きな政治的困難におちいりました。父は投獄されたんです！ ああ、それは悪い時代でした。やがて父はもう一度チャンスを得ましたが、二度と政治に関与しないと誓約させられました。宗教上の師匠にも父は誓いました、これからはべつのやり方でチベットの福祉に献身すると。その時代に父は外国の友人と協力して、この親のない子供のための施設を創立しました。われわれはいま三十人の子供をあずかっています。子供たちは読み書きを学び、将来は職業訓練も受けます」ロブサンの声が激してきた。「父はいっさい公的な援助を受けていません、父がチベットのためにしていることに、だれも関心をいだかないのです」

不意にロブサンはせっかちな行進を中断して、背をこちらにむけると、ふとい、かすかに震える声で、見えない聴衆に語りかけるように、壁にむかって話しだした。わたしはわざとらしい《キッチュ》悲劇の立会人になったような感じがした。それにひきかえ娘の通訳には心地よく醒めた響きがあった。「そのときから父は知っています、貧困と窮乏が意味するものを。そして他者の援助を受けることが、どういうことなのかを。しかし子供たちは、父が衣服、食事、教育、愛をあたえている子供たちは、父によって人生を知ったんです！」

そこでロブサンがむきを変え、ひと言ふた言短くチベット語で発言し、ふたたび事務机の前にすわった。「父はあなたに一つの申し出をしたい。あなたの話されたことに、父は非常に感動しました。父はあなたをお助けしたい、盲学校を開くために」

わたしは唖然とした。ドラマチックなシーンのつづきがこんなふうになるなんて、ほんとうに予測もしていなかった。わたしはしどろもどろに答えた。「すばらしいお申し出をいただいて！　わたしはとても光栄に……」言葉がつかえた。このなりゆきにすっかり圧倒されて。

わたしがごちゃごちゃにもつれた言語中枢からまともな文章をひねりだす前に、チュンダは先に進んでいた。「父は新しい建物を建てますが、その施設には非常にたくさんの場所があります。父はいくつかの部屋をあなたの盲学校のために喜んで提供したい」

盲学校のための部屋。わたしは思った。まったく、なんて国なんだろう。初めはなにもかもうまくいかなかったのに、いきなりすべてが滝みたいに落ちてくる。わたしは長い闘いになるのを覚悟していた。一度でも中国で仕事をしたことがあれば、ここがどの国にもまして、はてのない官僚主義の障害物競走を強いられることを知っているから。だれもきちんと聞いてくれない、だれもイエスと言わない、たまにもらえるきっぱりした答えはノーしかない、決定の明確な理由はけっして示されない、だれも責任を感じない、なんでも役所から役所へとたらいまわし。ほんのすこしでも規定を逸《そ》れる決定になると、だれも首をつっこもうとしない。

数日前にもわたしはドルマといっしょに市役所に行って、わたしの点字を紹介し、盲目の子供の調査のことを語り、盲人の施設を立ち上げる計画を説明した。お役人たちはなんのことやらさっぱりわからなかった。付き添いもなくドイツからやってきた、盲目の女子学生。野次馬根性の同僚たちが他の部局からもやってきて、このとっぴな話に耳をすませた。みんなあっけにとられて無言のまま。わたしはその機に乗じてじっくりと自分の計画を開陳した。

まだ話しているうちに、はやくもわたしはかすかな勝利感にひたった。ふつうなら政府の役人が私人のために時間を割《さ》いたりしないことを知っていたから。話が終わると役人たちはわたしの社会《アンガー》参加《ジュマン》に謝辞すら述べ、別れぎわにわたしと固い握手をかわし、それからこう言った。「ひとまずそのプロジェクトのためにお金の工面をしてみなさい、それからまた考えましょう」

そしていま、この院長がわたしに申し出たことは、期待をはるかに超えるものだった。ひとまずこの話を咀嚼《そしゃく》する時間が必要だった。そこでわたしはロブサンの寛大なる申し出に心から礼を言い、後日またじっくりと細目を話し合おうと提案した。

バナクショーにもどり――このたびは快適なランドクルーザーの運転手に送られて――ロブサンとの二回目の会見について報告すると、ドルマは声をあげて笑った。「なかなか気立てのいい人じゃないの！」ドルマは言ったが、ちょっと皮肉っぽく聞こえた。「あなたの学校には現地のパートナーが必要だわ。ロブサンはとてもいい申し出をしてくれた。でも、わたしがあなたなら、すぐさま探りだそうとするでしょうね、相手がこの共同事業をどんなふうに考えているのか。気をつけなさい。なんらかの署名をする前に、すべてを徹底的に検討するのよ」

それにつづく時期、わたしはしばしばロブサンと会った。最初に訪問したときの愛想のいい言葉や二度目のときの美辞麗句はまもなく忘れられ、いまやわたしは厳しい特訓コースを修了し、あれこれの交渉戦略や駆け引き術を学ぶことになった。ロブサンの気前のいい申し出の要因が友情や隣人愛だけではないことも、覚《さと》らざるをえなかった。会談にはいつもチュンダが通訳として同席した。ドルマはなんらかの理由で歓迎されなかった。

気骨の折れる会合を幾度も重ねて、ついにわたしたちは交渉を終え、立会人の前で契約書に署名した。書中でわたしは、資金を集めることと、プロジェクトの計画と組織を引き受けることを表明した。いっぽうロブサン院長は、自分の施設のいくつかの部屋を盲学校の使用に供する。そのための前提条件は、わたしが寄付金を集められること。わたしたちは契約成立をレストランで祝い、たくさん食べて、こういう席で要求される量のアラク、アルコール分の高いシュナップスを飲みほした。

いまわたしは静寂につつまれている。ここかしこで抑えた咳ばらいと、僧衣のきぬずれの音がかすかに聞こえる。そのとき一人の低い声がわたしのすぐ前で祈禱を開始する。単調な旋律、その文言をわたしは理解できない。つづいて一群の明るい若い男の声が、わたしの右側で先唱者の朗誦に合流し、同じリズムを保ちながら、独自の音域で唱和する。やがて数人のバスが加わり、最後にほぼ百人の声が堂内をみたす。メロディーは不規則な波動のように三度のあいだを上下にうねり、すべて同じ言葉を朗誦する。数小節あとで声が弱まり、冴えわたる鉦《しょう》と太鼓とホルンの響きに引き継がれる。ホルンはペアで吹奏され、音は完璧にシンクロナイズし、低い音域ではじまって、いっとき大きくふくらみ、すぐまた低く沈む。ようやく楽器が鳴りやむと、ふたたび朗唱がわきあがる。それはあらためて一人の低いモノトーンの声ではじまる。数小節すぎると大勢の声が参入するが、このたびは先唱者の律動に同調せず、対抗するリズムで唱える言葉が、丁々発止と先唱者の祈禱と切りむすぶ。しだいに唱部は隊列を組み、経文の合唱が相互にせめぎあい、それはだんだんはやく、だんだん声高になる。そこでスタッカートの三連音が入り、それはしだいに全体のリズムのなかで四拍子に発展して、最後にリズムはさだかでなくなり、合唱はばらばらになる。あとは混沌とした声の渦、それぞれ独自のメロディー、独自のリズムで祈禱を終え、声はひとつまたひとつと消えてゆき、なお聞こえるのは一人の、低い、最初の声ばかり。

僧たちの上下にうねる朗唱は、わたしをしだいに夢うつつの状態にする。祈禱の鉦が響き、太鼓が打ち鳴らされ、ホルンがうなるたびに、わたしは物思いからひきはなされる。それは安息の一時間。ここではだれもわたしを知らない。聞き流せないことを肩ごしに話しかけてくるものはいないし、応じなければならない——ときには喜んで、ときには礼儀上しかたなく——質問をどこからも受けることはない。祈禱所の暗がりのなかでわたしは好奇の目から守られ、朗唱、鉦、太鼓、ホルンに身をまかせる。

「ハロー!」だれかが男の声でわたしの耳にささやく。その瞬間、楽器が高らかに鳴り響き、わたしは「ハロー」を聞き流す。そいつはわたしのすぐ横の床にすわる。楽器の音が鎮まり、僧侶が読経を再開すると、男は言う。「ここはほんとうに気が休まる!」

「ええ」わたしは答え、この平和の撹乱者からすこし身をずらそうとする。

でもこいつは容赦なく追い打ちをかけてくる。「ヘイ、ヘイ!」感激して言う。「じつにリズミカルじゃないか」足で床をたたいて拍子をとり、無遠慮におしゃべりをつづける。「ぼくはラサが好きだ。この町はほんとうに情緒があるからね、中国のほかの町にくらべると。巡礼の晴れ着は多彩だし。すばらしいじゃないか、ここはほんとうに中世にいるような感じがするよ!」

「はい、はい」わたしはつぶやいて、これ見よがしに両手で頭をかかえる。でもこいつは露骨なほのめかしにもあまり敏感ではないらしく、あいかわらずひとりごとをつづける。つねに自分の声が読経の音量を上まわるように心がけて。「ジョカンもぼくは好きだな。朗唱はとても心を静めてくれる!」

ええ。わたしは思った。わたしもきっと心が静まるでしょうね、あんたが一時間ほど口を閉じてくれたら。どういうつもりで暗がりからわたしに話しかけてくるのか? こいつはいったいだれなんだ? わたしのことを知っているのか? わたしはいつも声の分類に苦労するので、わかるまでしばらくかかる。こいつは「おしゃべり」のパウル。バナクショーでいっしょだったオランダ人だとわかるまで。

「パウル、あなたなのね!」わたしは嬉しくなり、あんなにそっけなくしたのが、ちょっとうしろめたい。小声で、祈りの邪魔をしないように、ささやく。「どこにいたの、この数週間？　ずっとなにをしてたの？」

「ボランティアとしてオランダの赤十字で働いていたんだ」パウルはささやきかえす。「来年にはシガツェにあるスイスの赤十字で現場監督になる契約がとれそうだよ」

すると、ほんとうにやってのけたのね。すでにラサに着いた日からパウルはきっぱりと、ここで仕事をさがすつもりだと予告していた。ほかの旅行者たちは首をふるだけだった。まさにわたしの計画をとんでもない絵空事だと宣言したように。

外国人はチベットでは金を落とすツーリストとして歓迎されるだけ、労働・滞在許可をもらえるのは有力な援助組織の職員だけだ。パウルもわたしもこの「好意的助言」にひるまなかった――それどころか、いまやわたしたち二人は成功をおさめたようだ。パウルはただのおしゃべり屋、パーティーの人気者ではなく、本物の万能人で、技術とコンピュータの分野の才能をいっぱい詰めた袋をかついでいる。なすべきことがある世界のいたるところで、パウルが大歓迎されるのも不思議ではない。

「それで、きみはこの間になにをやった？」パウルがわたしにたずねる。

わたしはこの数週間にあったことをすべて話す。

「そいつはすごい！」パウルはさけぶ。「で、いつから学校を開けるんだ？」

「わからない」わたしは言って、あまり熱狂的になれないことに気づく。「とりあえず、来年お金を集めてから。そうしたら……」

「つまりそれは」パウルが話をさえぎる。「たぶんぼくたちは来年またいっしょにここにいるってことだな！　ぼくが必要なら、簿記とかコンピュータとかで、喜んで手伝うからね！」

「ありがとう」わたしはつぶやく。なんだか疲れる感じ。「でも、そこまでは、まだ行ってないから」

パウルは手をゆるめない。「電話してくれよ、きみがまたチベットに行くことがはっきりしたら！」

「ええ」わたしは言って、小さくあくびをする。「それじゃ、電話するわ、あなたがどこにいても」

わたしは目を閉じて、背中で壁にもたれる。自分のなかに大きな穴が開くのを感じる。この数週間の骨の折れる交渉で疲れがたまっていたし、ホームシックにもかかっている。それはみぞおちのかすかな圧迫感でわかる。わたしは一定の安心感、なじみの習慣にあこがれる——そしてたぶん熱いシャワーにも。香煙が鼻に立ちのぼり、わたしは軽い目まいを覚える。

「ヘイ！」パウルが言う。わたしはびくっとする。「コーラを飲むかい？」

コーラがこのような聖所にふさわしいとは思えないけれど、バターのもやが充満した、むっとする空気のなかでは、清涼飲料も必要かもしれない。パウルが騒々しい音をたてるビニール袋をかきまわして瓶をさがすのが聞こえる。

「静かに」わたしはささやく。僧たちは読経をやめて、瞑想にふけっている。祈禱所は深い沈黙につつまれて、いまは時間がとまっているかのようだ。息をとめなければならないような感じがする。

どんな物音も、いかに抑えた音でも、この静寂のなかではどんちゃん騒ぎになる。

パウルが瓶をいじくりまわしている。つとめて静かにやろうとしているが、栓抜きが瓶の縁でカチカチと音をたてる。その騒音にわたしは身を縮める。わたしは胸のなかでパウルに懇願する。神の、というか仏陀の名において、コーラの栓を開けないで。しかし時すでにおそく、瞑想の静寂はだいなしになる。バルコルの散歩で激しく揺られ、堂内の熱気で温められた液体は、自由をもとめて暴発し、せまい瓶の口から勝関《かちどき》あげて噴出する。チベットの怒れる悪魔がことごとくこの瓶から解放されたかのように。噴水は聖なる御堂の天井にシューッと舞いあがり、甘い、ねばねばしたしずくとなって、聖なる像と敬虔なる僧団に雨と降りそそぐ。

12・ドイツ政府の助成をとりつける

〔広報記事、一九九七年八月十四日〕

女子学生、チベットで盲学校を設立

一九九七年五月から八月まで、ボンのライニッシェ・フリードリヒ・ヴィルヘルム大学でチベット学を専攻する二十六歳の女子学生、サブリエ・テンバーケンさんは、チベット自治区内を旅行し、現地で盲人の調査を行った。

公式の発表によれば、チベットには二百四十万の住民のうち盲人は一万人を超え、そのうちの多くは六歳から十四歳までの就学年齢の子供である。目の障害の原因は、強烈な日射、屋内の塵埃《じんあい》や煤《すす》、医療不足である。

いまのところチベット自治区の盲人には、教育を受ける機会も、他のなんらかのかたちで社会に統合される可能性もない。盲人が、隣人に隠れて、暗い小屋でひっそり暮らすことも、子供のときから街頭に物乞いに出されることも稀ではない。しばしば盲人は家族からまったく放置されている。さまざまな村を騎馬で巡回したテンバーケンさんは、四歳になっても歩くことを覚えない子供を発見した。それまで両親は、畑仕事に出ているときに子供の身に事故がおこるのをおそれ、子供をベッドに縛りつけてきたのである。

すでに旅立つ前に、みずからも盲人であり、ボンの大学の中央アジア学科の学生であるテンバーケンさんは、チベット語の点字を開発しており、それはチベットの盲人から、簡単に習得できるものと認められている。巡回旅行の過程でテンバーケンさんは所轄の中国政府機関と接触し、試験的プロジェクト――盲人にオリエンテーション技術、点字、実際生活の技能を習得させる――に必要な許可をとりつけた。

このプロジェクトは来年の四月から開始することになっている。当面は七歳から十三歳までの八人の子供が授業を受ける。そのための教室等はラサの孤児院から提供される。最初の数年はテンバーケンさん自身が授業にあたり、並行して、のちにプロジェクトを引き継ぐ教師を養成することにしている。

目標は、テンバーケンさんが養成した教師の手で子供たちを故郷の村の学校に統合させることである。

いまテンバーケンさんは、盲学校プロジェクトの資金をドイツとヨーロッパで調達するために奮闘している。

ドイツ帰国の直後、よき友人のエルマーが、広報記事を全地方新聞に送るようにと、わたしを説き伏せた。はじめわたしは懐疑的だったが、エルマーは言った。「きみがプロジェクトのために寄付金を集めたければ、きみときみのアイディアをうまく売りこまなきゃ」
わたしは「盲目の女子学生」だの「縛られた子供たち」だのと書くのは気恥ずかしかったので、結局エルマーが腰をすえて広報記事を書きあげた。効果は予想外に大きく、電話は休むいとまがなくなった。しかしまもなく気づいたのは、たいていの新聞がお涙ちょうだいのストーリーにしがちなことだった。見出しは「盲目の女子学生、騎馬でチベットの荒野をめぐる」「盲目のドイツ女性、チベットの盲目の子供たちを暗い牢獄から解放。盲人に光と文字をもたらし、かれらに人生の門を開く」

募金のアピールを載せてくれる新聞はごくわずかだった。

こんな電話を受けたこともある。「こんにちは」と事務的な女性の声が言った。「あなた、サブリエ・テンバーケンさん?」

「はい」わたしは言って、新たな質疑応答マラソンにそなえた。

「わたしは市報のものだけど、あなたのことを読んだわ」わたしは期待の沈黙、あちら側は熟考の小休止。「たしかにすてきなお話ね」市報の職員は言った。「ただ問題は、われわれはあれを信じないってこと!」

この電話に、わたしは考えさせられた。新聞がこねあげるようなセンセーションストーリーでは、先に進めそうもない。両親の友人がいつかこんなことを言った。「新聞もいいけどね、政府機関に資金の申請をしてごらん。そうすりゃ、はじめから小銭を追っかけてあくせくすることもない。そのうちプロジェクトは自然に知られるようになるさ」

わたしは電話で連邦経済協力・開発省（BMZ）にスタート助成金の見通しについて問い合わせた。そこで知ったのは、わたしは公益の責任担当機関を見つける必要があり、私人では申請できないということだった。

「けっこう」わたしは言った。「それで、どれぐらい日にちがかかりますか、そういう団体をつくるには」

役人は笑った。「そうじゃなくて、そういうものがすでにあるっていうこと、最低五年は途上国援助にたずさわっている団体が」

わたしは息を呑んだ。すぐさまそんな団体を見つけだすなんて、ほとんど見込みがなさそうだった。

「ひとまず団体登録簿を見てごらんなさい、たぶん、あなたをおんぶしてくれる団体が見つかりますよ。でもね、ほんとうに経験を積んだ団体にしたほうがいいですよ、そうでないと、あなたとあなたのプロジェクトを要らざる困難に引きこむだけだから」

はやくも二、三日あとには、わたしはケーキとジュースを前にして、わたしの新しい担当団体の会員の日当たりのよいテラスにすわっていた。会長の女性はこの団体——その関心事は東アジアの障害者の社会統合——を中国旅行から帰った七年前に設立し、初めは上首尾に寄付金を集めることができた。この数年、と会長は説明したが、当初は活発だった会員に若干の意欲の減退がみられる。だから新しい風が吹くのは大歓迎、およばずながらあなたのお手伝いをしたい。それはまことにすばらしい午後だったし、わたしは大事にあつかわれている感じがした。会員たちは盲目の子供のことをなんでも知りたがり、わたしがロブサンと交わした契約にも関心を示した。

あるテレビの特別番組がわたしの計画をとりあげると、ことはにわかに活気づいた。わたしはさまざまな講演に招かれ、クラブや学校はオークションやバザーを催し、その収入を盲学校プロジェクトのために役立てた。しかし、わたしがいちばん支援を期待していた組織、つまり盲人団体とチベット支援団体の反応は、まことにすげないものだった。多くのチベットファンにとって、わたしのプロジェクトはあまりにもノンポリだった。「われわれがあそこに送る一マルク一マルクが、実際には中国人の手にわたり、チベット独立の闘争を阻害する！」

でも、その闘争はわたしの仕事ではなかった。わたしはまったくプラクティカルに、盲人の社会への統合のために働きたかった。

おおかたの盲人団体で出くわした無関心も、わたしを失望させた。「チベットの盲人はわたしになにをしてくれますか、いつの日かこちらの問題を片づけることになったときは？」と初老の紳士は言った。わたしと小料理屋で対面し、うまそうに大きなステーキを食べながら。では、あなたにはいかなる問題があるのかと、わたしはたずねた。「なかでも」盲目の紳士は言った。「やってもらいたいのは、すべての交通信号灯にシグナル音を備えつけることですな」

「ええ、それから」と目の見える夫人が口添えした。「バス内のアナウンスも、ハンス、そうすれば、あなたにもわかるでしょ、どこで降りればいいのか」

多くの盲人組織がはじめからわたしの問い合わせに拒否反応を示し、ごく少数の人が自発的に関心を示して、プロジェクトをさまざまなやり方で応援してくれた。嬉しかったのは、誕生日のパーティーや結婚式で集めてくれた寄付金だ。祝ってもらう人はプレゼントを断念して、そのかわり有意義なプロジェクトにお金を寄付してほしいと、祝い客にたのんでくれた。

わたしは多くの人々の関心と関与に圧倒されたが、わたし自身の担当団体からは、いつのまにかなんの音沙汰もなくなった。そこで会長の女性に電話をしたら、こんな返事をもらった。「このプロジェクトはあなたのフル・タイム・ジョブなんでしょうけど、われわれにもほかにやることがあるの。わたしには子供がいるし、ひとり身で、職についている。そこをわかってちょうだい」

わたしはわかった。そこでこう約束した。わたしはこのプロジェクトをあなたの積極的な支援がなくてもやっていける、あなたは適時にすべての申請書に署名して、ときおり団体の名を必要とする些事《さじ》を処理してくださるだけでよい――そうするわ、と会長も約束した。

そのあと私は一人で経済協力・開発省に出かけてゆき、プロジェクトを紹介して、将来の計画を説明した。役人たちはとても開放的で、関心をよせてくれたが、わたしの担当団体については懐疑的だった。「たしかに」と役人は言った。「この団体はすべて必要な条件をみたしています。しかしほかにプロフェッショナルな担当団体をさがしたほうがいいかもしれませんよ。われわれが危惧するのは、この団体の専門能力が充分ではないことです」

しかしすべてが順調に進んでいたので――たった三か月のうちにプロジェクトのスタート段階の助成金の申請がBMZから認可された――、わたしは役所の警告をすぐに忘れてしまった。こうしてわたしは罠にはまり、一年後に手痛く噛みつかれることになる。

一九九八年の春、つまり帰国の六か月後、わたしは充分に寄付金を集め、いつでも出発できるようになった。わたしはラサに電話して、招待状と労働許可証を送ってくれるよう、ロブサンにたのんだ。

二か月後、書類がとどいた。カトマンズまでの航空券もポケットにあるし――このたびはネパール経由でラサに行く――、友人たちとのお別れもすませていた。ほんとうにだれも忘れていないかどうかと、アドレス帳をめくってみた。パウル・クローネンベルクという名前に出くわした。パウルはあのときジョカン寺でなんと言ったっけ？　「電話してくれよ、きみがまたチベットに行くことがはっきりしたら！」わたしは時の流れのはやさにおどろいた。

わたしはパウルの電話番号を押した。相手はすぐに受話器に出た。

「ハロー」わたしは言った。「来週出発するって、言っておきたかったの」

「うん、それで？」パウルはたずねた。

「べつに」わたしは言った。「じゃあ、バイバイ！」

この会話にはがまんがならなかった。わっと泣きだせとは言わないけれど、やさしく、さよならとか、よい旅を、ぐらいは言ってくれてもいいじゃないの。

しかし、パウルにしては異常に長い中断のあと、電話の声はこう言った。「なにがバイバイだ。いっしょに行くよ！」

13・小さなお城を建ててもらった

"Ladies and Gentlemen, in a few moments you will see Mount Everest, the highest mountain in the world."

みんなこのアナウンスを待っていたかのように、乗客たちは飛行機の左側に殺到して、小さな丸窓に頭と頭がひしめいた。わたしは正規の左席の人たちが気の毒になった。なにしろ自分自身は地上最高の山を一瞥するチャンスもないほどだから。わたしは右側にすわっていて、自分が重りになって飛行機が傾かないようにがんばっている気分になった。

パウルがわたしの隣にすわっていた。「ぼくたちは恵まれてるよ」パウルは言った。「ぼくたちには自分の人生を自分で引き受ける自由がある！」

パウルはわたしの電話のすぐあと、オランダのバンガロー・リゾート公園のサービスコーディネーターの仕事をやめた。パウルは公園全体の欠陥の通報を処理していた。しかしたった一年で自分のデスクに寄せられた苦情が二万二千件となれば、もううんざりだった。「切れた冷蔵庫の明かりや足りないスプーンの心配をするよりも、もっと有意義なことがある。それに、ぼくをオランダに引きとめるものがあるか？　まあいいさ」パウルは言った。「たぶん赤十字で稼げるだろう。それから考えるよ、どうすればきみを助けられるか。きみのために校舎を建てることもできるし、あるいは、そうだな、まずコンピュータをつないでやるよ」

「ケルサン・メト」声がけたたましく耳に響いた。「やっときてくれたのね！　先週からずっと待ってたのよ」チュンダだった。わたしがすぐにふとんから這いだすものと思っていたらしい。こんなところを見られたくなかった。わたしはくたくたに疲れて、髪はぼさぼさで、体も洗わず、水を半分はった洗面器をあらゆる事態にそなえて枕元に置いていた。わたしたちはカトマンズで足どめされ、計画より六日遅れてラサに着いた。前日いきなり一八〇〇メートルから三六五〇メートルに高上がりしたので、わたしは高山病にやられてしまい、えぐるような頭痛にいまだに苦しんでいた。

「運転手が下で待ってるわ。あなたに新しい学校を見せたいの、いつでも仕事をはじめられるように」

「すぐ行く」わたしは言って、チュンダがわたしを一人にしてくれるよう切に願った。

「たしかにあなたは助けが必要だわ」チュンダは言って、わたしの半分開いたスーツケースから着るものを選びだそうとした。これはもうやりすぎだった。いまにチュンダはわたしに服まで着せるだろう！

「お願い、チュンダ」わたしは言った。自信をもって、というよりは泣きそうな声で。「わたしに五分だけちょうだい。お願いだから、下で待っててくれない」

ラサのバナクショーホテルのテラスでくつろぐサブリエとパウル

まもなくわたしはロブサンのランドクルーザーの後部席にすわり、冷たいタオルでずきずきするこめかみをおさえていた。チュンダは興奮してしきりに話しかけてきた。「よかった、あなたがやっときてくれて。もうこないんじゃないかって、心配してたの。父は先週三回も空港に行ったのよ」とがめるような口ぶりだった。

「ごめんなさい」わたしは疲れきって口ごもった。「でも連絡便がオーバーブッキングになってたの」

新築の孤児院は町のいっぽうのはずれにあり、しばらくでこぼこの田舎道を走って入口の門に着くと、ロブサン院長が熱烈に迎えてくれた。ロブサンはすぐさまわたしを自分の新しいオフィスに案内した。恒例のバター茶をすすり、作法どおりにあいさつを交わすと――ロブサンはわたしの両親の健康状態をたずね、わたしはささやかなおみやげを渡し、それを父娘は大仰に喜ぶ――、院長は盲学校用にしつらえた部屋をわたしに見せたくてうずうずしてきた。それは孤児院のむかいにある建物群に属していた。

施設の中庭はほとんど村の広場に匹敵する規模を占めていた。いくつかの建物から、チベット語のアルファベットを暗唱する子供の声が聞こえてきた。べつの棟から聞こえるハンマーと電気のこぎりの音は、ここに作業場もあることを示していた。中庭で遊んでいた子供たちが、こちらを見かけるやいなや、わたしたちをとりかこみ、質問で爆撃した。

「こちらはケルサン・メト」チュンダが言った。「あなたたちの新しい目の見えないお友だちの先生になるの」

物珍しそうにつきまとう子供たちに護送されて、わたしたちは中庭のむこう側にたどりついた。

「ここがあなたの校舎。一階と二階。下はトイレット、教室、台所と食堂」チュンダは一室のドアを開けた。広い正方形の部屋はいささか寒々とした感じだが、家具調度を備えつければ変わるだろう。二階には階段とバルコニーを上がる。そこは三つの子供用の寝室、大人用の二部屋、シャワー室があった。

「ずいぶん豪華なのね」わたしはためらいがちに言った。チュンダとロブサンはそれを讃辞と受けとって、媚びるように笑った。いっぽうわたしは、きわめて貧しい環境からやってくる子供のことを考えざるをえなかった。子供たちが前とくらべて豪勢な生活条件に慣れてしまったら、あとで故郷に帰りたがらなくなるのではないか？

中庭を通ってもう一つの棟に歩いていった。「この建物のなかが」チュンダはおごそかに言った。

「あなたの公邸になります」

二階のホールのような部屋に入った。音が妙に響いた。「この部屋は」チュンダが早口に言った。「広さ四十五平米、床は高級な絨毯《じゅうたん》を敷きつめてある。左側は中庭に面してたくさんの窓があり、右側からは樹木とポタラ宮が見える。あなたはこの部屋を応接間に使ってもいい。お客は感銘を受けるでしょうね」

わたしは方位を確認するため、ちょっと歩いてみた。いくつかの椅子にかこまれたテーブルに達するまで部屋は空っぽで、がらんとした応接間に、押しつぶされるような感じがした。もう一つのドアが隣室に通じていた。「これはあなたのオフィス」チュンダは言った。「事務机を二つ、設置しておいたわ」

わたしは開いた口がふさがらなくなった。「でも、わたしたちは去年同意したはずよ、備品はいっしょに調達するって！」

「われわれはみんなあなたのために用意したのよ」チュンダは言った。

「みんな？」わたしはおどろいてたずねた。「机も、椅子も、ベッドもみんな――それに、ふとんも、シーツ類も、食器類も？」

「ええ」チュンダは誇らしげに言った。「みんな、去年われわれが予算のためにリストアップしたものを全部」

わたしの出発前に、わたしたちは必要な物品のリストを作成して、生じるコストの概算を見積もった。学校の設備に必要な金は、わたし自身がふたたびラサにきてから、振り込まれることになっていた。わたしはロブサンとチュンダといっしょに、できるだけ良質でコストの安い備品を調達するつもりだった。

「じゃあ、ほかの家具はどこにあるの？」わたしは不審に思ってたずねた。どの部屋も、設置されたテーブルをのぞけば、まったく閑散としていたから。

「家具の一部はまだ倉庫に置いてあるの。でもあなたが必要なら、すぐに運びこめるわよ」

わたしの仕事を大幅に削減してくれたのはありがたいけれど、わたしは学校の設備に関与したかったので、これにはいささかがっかりした。「なぜその前にわたしに相談してくれなかったの？いっしょに備品を選ぶこともできたのに」

「ああ」チュンダははねつけるように言った。「父とわたしは考えたの、われわれだけで家具を調達したほうが有利だと。西洋人はよくだまされるから。そうなったら損でしょう。なにしろチベットの盲人のための寄付金を使うんだから」

「それはそうだけど」わたしは言った。「でもあなたたちはどこからそのお金を工面したの？」備品全部でわたしたちは一万一千マルクと見積もっていた。チベットの水準からすれば相当な財産だ。

「お金はこちらで立て替えておいた。まもなくわれわれの口座に払い込んでくれることを希望しているわ」

わたしも希望していた。まもなく担当団体が学校の設備と維持のための費用を振り込んでくれることを。わたしはオフィスと応接間をすこし歩いてまわり、あらためて頭痛攻撃に襲われるのを感じた。

「気に入った？」チュンダは期待にあふれてたずねた。

「ええ」わたしはためらいがちに言った。「意外に広くて」

「それに明るくて清潔」チュンダは自慢げに説明した。「全体の施設はこの冬に完成したばかりで、とても近代的よ。全部コンクリートで建造したの」

それからチュンダは「ゲストハウス」もわたしに見せた。中庭のべつの側の角地にある二階建ての家で、これからわたしはここで暮らすことになる。家の裏に大きな日当たりのよいテラスと小さな芝地があり、数本の果樹が植わっていた。チュンダは庭を案内して、いま花盛りの植物や樹木のようすを話してくれた。

のちにパウルはなにもかもくわしく知りたがった。「あなたが学校を建てる必要はなくなった、すべてできあがってるから」

「いったいどんな家なんだ？　すてきかい？」わたしは言った。

「ええ、すてきよ。それにとても大きくて、広々としていて。でも……」わたしはオフィスを、寝室を、他の部屋部屋を思いだそうとして、わずかな印象しか残っていないことにおどろいた。「よくわからないけど、まるでムードがないっていうか。まあ部屋の設備をととのえれば、きっと居心地もよくなるわ」

ロブサンがわたしに提供してくれた部屋部屋は、たしかに壮大なものだった。それは広くて、近代的で、清潔で、そういうものをチベットの学校には想像もしていなかった。しかしなんとなく失望もした。ではわたしはなにを期待していたのか？　家畜小屋？　いくつかの煤だらけの粘土の家？　それとも大きなヤク毛の天幕？　ラサは近代的な都市だ。わたしは自分に言い聞かせた。人々が家をコンクリートで建てるのを、だれが否認できるというのか？　たとえそれが伝統的な粘土小屋のようには気候風土に合わなくても。コンクリートの建造物は夏には耐えがたいほど熱くなり、冬には寒気がふせぎようもなく入りこんでくる。

とはいえ庭は小さな楽園だった。わたしは低い石の壁に腰を下ろして、鳥のさえずり、蜜蜂の羽音、花の香りを楽しんだ。それにしても、いともたやすいことだったわね、わたしにこの異国を故郷のように感じさせるのは。わたしは小さなお城を建ててもらい、なにもかもお膳立てしてもらい、いよいよ始動できるまでになった。もうすぐ最初の子供たちがやってくるはずだ。

わたしが最初の夜を新しいマイホームで過ごしたのは、六月初めのことだった。わたしは一階のひと部屋を選び、応急の寝所をととのえた。マットに横になり、まわりの物音に耳をすました。中庭のほうから子供の合唱の声が響いてきた。ジョカンの僧と同じようにリズミカルに古いテキストを朗誦していた。これは一種の夕べの祈りで、全部で三十人の孤児たちは、毎日就寝の前に唱えなければならなかった。

わたしは一人でこの「ゲストハウス」に住んでいたが、全然くつろげなかった。たえず物音がして、そのたびにわたしは身をすくめた。あちこちの戸がギシギシきしみ、バタンバタンと音をたて、窓がガタガタ揺れ、しょっちゅうテラスで低い足音が聞こえるような気がする。しかし実際にはここで大したことが起こるわけではない。なにしろわたしは一種の要塞のなかにいるのだから。施設全体が高さ約四メートルの壁にかこまれ、庭に面した窓にロブサンは鉄格子をとりつけさせた。

その最初の夜中に、わたしは大きな音を聞いてとびおきた。音は廊下から聞こえるようだった。わたしは足ばやに歩いて、部屋のドアを開け――冷たい水に踏みこんだ。水道管が破裂したらしい。新築の家でこんなことがあるとは計算外だった。そういえば、パウルはこの建物を初めて観察したときに言っていた。「いつも同じだ、この国では。外からはなにもかもピカピカでりっぱに見える。ところが近くから見ると、屋根は雨漏りしそうだし、咳をしたり足を踏んばったりしたとたん、風呂のタイルは剝《は》げ落ちて、錆びついた水道管がむきだしになる」

しばらく途方に暮れて冷たい湿原に立っていたら、水が足もとから部屋に流れこむのを感じた。わたしが用務員の老人を起こすと、にわかにまわりはにぎやかになった。元栓が閉められ、孤児たちはベッドから動員されて、バケツと床ブラシを持ってわたしを手伝いにきた。

この夜からわたしの豪華な浴室には長いあいだ一滴の水もなく、それからはバケツを持って中庭に歩いてゆき、井戸から水を汲んでこなければならなかった。でも、わたしはいまチベットにいるのだ。そのことを、わたしは行水や洗濯をするたびに、あらためて意識させられた。

14・盲学校にふさわしい教師

ある朝わたしは学校からラサの旧市街への道を探索しようと思った。わたしは杖をとり、中庭を通って門の出入口に歩いていった。そのとき突然、驚愕のさけび声が聞こえ、だれかがわたしにとびかかり、しっかりつかまえた。

「なにをするの?」わたしはチベット語で言うと、老用務員が震える声で、あなたを一人で出してはいけないのだ、と言った。「なぜ、だめなの?」わたしはたずねた。老人はなにか聞きとれない言葉をぶつぶつと言った。

そこへチュンダが中庭を走ってやってきた。「町に行きたいの? ちょっと待って、運転手をつれてくるから」

「わたしは歩いて行きたいんだけど」わたしは答えた。「そうしないと、どうやって道を覚えればいいの?」

「でも、それはだめ」チュンダはきっぱりと言った。「父が厳禁しているから」

これはロブサンと話をつけるいい機会だった。というわけで、わたしはじっくりとロブサンに説いて聞かせた。あなたは将来の盲学校のリーダーとして、盲人とその能力をもうすこし信頼しなければいけない。

「わたしのことは心配しないで」わたしはチュンダに言った。チュンダはわたしの言葉をすべて忠実に通訳したが、わたしの頑固さに腹を立てているのが感じとれた。「道はまっすぐなんだし。わたしにチャンスをちょうだい、晩には無事に帰ってくるから」

わたしはチャンスをもらい、町へ出る道が実際になんの問題もないこともはっきりした。というのは、はやくも最初の分岐点で数人の親切な子供たちが待ち伏せしていて、ポタラ広場までずっとわたしについてきて、人力車に押しこんでくれたからだ。これはロブサンのさしがねではないかという疑念をわたしは払拭できなかったが、こんなふうに気配りしてくれたことに、ちょっとほろりとした。

人力車でドルマのところに行った。わたしたちはすばらしい午後と大食らいの夕べを過ごしてから、わたしは帰途につくことにした。

「タクシーに乗らない?」ドルマが気配りしてたずねた。タクシーの運転手に学校までの道をどう説明すればよいのか、精確にはわからなかったので、わたしはためらったが、夜道はそのほうが安全そうに思えたので、結局タクシーで帰ることにした。

タクシーをひろうのは、ラサではとても盲人にやさしい作業だ。道路ぎわに立つだけで、たちまち最初の車が、けたたましくクラクションを鳴らして、とまる。すぐにわたしはタクシーを見つけ、運転手に、郊外の、学校がある場所まで行く道を知っているかと、中国語でたずねた。もちろんさ、おれはラサで生まれたんだ、この町のことならチョッキのポケットみたいに知ってるよ。しかしまもなく判明したのは、わたしはチベットじゅうでいちばん愚かで、いちばん無能なタクシー運転手をつかまえたということだった。わたしは説明した。道はあなた自身で見つけてくれ、わたしは盲目で、あやふやな指示しかできないから。

「あんたが盲目だなんて、信じないね。だって、あんたの目は動いてるじゃないか」運転手は言って、わたしの顔の前で片手をひらひらさせた。「この手が見えないのかい？　ここに指は何本ある？」このゲームは小学校のころからおなじみだった。わたしがまだどれくらい見えるのか、級友たちが知りたがるたびに。無意味な視力検査を切りあげるため、わたしは言った。「十五本」すると、びっくりしたことに、運転手はばかみたいに笑いだした。

町はずれで橋を渡った。この橋をわたしは覚えていたので、運転手にとめてくれとたのんだ。ここからの道は知っていたし、さっさとタクシーからおさらばできるなら、数キロの道を歩くほうがましだった。

「だめ、だめ」運転手は言った。「あんたは目が見えないんだろ、ここで下ろすわけにはいかないよ」

わたしは憤慨して、即刻とめろ、と命令した。「だめ、だめ」運転手はふぬけのようにくりかえした。「あんたはわかってない、自分がどこにいるのか」

さらに走りつづけた、かなりのスピードで。車の窓は開いていて、わたしは学校から遠からぬ場所にあるゴミの山の悪臭を嗅ぎつけると、あらためて運転手にとめてくれとたのんだ。「でもここは学校じゃない」運転手はきっぱりと言った。いまどこにいるのか、あんたにわかるはずがない。

車はさらに夜の闇につっこんでゆき、まもなく田舎道に出た。虚無のどまんなかにいるようだった。しかし、はるかなるチベットの夜のどこかに一軒の家があるらしく、そこをめざして運転手はまっしぐらに進路をとった。それは売春宿だった。たちまち中庭で物珍しげにペチャクチャしゃべりキャッキャと笑うレディたちにとりかこまれた。

「おまえたち、この女の人を知ってるか？」タクシーの運転手がたずねた。どっと笑い声。どうやらレディがたはわたしよりも運転手のほうをよく知っているようだ。しかし運転手は質問をやめなかった。「知ってるか、この人がどこに行きたいのか？」

そこでわたしは会話にわりこみ、憤激して言った。「わたしがどこに行きたいか、わたしがいちばんよく知ってるわよ」すぐに引き返えして、わたしの言うとおりにしろ、と運転手に命令した。

とりあえず、そうなった。しかし不運なことに、いつしか運転手は、わたしをひっぱりまわすことに飽きてしまったらしい。どこかの暗闇で停車して、言った。「着いたよ」ぬけぬけと嘘をついているのが、はっきりわかった。しかし無意味なドライブに疲れたわたしは、タクシーの通常の料金、十元札を運転手に渡すと、車から下りた。

「最低でも二十元（約三百円）はするのに！」運転手がうしろからさけんだ。わたしは言ってやった。あんたは目的地に全然たどりつけなかった、そのためわたしはこれから歩かなければならない。

すると運転手は本気で怒りだし、車からとびだしてどなった。こんなに遠くまで走らされて、さんざん苦労したのに。わたしはそれにおびえず、杖をとって、学校があると思われる方向にすたすた歩いていった。あたりはまっ暗闇。これは好都合だった。かんかんに怒った運転手がわたしを追いかけてきても、暗闇のなかではこちらのほうが有利だろう。わたしはそう考えて、どんどん車からはなれていった。まもなく車のドアがバタンと閉まり、走り去るのが聞こえた。

十分もすると、自分がしだいに町はずれに近づいているのがわかった。いまわたしはゴミの山につぎつぎとつまずき、臭い水たまりで足をすべらせ、最後に溝からつきだしている鉄の煙突に杖を引っかけたから。これをわたしは午後に方位確認点として覚えておいた。勝手知ったる場所にいることを知って、ほっとした。わたしは長い車寄せを通り抜け、激しく学校の門をたたき、すぐに門が開いたことにびっくりした。施設の住人全員がわたしを待っていたようだった。みんなすっかりくたびれて、こんなに長いあいだどこにいたのかと、口々にたずねた。いまではわたしも自分が興奮しているのを感じたが、なんとかしてそれを隠そうとした。わたしの身になにかあったと、みんな覚悟していたようだ。

わたしはオフィスに行き、パウルの電話番号を押した。やはりだれかに今日の冒険旅行の話をしたかったから。パウルはそのころ、ラサから約三〇〇キロはなれたシガツェにいて、スイス赤十字のために救助ステーションの準備にかかっていた。ちょうどわたしがパウルに、わめくタクシー運転手を演じて聞かせていたとき、階下から低い足音が聞こえてきた。受話器を手にしたまま、わたしは正体不明の来訪者に神経を集中した。それは応接間の入口のドアの前でちょっと立ちどまり、それから静かにドアの扉を押し開けた。

「どうした？」パウルがどなった。「どうしてなにも言わないんだ？」

わたしは電話口にささやいた。「あとでまたかけるわ。ここにだれかいるんだけど、だれだかわからないのよ」

しずかに受話器を置いて、杖を手にとり、ふりむいた。正体不明の人物とわたしのあいだに第二のドアがあり、それは半開きになっていた。二つの部屋はまっ暗だった。わたしは暗闇のほうが安心できるけれど、それでも闖入者《ちんにゅうしゃ》に威嚇されるのを感じた。「なんの用なの？」わたしはたずねた。

正体不明の男はおずおずと、神経質に一歩一歩足を運んでいたが、突然猛烈な早口でしゃべりだした。はじめわたしは一言もわからなかった。それはチベット語にも中国語にも聞こえなかった。わたしは錯覚した。憤慨したタクシー運転手が暴力で金を取り立てにきたのかと。しかしそのあと、男がブロークンな英語を話しているのに気づき、ようやく相手はほかならぬパルデン、例の小学校の教師だとわかった。パルデンはほかの人たちと同じくわたしのことを大いに心配して、わたしのようすを見にきたのだった。わたしはほっとして杖を手からはなし、仕事机に腰をおろすと、この日わたしの身に起こったことをくわしく話した。

「どうやってあなたは道を見つけるんですか？」パルデンがたずねた。

「これで」わたしは言って、杖をパルデンに手わたした。「ちょっと目を閉じて、これだけで方位を確認してごらんなさい」

パルデンはその意味をすぐさま理解して、まもなくわたしたちはすっかり夢中になった。それはたいへんおもしろかっただけでなく、はじめは不器用によろよろしていたパルデンの足どりが、何度か机や部屋の壁にぶつかるにつれて、だんだんはやく、しっかりしてくるのを知るのは、手に汗をにぎる体験だった。確実に一時間はこうして過ごしたあと、不意にわたしはぎょっとして思いだした。楽しんでいるうちに、わたしは哀れなパウルのことを忘れてしまったのだ。その間ずっと電話の前で、わたしがかけてくるのを辛抱強く待ちつづけていたパウルを。

パルデンはそれからもよくわたしを訪ねてきて、プロジェクトの進捗状況を知りたがった。そのころわたしは盲学校にふさわしい教師の選別にとりかかっており、仕事をもとめていて、かつすべての適性をそなえている人間を見つけることのむずかしさを痛感していた。わたしの信念では、秀、優、良、可の成績順位でいうと、可の英語と、優ないし秀の中国語の知識をそなえ、さらに盲人の生活に感情移入する用意がなければならなかった。わたしが考えだしたテストの実施法は、知識の試験を優先するのでなく、第一にオリエンテーションの自然な才能をためすものだった。

わたしはパルデンに、口コミで仕事のことを聞いてやってきた応募者を外にひきとめ、わたしが飛行機から持ってきた睡眠用の目隠しを手わたすようにたのんだ。応募者には目隠しで目をおおってもらう。わたしはかれらを応接間に導いて、そこで部屋を探索するという課題をあたえる。たいていの受験者は、はじめはひとまず方位もわからずにぐるぐると歩きまわった。そこでわたしは助言した。ガイドラインをもとめないと、まわりをシステマティックに探究できませんよ。

幾人かの受験者は、部屋のまんなかにあるテーブルを発見し、テーブルのふちに沿って手さぐりしながら歩いた。これでうまくやったとは言えない。たいていはテーブルのまわりをぐるぐる歩くばかりで、進歩がなかったから。もっと機略に富んだ受験者もいた。かれらは部屋の壁をガイドラインとして発見した。そこでわたしがドアまで行って、目隠しの受験者と話をすると、かれらは部屋の広さや、部屋のなかでの自分の位置を知ることができた。ときおり受験者が本箱を襲ったり、開いたドアに体当たりするのを聞くと、わたしは助言した。手を上げて頭を護りなさい、大けがをせずに部屋を探索したければ。

いったん部屋のおおよそのイメージをつかむと、受験者たちは壁その他のガイドラインからはなれて、手を使わずに部屋を横切ることができるようになった。この練習で軽い目まいを感じた受験者もいた。また、自分がだんだん音と温度差に集中するようになったと、おどろいて話すものもいた。

一人の若いチベット女性は手を使わない目隠し歩行で、新聞と包装紙がいっぱい詰まった箱に身を埋めるという芸当をやってのけた。わたしが哀れな受験者を紙屑のなかから救出すると、その女性は大きな声で笑って言った。「これはわたしの仕事だね、こんなにおもしろいんだから」

この受験者はもとはラサの僧院の尼さんで、すぐさまわたしはとても好感を覚えた。残念なことに読み書きができず、中国語も英語も話せないので、教師として採用するわけにはいかなかった。しかしアニラ――チベットではすべての尼僧がこう呼ばれる――は寮母に選ばれた。わたしにとってアニラはいまでも世界一の寮母さんだ。

しかしこの練習に不安を覚えて、すぐに目隠しをとってしまうものもいた。目が見えないことにたいする不安は、よい前提条件ではないと、わたしには思われた。わたしがもとめる人間は、ものおじせずに盲人と接しなければならない。そういう人間しか個々の子供の可能性や能力を発見できないのだから。教師は人生の楽しみ、勇気、自信を子供たちに伝えなければならない。

たいていの応募者が不安のために除外されるいっぽう、熱心に自分のオリエンテーション技術を開発するものもいた。なかでも実験の喜びにひたっていたのがパルデンだった。しかしパルデンはすでにロブサンに雇われており、それを引き抜くのは気がひけた。そのためわたしは、あらゆる篩《ふるい》に残った他の唯一の志望者、ラグパルに集中した。

ラグパルはホテルマネージャーとして働いており、けっこうな金を稼いでいたが、わたしにこう説明した。「わたしはあの仕事がいやになりまして、あそこを出て、子供たちと働きたいのです、たとえ収入は減っても」

ラグパルは創造力を発揮して、すぐに盲人用の杖を正しく使えるようになった。杖を手に、目隠しをして、旋風のように施設の建物群を駆けまわるラグパルを、孤児たちは絶好の遊びの種にして、こっそり歩行の邪魔をしたり、道を迷わせたりした。

わたしはすでにラグパルに決めていたが、ある日むこうからことわってきた。いまの仕事をやめるのは、思ったより簡単にはいかない、と。わたしは途方に暮れた。学校はまもなくはじまるというのに、一人の教師もいない。

わたしはパルデンと相談した。いまではパルデンは毎日のようにわたしのところにやってきた。そこで知ったのは、もうロブサンは全然パルデンを雇っておく気がないということだった。わたしはパルデンを優秀な教師と見ていたから、これにはおどろいた。わたしはパルデンの授業を傍聴するたびに、さまざまに異なる条件をかかえた三十人の生徒たちを静かに謹聴させる腕前に、感嘆したものだった。パルデンはたいへん忍耐強く、露ほども権威的にならなかった。ある女性教師など、子供を抑えこむため、何度も席のあいだを行き来して、平和の撹乱者を激しく脅しつけ、ときにはパシッと平手打ちを食わせるほかはなかった。

「わたしは月に二百元しかもらっておらず、これでは食費と家賃にも足りません」パルデンはためらいがちに言った。自分の心配ごとを口にするのが恥ずかしいらしい。「ロブサン院長と給料の値上げについて話そうとしたら、院長は怒って言いました、いつでも出ていっていい、ひきとめはしないから、と」

盲学校の教師のためにロブサンはかなり高額の給料を設定していた。千元。そしてチュンダは、パルデンが盲学校に移ってもいっこうにかまわない、と言った。

ロブサンも同意したが、娘よりは長い考慮時間があった。さらにロブサンはいくつかの条件をつけた。パルデンは完全に孤児院から手をひくのでなく、そこでも週に数時間の授業をすること。いつ授業をするかは、ロブサンがケースバイケースで決める。さらに盲学校の金銭はチュンダが管理し、ロブサンがわたしのプロジェクトの人件費を支払うことにする。わたしはそのことにまだなんの懸念もなかったので、了承の意を表明した。こうしてパルデンはチベット自治区で最初の盲学校教師になった。

15・統合か学習か

「ケルサン・メト、どこにいるの？　賓客のご来訪よ！」チュンダが興奮して、こちらに走ってきた。

わたしはパルデンとアニラとともに将来の子供たちの寝室で鉄製の二重ベッドを組み立てているところだった。訪客、それも「賓客のご来訪」などに、この朝わたしはそなえていなかった。わたしは油で汚れたTシャツを着て、髪はぼさぼさで埃まみれだった。「すぐ着替えてくるわ」

そうはいかなかった。ロブサンがわたしを階下でつかまえ、わたしの腕をとって、賓客に紹介した。それは北京からきた中国身障者連合会の代表団だった。チベット自治区の視察旅行のついでに、わたしのプロジェクトを見にきたのだ。

わたしは神経が高ぶるのを感じた。すでに最初の北京訪問のさいに、わたしはこの組織に問い合わせたことがあるが、チベット自治区は目下の優先順位になく、ようやく二〇〇七年にラサに盲人施設をつくる予定である、という情報しか得られなかった。わたしは自分の活動が内政干渉ととられないことを切に願った。わたしはこの組織が中国中枢部でおさめた成功を高く評価していたから。

八〇年代の半ばから中国身障者連合会はますます影響力を増してきた。鄧樸方《とうぼくほう》、かつての中国の最高指導者鄧小平《とうしょうへい》の息子に率いられて。文化大革命の混乱のなかで鄧樸方は窓から突き落とされて重傷を負い、それ以来車椅子の生活を余儀なくされている。この時期から鄧樸方は中国の障害者の権利のために闘ってきた――成功裏に。

その組織は数年のうちに模範的な業績をあげた。ふつうは社会の片隅に追いやられる障害者に、他の国々の障害者は夢に見るしかない可能性が開かれた。一定の分野の仕事が、とくに障害者のために確保されている。健常者が、この需要が多くて尊敬される職業を営みたければ、特別なライセンスが必要になる。たとえば医療マッサージや物理療法などの職業は盲人と聾唖《ろうあ》者に確保されている。この法規制は九〇年代の初めから多くの盲人に生計を保証し、その社会的ステイタスをいちじるしく改善した。

まず客人がわたしから知りたがったのは、なぜわたしがよりにもよってチベット自治区にアンガージュして、中国の他の地方ではないのか、ということだった。この問いをわたしは中国の当局からしばしば受けたが、その理由はまちがいなく、あらゆる欧米人のイニシャティヴの裏に政治的な企図を推測するからだ。自分がチベット自治区を選んだのはむしろ偶然なのだと、わたしは懸命に説明した。「チベットは」とわたしは言った。この種の機会にそなえて文言を暗記しておいた中国語で。「わたしの中央アジア学の勉強の重点でした。モンゴル語と中国語にはすでに点字があり、それを使って勉強することができました。チベット語はそうではないので、わたしはそのころ自分自身の目的のために点字を開発しましたが、いまそれをチベット語を話す盲人の使用に供したいのです」

「けっこう！　けっこう！　じつにけっこう！」代表団は口々にさけんだ。わたしに政治的野心がないことに、やや安堵したようにも感じられた。かれらは関心をもって、わたしの計画を聞かせてくれと言った。

わたしはミニ講演を英語ではじめ、チュンダが通訳した。そのさいわたしがとくに強調したのは、盲人が同じ権利を持った社会の成員として認められることだった。そのためにわたしは盲目の子供たちに読み書きとオリエンテーションの技術を教え、かれらがのちにふつうの学校に入って、適切な職業に就けるようにしたい。

客人たちが、どうして盲目の女性のわたしに、しかもたった一人で、そんなことがやれるのかと言い交わしているのが聞こえたが、チュンダはこう通訳した。「代表団のみなさんは知りたがっている、あなたはいかなる前提条件をこのようなプロジェクトのために持ち合わせているのか」

わたしは答えた。わたしがつねに強調しているのは、盲人に自己の能力を信じさせることだ、と。そして、こう言葉をむすんだ。「わたしは自分自身の経験から出発して、盲人といっしょに実現の可能性の限界をきわめ、かつそれをできるかぎり拡大したいのです」

「ドゥイ、ドゥイ！」北京からきた客人は口々に言った。「正しい、まったく正しい」というふうな意味。「しかし、そのさいだれがあなたを援助するのですか？」

「わたしが願っているのは、まず関心をもった人々のチームを結成し、とくに創造的で意欲のある教師を見つけて、わたしの仕事を引き継いでもらうことです。それに加えて」とわたしは言い添えた。「孤児院の院長とそのお嬢さんから、わたしは絶大な支援を受けています。ごらんのように、すばらしい部屋部屋をわたしに提供してくれました」

ロブサンが追従《ついしょう》するように笑い、自慢げにわたしたちの出会いと、わたしが騎馬で村々をめぐった話をした。この日のわたしの寸劇に非常に満足しているのが感じられた。北京からきた代表団も喜び、かつ安堵したようだった。しかし賓客がわたしの計画を実際にはどう評価したのか、それは推測するしかなかった。批判、まして拒絶を口にするなど、アジアの礼儀作法によれば、あってはならないことだから。

数日後、思いがけず二人のヨーロッパ人がわたしを訪ねてきた。かれらは著名な援助組織で働いており、その組織は世界規模で盲人と視力障害者の更生施設を営んでいた。二人のエキスパートと意見を交換する機会ができて、わたしはとても嬉しかったけれど、残念ながら会話はちがう経過をたどった。

まず、かれらはわたしにプロジェクトと将来の計画を語らせた。それから、しばらくいやな沈黙がつづき、先生がたはわたしのコンセプトを多大なる専門知識の刃でめった斬りにしはじめた。かれらはわたしをこう非難した。このようなプロジェクトに必要な経験をわたしは持ち合わせていない、アマチュアまるだしの計画を練り、それを実行に移す方法も素人っぽい。かれらの攻撃の頂点は、わたしが盲人の社会への統合を妨害しているという非難だった。子供たちを家族集団からひきはなし、故郷から遠くはなれた寄宿舎に閉じこめることによって。

わたしはつとめて平静さを保ち、二人に質問した。では、あなたがたがわたしなら、ほかになにをしますか？　かれらは深く息を吸い、もどかしげにため息をついた。

「あなたのコンセプトは根本的にまちがっている。統合は盲人自身の故郷の地で行わなければいけない。なぜ子供を家族から遠ざけて、それからまた連れもどすのですか？　統合は学習に先行するのです。ところがあなたは第二段を第一段の前にやろうとしている。この誤りはとりかえしのつかないことになりますよ！」

わたしはぽかんとした。「じゃあ、どうやって盲人は自信を獲得すればいいんですか、まわりが自分の力をまったく信じてくれなかったら？　ここの盲人がしばしば暗い部屋にこもって無気力に暮らし、あるいは物乞いになって道ばたにすわっているのを知らないんですか？」

わたしの異議は二人のエキスパートに大して感銘をあたえなかった。「われわれの言うことを信じなさい。実際の統合はわれわれの長い仕事で実証済みのコンセプトによってのみ可能なんです。われわれはそのためにアジアとアフリカで充分に経験を培《つちか》ってきました」

「すでにチベットでも仕事をしましたか？」わたしはたずねた。

先生がたはノーと答えた。

「あなたがたが他の国々の経験をそんなに簡単にチベット自治区に転用できるとは思えませんね」

わたしはつぎのことを指摘した。ドイツより三倍半も広い地域に、二百四十万人しか住んでいない。そんな土地柄で、どうすれば包括的な世話をそれぞれの故郷の村で保証できるのか？　しかも多くの地域がまだ孤絶しているし、たとえ道路があっても雨期や冬は通れなくなる。

反論を待ってもむだだったので、さらにべつの面から押してみた。
「盲目が神々の罰とされているかぎり、盲人はけっして同等に村落共同体に統合されることはない。あなたがたが社会を外から啓蒙しようとしても、なんの助けにもなりません。盲目が神罰なんかではないことを、盲人自身が社会に納得させるしかないと、わたしは思います。でもそのためには盲人にチャンスがあたえられなければなりません。まずは盲人を住み慣れた環境から連れだすことです。自分の力を信じてくれる人々が存在することを経験するために。自覚を生みだし、自信を育て、勇気づける――これがまず第一に決定的です。そういうことがなされなければ、いかにして統合できるんですか？」

わたしは訪客に自分自身の経験を語った。

両親がわたしの視力障害を発見したのは、わたしがまだ幼いときだった。にもかかわらず両親はわたしをふつうの学校に入れることにして、わたしは学校に目の見える級友といっしょに歩いて通うことができた。この、いわゆる統合教育は、わたしにとって非常に重要だった。晴眼者の世界で状況の見当をつけることを学んだから。とはいえ自分が他の子供たちとほんとうに同等だとは感じなかった。いたるところでわたしは特別あつかいを受けた。多くの教師がわたしに赤ちゃんをあやすような声で話しかけ、わたしはいちばん大きなケーキの切れをもらい、朝はいちばん先に教室に入れられ、授業が終わればいちばん先に送りだされた。このわざとらしい態度が子供のわたしには理解できず、それが自分の視力障害となんらかの関係があるとは、思ってもいなかった。

幾人かの同級の女の子がわたしの人生を地獄にした。たいへん好まれたのは、クラスの女の子のだれかれのことをどう思うかという、さりげない質問だった――その当人は、わたしに気づかれずに、わたしの横にいて、わたしが残酷ないたずらにひっかかると、腹をかかえて笑ったものだ。

わたしはまわりの人々の特別な態度を、わたし自身になにか特別なものがあるからだと、自分に説明するしかなかった。なぜ多くの教師や級友がこんなに奇妙な、ときには意地悪なことをするのか。それを理解するまでには、ずいぶん時間がかかった。かれらには不安があったのだろう。盲目と合理的に取り組むことに。

親しい家族の環境に逃げ帰るのは、当時は統合ではなくて、孤立を意味した。そのためわたしは十二歳になったとき、マールブルクの盲人ギムナジウムに入学することにした。そこで初めてわたしは体験した。自分は大勢のなかの一人であること、自分の経験を他の盲目の級友と論じ合えることを。ここでは教師と同級生からまともにあつかわれ、まもなくわたしを変だとは思わない友人たちもできた。

わたしは点字で読み書きを学び、杖を使って未知の環境で見当をつける術《すべ》を習い、料理、買い物、さらにはスキー、乗馬、カヌーなどさまざまな種類のスポーツを覚えた。やがてこう感じるようになった。適切な補助手段を使い、しかるべき方法をものにすれば、わたしには全世界が開かれている、と。最善の専門教育のみならず、わたしの自信を強めたことでも、マールブルクのギムナジウムの歳月は決定的だった。熟練教師たちの集中的な教育がなければ、わたしは「同権」というものを知ることはなかっただろう。

以上のことを、わたしは援助組織の専門家に表明した。しかしかれらはわたしの経験にほんとうに関心をもったとは感じられなかった。「たしかにあなたの学校の経歴はうまくいったかもしれません。しかしあなたの個人的な経験を他に転用する誤りをおかしてはいけない」

「あなたがた晴眼者のほうが、盲人にとって正しくて必要なことを、よく知っていると?」

客人はこの異議を聞き流すことにしたらしい。「よく覚えておきなさい。優先順位をきめること、集中するのは統合であり、学校ではない! 子供たちを家族からひきはなさない!」

「わたしはこう考えています」わたしは疲れはてて言った。「統合と教育は相関関係にあると」

「そうですか。では」二人の専門家は言って、辞去するために立ち上がった。「では、あなたに助言しておきます。学校にはラサの子供を入れなさい、そうすれば子供同士をむすびつけることができるから」

16・ずっと待っていたんだよ！

いよいよはじめることになった。わたしたちは眼科医と「国境なき医師団」の協力者から、さまざまな地区の盲目の子供についての情報をもらい、ドルマも巡回旅行先のいたるところで盲学校計画の話をした。一九九八年六月に八人の子供の名前が登録され、そのうちの五人はすっかり手続きも済んで、入学を待つばかりになった。例のヨーロッパからの客人からもらった、ラサ市の子供のみ受け入れよという専門家としての助言には、どう考えてもしたがえなかった。そのころ管轄当局に盲目の子供の記録はなかった。のちに知ったことだが、匿名性の濃い都市に住む盲人は、田舎よりはるかに孤立して生きていた。

テンジンはわたしたちが最初に受け入れた子供だった。少年はラサから自動車で約一時間はなれた村で暮らしていた。ドルマが巡回旅行中にこの子を見つけだした。村の住民に朝の洗面の実演指導をしていたとき、衛生管理の説教に格別の興味もなさそうな一人の子供に気がついた。ドルマがこの注意散漫な少年をたしなめようとしたら、まわりの村人が言った。この子は先生のやっていることが見えないんだよ。

「あなた、目が見えないの？」ドルマはおどろいて少年にたずねた。全然そんなふうには見えなかったから。

「うん」テンジンはごくあたりまえのように答えた。

ドルマが計画中の学校のことを話すと、テンジンはたちまち興奮した。「ぼくはなにをしなきゃいけないの、その学校に行くためには？」

ドルマは笑って、ずるがしこく答えた。「あなたが毎朝、それから毎晩、きちんと顔と手を洗ったら、ある日きっとケルサン・メトがこの村にきて、ラサにつれていってくれるでしょうね」

いま、わたしはこの約束をはたしにいく。ロブサンのランドクルーザーで――チュンダが通訳として同行した――わたしたちはすばやく村に到着した。ながながと聞いてまわる必要はなかった。すぐさま一人のモーラ（老女）が、盲人の家族のところに案内すると申し出たから。「テンジンは学校のことを知ってから、毎朝毎晩手と顔を洗っているよ。でもだれもやってこないもんだから、あれはやっぱり空約束だったんだと、わたしらは思ったよ」

乗馬の得意なテンジン

こうしてわたしたちは一軒のみすぼらしい家に着いた。入口の前に六歳ぐらいの男の子、テンジンの弟が番犬のように立っていて、わたしたちを目にするやいなや大声をはりあげた。母親がこちらに近づいて、ていねいにあいさつした。

「テンジンは牧草地にいます」母親は言った。「まあ、ひとまずお入りください」

小さなメガホンに、テンジンを呼んでくるよう言いつけると、わたしたちに冷たいチャンをついでくれた。それから母親はわたしたちの前に腰をすえ、胸のうちをぶちまけた。夫はわたしをすてて出てゆき、わたしはひとり身で二人の息子と暮らしている。テンジンはもう手がかからず、いまは毎日山羊とヤクをつれて山に行き、そこで好き勝手にやっている。ところが弟のほうはまったくの弱虫で、いつも家にいたがる。目が見えるくせに！

半時間あと、テンジンが家にとびこんできた。ほぼ九歳、年齢のわりには明敏で、自信にあふれていた。「ずっと待ってたんだよ！」テンジンは嬉しそうに言って、母親にたずねた。「今日のうちにラサに行ってもいい？」

数分のうちに小さな袋が梱包され、テンジンは興奮して村を歩きまわり、友だち、隣人、親戚に別れを告げた。わたしは笑わざるをえなかった。チベットではものごとが世界のどこよりもすばやく進むようだ。ヨーロッパの専門家に見せてやりたい。先生がたはなんと言ったっけ？「子供を家族からひきはなすな！」

ここではだれもわたしたちを人さらいとは見なさず、村じゅうの人々がやってきて、温かくわたしたちを見送った。テンジンが学校の生活に慣れるまで、母親が幾日か付き添ってラサにくることになった。しかしその日の晩にはもう母親は村に帰っていった。テンジンはもう勝手がわかったようだ、と母親は言った。でも祖母にあずけておいた泣き虫の弟のほうが心配で。

そのあとラサにつれてきた子供たちの家族も、わたしたちが子供を無理やり住み慣れた環境からひきはなしたという感じは見られなかった。その逆で、いくつかの場合には、もう「役たたず」のめんどうを見なくてもよくなったのを喜んでいる印象さえ、はっきりと受けた。

たとえばタシの場合。この十一歳ほどの少年を見つけだしたのは、ある辺鄙《へんぴ》な地区の知事だった。タシは「文明」のかなたの小さな農村で暮らしていた。村人は電灯を知らず、ランドクルーザーを近くで嘆賞することもめったにできなかった。わたしたちが自動車で村に入ったとき、村民は老人だけで構成されているという印象を受けた。たちまちわたしたちは少なくとも二十人の歯抜けのモーラとポーラにかこまれたから。しかしまもなく、比較的若い住民は畑で働いているか、山でヤクや山羊を飼っていることがわかった。タシの両親もそうだった。すぐさま数人の元気な老人がかれらを呼びにいった。

「盲目の男の子はどこにいるの？」チュンダがたずねた。老人たちは説明した。タシは父親の家に閉じこめられている。そこなら安全だから。

そこへタシの母親がそそくさとやってきた。母親はチュンダを家に案内して、子供をつれていってくれと懇願した。しかしチュンダは気がかりなことがあるらしく、わたしにこう報告した。タシは一人ぽっちで暗い部屋にすわっていて、すっかり放心しているような印象を受ける。わたしたちは母親に、子供に付き添ってラサにくるよう提案したが、母親は言った。あなたがただけでつれていっても、タシが悲しむようなことはない。どうやら母親は、少年を厄介払いしたがっているようだった。わたしはチュンダに提案して、ともかく父親を待つことにした。タシは父親としか話さないと、母親が言っていたから。

何時間待っても父親があらわれないので、旅をつづけることにした。ところがわたしたちが車に乗りこむと、またもや村人にとりかこまれた。このたびは出発させまいとしているらしい。老人たちは口々に訴えた。子供をつれていってくれ、せめて父親が山からもどるまで、ここにいてくれ。ようやく父親がやってくると、少年は急に活気づいた。父親に学校のことを話し、パーラ（父親）がついてきてくれるなら、ぼくは学校に行きたい、と言った。父親は電光石火の決断で、タシに付き添ってラサに行くことにした。

ある盲目の少女の場合はこんな経験をした。この子は九歳で、悪魔に憑かれていると噂されていた。少女が住んでいる村は、タシの故郷にくらべればずっと近代的で豊かだった。家々は大きくて、電灯までついていた。この豊かさの理由は近くの温泉にあり、そこは何百年も前から聖地とされ、大勢の巡礼を全土からひきつけてきた。ここには大きな病院も建てられ、近代的な保養所のようなおもむきを呈していた。

わたしたちが訪ねる家族も、ひろびろとした農家に住んでいた。祖母がすぐさまわたしたちを少女のもとに案内した。しかしこの子は話どおりの九歳ではなく、三歳の幼児だった。ものおじせずにわたしたちのほうに歩いてきて、おみやげの果物をお行儀よく受けとった。

子供がわたしたちのかたわらの床にすわって、見たところ無邪気に果物と遊んでいるあいだ、祖母はえんえんと愚痴をこぼした。この子を厄介払いできればどんなにいいか。この子の目の見える姉は長い病気のすえに死んだ。「目の見えない妹が姉のかわりに死ねばいいと、ずいぶん願ったものでしたよ。でもこの子は悪魔に憑かれている。それははっきりわかります！」祖母はわれわれのほうにむきなおり、小声でささやいた。「この子は危険ですよ、なんでも見えるし、動きも目が見えないとは思えない！　わたしらの考えてることまで見えるんだから！」

わたしはぞっとした。どうしてそんなことが言えるのか？　残念ながらわたしたちはこの少女のためになにもできなかった。学校に入るには、まだ小さすぎたから。

そのかわりノルブがやってきた。この少年の両親は国境なき医師団の協力者から計画中の学校の話を聞いていて、わたしたちの到着をとても喜んだ。家族は小さな村に住んでいて、せいぜい十軒ほどの家が狭い山道に沿ってならんでいた。いたるところに山羊、鶏、犬、そして子供が駆けまわり、子供たちは大声をはりあげてわたしたちにあいさつした。ノルブが両親と祖父母と暮らしている家のなかでも、鶏が羽ばたきしながら駆け抜け、座ぶとんには子山羊や羊が寝そべり、どこかで一頭の子豚がヒーヒー鳴いていた。

まもなく一人の小びとが部屋に駆けこんできた。わたしたちの前で気をつけをすると、かぼそい子供の声でさけんだ。「ぼくはノルブといいます、九歳です！」チュンダはそれを信じようとしなかった。ノルブは四歳ぐらいにしか見えなかったから。たいていのチベットの子供の年齢はおおよそのところできめるしかない。出生証明書はめったにないし、両親もしばしば年の数をまちがえる。

そのうえ子供は生まれたとたん、通常の数え方ではすでに一歳とされ、新年を迎えるとすべてのチベット人はいっせいに一つ年をとる。だから正月の直前に生まれた子供は、ほんの数日で年齢は二歳ということになる。

ノルブのあとから大声で悪態をつきながら祖父母が部屋に入ってきた。「なんでノルブが学校に行かなきゃいかんのだ、こいつらはこの子をわしらから取りあげようとしてるんだ！」

「でもノルブは読み書きを習えるのよ！」チュンダが言いかえした。

両親がそれに加勢した。「この村ではその機会がないんだから！」

「この子に読み書きができてなんになる？」祖父がどなったので、鶏が興奮して部屋の隅で羽ばたきし、ノルブはしくしく泣きだした。わたしはでっかい団子が喉につまったような感じがして、思わず二人の盲人専門家のことを考えざるをえなかった。先生がたはまさにこういうシーンを想像していたのだろう。しかしチュンダと少年の両親はノルブと祖父をなだめすかし、わたしたちが、父親にラサまで付き添ってもらい、すべてが順調に進むところをその目でたしかめてもらいたい、と提案すると、ようやく祖父はふりあげた拳を下ろし、ノルブも顔じゅうに喜色がよみがえった。

テンジン、タシ、ノルブのほかに、チラエとキュンチョも先発部隊に属していた。二つの小さなつむじ風。この二人をわたしはすでに一年前にドリグン地区で見つけていた。

チラエはほぼ八歳、故郷の村では人気者の物語の語り手、すばらしい歌の創作者として知られており、日がな一日さえずっていた。ものごころがついたころからチラエは村の広場の石にすわり、村の子供たちを楽しませてきた。しかし責任の重い仕事はチラエにまかせられなかったので、小さなワンマンショーの芸人は希代の怠け者の夢想家に成長した。ラサでもチラエはしょっちゅう校舎の裏の梨の木かげで草のなかにすわり、級友や校庭の動物たちに物語を聞かせた。しかしなにかに集中するよう求められたとたん、チラエは手のつけられないきかん坊に変身して、激しく両手をふりまわし、近寄る教師たちをけたたましい歌声で敗走させた。

キュンチョもチラエにひけをとらない旋風だった。こちらはずっと年下の五歳ないし六歳で、この年齢で受け入れるのをわたしはためらった。しかしわたしたちが故郷の村を訪ねたとき、キュンチョはじつに模範的にふるまった。誇らかに井戸ばたで衛生儀式を完璧にやってみせ、洗浄は手と顔だけでなく、衣服すべてにおよんだ。わたしたちがこの少年を試験的に受け入れることに同意すると、父親はことのほか喜んだが、まもなくわたしの懸念は正しかったことが明らかになる。

六歳から十一歳までの五人の男の子が集まったあと、ついに最初の女の子がやってきた。少女はメトといい、夜中に母親に手をひかれて校門の前に立っていた。

門番が寝室のドアを激しくたたいたとき、わたしはもう眠っていた。電光のごとくわたしはベッドからとびだし、服を着て、校舎に急いだ。子供のだれかが病気になったか、ホームシックに襲われたと思ったからだ。パルデンとアニラも起こされて、すでにメトとその両親とともにリビングキッチンにすわり、バター茶を飲んでいた。

両親は眼科医から盲学校のことを聞いて、その日のうちにメトの荷物をまとめ、ラサにつれてきた。メトはわたしに非常に不安そうでおびえている印象をあたえた。ほとんどひと言も話さず、じかに話しかけられると、両手で顔をおおったり、床を見たりしてから答えた。

「きみは何歳かね？」パルデンがたずねた。

「十二」メトは言ったが、母親のうしろに隠れてしまいたいという風情だった。

両親が説明した。この子はまだすこしは見えるけれど、読み書きを学べるほどの視力はない。八歳のときに学校の女友だちと砲弾を見つけ、それが爆発した。そのさい一人の少女が片手を、もう一人は片足を失った。そしてメトは、父親の言によれば、最悪の被害を受け、両目を失明した。四回の手術に耐えたあと、多少は身のまわりの勝手がわかる程度に見えるようになった。

「事故のあとも学校に通っていたの？」わたしはたずねた。

「いいえ、いいえ」母親が悲しげに言った。「先生が教えるのをいやがるので、それからはうちで家事を手伝っています」家族はラサの郊外に住んでいて、メトはもとの学校友だちや他の子供たちと接触せずに日を過ごしている。母親が心配して、家の外に遊びにいくのを禁じているから。

アニラがその間に少女のかたわらにすわって手を握っていた。「ほかの目の見えない子供たちとこの学校で暮らしてみたい？」アニラはたずねた。

「うん」メトは言って、ため息をついた。まさしくほっとしたように聞こえた。

こうしてメトはわたしたちのところにとどまることになった。毎朝学校につれてきて、夕方むかえにくるのは、母親にとって苦もないことだったにもかかわらず。メトの場合も、いったん寄宿舎によって子供に一種の保護ゾーンを提供し、そこで自分自身と他者にたいする信頼感を醸成することの利点を証明した。

17・チィク、ニィ、スム、シィ、ンガ、ドゥク

わたしは子供のころ自分と他人に誓ったことがある。けっして教師にはならない、と。いまわたしは目を覚まし、教師としてのわたしの新生活の初日がはじまった。まだ暗かった。つまりチベットの日常からすれば早すぎる。世界の屋根では、人々はその日をはじめるのにたっぷり時間をかけるのがふつうだ。わたしはバケッを持って中庭の井戸に、朝の洗面の水を汲みにいった。そのときお祈りの文句を合唱する子供の声が聞こえた。孤児院の子供たちではなかった。あちらの校舎はまだ静まりかえっていたから。わたしはバケツを置いて、わたしたちの校舎に歩いていった。急に教室が静かになり、メトが厳しい声でさけぶのが聞こえた。「ノルブ、今度はあなた!」

わたしはメトをひっこみ思案のはにかみ屋だとばかり思っていたのに、ここでは権威ある先唱者の役目をみごとにはたしていた。幼いノルブは神妙に、メトの言ったとおりに文句を唱え、キュンチョが注意散漫になったり、チラエが自分勝手に歌をさえずったりすると、メトはきびしく叱りつけ、なにかで机をたたいて、みんなでお祈りを合唱するよう命令した。

隣接する厨房でアニラがバター茶の用意をしていた。わたしはこっそり逃げだした。こんな早朝

のバター茶は嗜好に合わなかったから。

九時に授業がはじまる。カリキュラムでは点字の基本を手ほどきすることになっている。パルデンが孤児院で何時間か教えなければならないので、この朝はわたし一人だった。どんなやり方をすればいいのか？　わたしは教授法も特殊教育学も専攻していないし、実地の経験も積んでいない。しかも生徒はそれぞれ異なる条件をかかえていて、年齢もばらばら、子供たちが話す言葉を、わたしは授業ができるほどには話せない。

しかし最初の授業時間にわたしがすることはわかっていた。点字を習得するためには、ひとまず六まで数えることができなければならない。一つの記号は六までの点で構成されており、各点は一から六までの位置番号で示される。すなわち左上の点の位置番号は一、その下は二、その下は三、右上の位置番号は四、その下は五、その下は六。

というわけで、わたしたちは数からはじめた。メトは失明する前に一年間小学校に通っていて、百まで数えることができたので、わたしの助手を熱心につとめた。厨房にツァンパの練り粉を入れた鉢があった。ふつうはこれを団子にまるめて生で食べるのだが、粘土のように塑像《そぞう》の材料に使うこともある。この日わたしたちはツァンパの練り粉を数学に使った。

メトとわたしは小さい玉をつくり、各生徒に二つのバター茶の受け皿を配った。一つは空で、もう一つは六つの小さなツァンパ玉が盛ってある。それから、皿から皿へ玉を一つずつ移してゆき、そのさいに声を出して数える。「チィク、ニィ、スム、シィ、ンガ、ドゥク！」子供たちは声をそろえてさけび、これをすごくおもしろがっているようなので、わたしはほっとした。しかしまもなく、子供たちはこのすべてを楽しい歌遊びとこころえて、さけんでいるのは数を覚えるためだということを、じつは理解していないことに気がついた。

そこでべつのやり方を考えた。わたしは子供たちを一列に並ばせ、数を数えた。「タシ　チィク、ノルブ　ニィ……」と、メトのドゥクで終わるまで。これを子供たちにも数えさせると、みんなたちまち問題を理解して、大騒ぎをしながら部屋にあるものをかたっぱしから数えはじめた。机、椅子、窓、手の指。タシだけは「チィク、ニィ、スム」が楽しい歌だとまだ思いこんでいて、朝じゅう一人で歌っていたが。

十二時に食事。孤児院の大きな厨房で調理したものを、アニラが桶に入れて盲学校のリビングキッチンに運んできた。アニラが食卓にならべたライスと水っぽいキャベツは、わたしが想像していた栄養豊富な食事とは言えなかったけれど、子供たちはおいしそうに食べた。

そのあと全員ベッドに追いこまれた。わたしも教師生活の疲れをちょっと癒すため、ゲストハウスにもどった。突然、だれかがドアをドンドンたたくのが聞こえた。「ケルサン・メト！」興奮した女の声がさけんでいる。アニラだった。出ていくと、アニラはわたしの腕をとって、校舎にひっぱっていった。

「いったいどうしたの？」わたしはあえぎながら言った。すっかり息を切らして。

「チュ、チュ！（水、水！）」アニラはさけんだ。もう聞かなくてもわかった。なにもかも濡れていて、水がポタポタしたたり、子供たちが夢中になってわめいている。かれらはお昼の休憩時間にシャワーを発見して、もう手のつけようがなくなっていた。これはかれらがまだ体験したことのないおもちゃだった。水が壁から噴きだすなんて。子供たちは服を着たままシャワーを浴びてはしゃぎまわり、とめようとするものは冷たい水の波状攻撃でかたっぱしから撃退された。なかでも荒れくるったのがノルブ、キュンチョ、テンジンだった。かれらは靴に水をいっぱい入れて、バルコニーに走ってゆき、下にいる野次馬にぶっかけた。わたしもこの爆弾を何発も襟首にくらい、得意満面のベビーギャングの恰好の標的になっている感じがした。メト、タシ、チラエのほうは日当たりのよいバルコニーにすわり、服を乾かしながら、水まき作戦をキャッキャと笑って応援した。

パルデンもびしょ濡れになりながら、なすべきことを思案した。やがて思いついた救助策は、元栓をひねること。こうしてお楽しみはひとまず終わった。子供たちの着替えの衣服をまだ調達していなかったので、みんなベッドに追いもどされ、濡れたものはバルコニーの手すりにかけて乾かした。

午後も授業がつづいたが、このたびはパルデンがわたしのそばにいた。これでひと安心。なにしろこれから点字の学習がはじまるのだから、わたしのチベット語ではすぐにお手上げになるだろう。わたしはロブサンの作業場で木の板をつくってもらい、そこに小さく四角に切ったマジックテープを二×三の六点にならべて貼りつけた。この板と、フェルトを四角に切った点を六つずつ、子供たちに配った。フェルトの点は板のマジックテープに付着させたり、はがしたりすることができる。

それから、パルデンが子供たちに個々の位置番号を言って、フェルトの点をしかるべき位置に付けさせた。メト、テンジン、ノルブには、これが意味するものをすばやく理解したので、ごく簡単な課業だった。しかしタシはフェルトを口につっこむほうがおもしろくて、ガムみたいにもぐもぐ嚙んだ。キュンチョはまたしても教室を走りまわり、ほかの子供たちの頭を板でたたきまくった。

チラエは意外にも言われたとおりにしていたが、すぐに歌うほうがいいと思いさだめて両手をふりまわした。

なにもかも、かなり混沌としていたけれど、しまいにはみんな楽しんでいるのが目に見えるように聞きとれた。教室にツァンパのくずとフェルトの点がまきちらされた。キュンチョの板はばらばらに砕け、タシは初めての授業で興奮のあまり、そしてたぶん父親がその朝帰っていったこともあり、ズボンにたっぷり便をもらした。

ほかの父親たちもこの朝立ち去った。おそれていたノルブとキュンチョの泣きわめきが聞かれなかったことを、わたしは不思議に思った。でもノルブはおごそかに宣言した。自分はいまやテンジンのなかに一人の友を見いだした。父親は心おきなく家に帰るがいい。キュンチョは父親がもういないことを理解するには幼すぎたのだろう。いまだにベッドにすわってめそめそ泣いて、他の子供たちといっしょに遊びたがらないタシをのぞけば、子供たちはみんなすぐに住み慣れて、たがいに最初の友情をとりむすんだ。

わたしはその日の午後、わたしの小庭園にすわって、静寂と夏の太陽を楽しんでいた。この平安は長つづきしなかった。突然パルデンが正面口の戸をたたき、興奮してさけんだ。「ケルサン・メト、すぐきてください！」

中庭に小さな人だかりができていた。孤児院の子供たちが集まって、口々にわめいていたが、わたしを見るとこうさけんだ。「キュンチョが！　キュンチョがいなくなった！」みんなでさがしたけれど、盲学校の部屋でも孤児院でも見つからなかった。

キュンチョは父親をさがしに行ったか、家に帰ろうとしたのだろう。まだ六歳になったばかりだ。わたしはひどく心配になった。自分の担った責任の重さを、あらためて思い知った。わたしになにができる？　警察にとどけるべきか？

大混乱のただなかで、だれかがそっとわたしの袖をひっぱるのを感じた。テンジンだった。なにかそっと伝えようとしている。何度も聞きかえしてわかった。どこにキュンチョがいるのか知っている。テンジンはわたしの手をとって、まっすぐ中庭の門からつれだした。

テンジン、この物静かで聡明な少年は、故郷の村に完全に統合している数少ない盲目の子供の一人だった。目の見える村の子供たちが学校で教科書をめくっているとき、テンジンは村長からまかされて、山で隣人のヤクや山羊を飼うという、責任の重い任務をはたしていた。テンジンはヤクや山羊の鈴で方位を確認する術を習得し、やがて鈴の音だけで個々の動物を識別できるようになった。

テンジンは並みはずれてすばやい理解力をそなえ、のちに小学校の教材をらくらくとマスターした。ほんの数週間で点字を覚え、数か月後にはそれに加えて中国語と英語の点字システムの基本も習得した。でもテンジンはガリ勉タイプでも一匹狼でもなかった。子供たちはみんなテンジンが好きで、テンジンはだれとでも友だちになり、助けがいるときはいつもそこにいた――タシをトイレにつれていくときも、ノルブといっしょにパンケーキを孤児院の厨房からくすねるときも、ベッドメイキングや掃除やシーツの洗濯で寮母を手伝うときも。

いまもテンジンは、冷静な頭を保ちつづける唯一の人間だった。パルデンとアニラ、それに孤児院の子供たちが、好奇心にあふれてわたしたちについてくるのが聞こえた。これは滑稽な光景だったにちがいない。盲目の牧人が、盲目の西洋女とともに先頭に立ち、そのうしろに興奮してはねまわる子供の一群がつづく。しかしテンジンはいとも自然に自信をもって群をひきいていった。わたしはオリエンテーション能力で自分と匹敵する盲人に会ったことはめったにない。テンジンはわたしたちをどこにつれていくのか、それをたずねようと思ったちょうどそのとき、幾人かの孤児がさけぶのが聞こえた。「あそこにいる!」

わたしたちが見つけたキュンチョは上機嫌だった。キュンチョは道路の縁に沿ってとびはね、喉いっぱいに歌い、大はしゃぎで数枚の紙幣をふりまわしていた。父親がキュンチョになにがしかのお小遣いをあたえ、いまキュンチョは自分と他の子供たちのおもちゃを買いに、ラサの町に出かけるところだった。

その晩わたしは自分のオフィスにすわり、またもやドイツのわたしの担当団体の会長に手紙を書いた。一か月前にラサに着いて以来、会長からなんの音沙汰もなく、これまで送った手紙にも返事がなかった。ロブサンとチュンダが立て替えた学校施設のための金も、まだとどかなかった。人件費、子供たちの衣服、食料に支払う金が、わたしには一元もなかった。盲学校全体が借金暮らしだった。そんなことをこれ以上つづけるわけにはいかなかった。

せっぱつまったわたしは、できるだけ友好的な文面になるよう努力した。この手紙にも返事をもらえなかった。

18・どうなってるんだ、ここは？

ある肌寒い六月の夜に雨が降りだして、八月の末までやまなかった。雨は夜となく昼となく降りつづけた。

この一九九八年の夏は世界のいたるところで自然災害がつぎつぎと発生した。チベット高原でも長雨が山崩れを引き起こし、巨大な泥流となって道や畑や村を襲った。無数の家が破壊され、たくさんの人が死んだ。橋や道路が奔流に引き裂かれ、トラックや長距離バスが地滑りや落石に巻きこまれ、逆巻く川に押し流された。

西洋の気象学者がエルニーニョ、太平洋の異常暖流について、ああだこうだと推測にふけっていたとき、チベットでは形而上的な説明がはばをきかせた。人々は噂した。ギャンツェの町の近くで一人の子供が生まれたが、その子の肌はたくさんの小さな目でおおわれていた、これは強大な悪魔のしるしである。この子供こそ、チベット赤十字の副会長が言明しているように、あらゆる災害の原因であり、多大なる不幸を人間にもたらすであろう。多くのわたしのチベットの友人知人もこの悪魔の存在をかたく信じて、魔よけのお守りを首にさげていた。

総じてチベットでは超近代的で技術化された生活と太古からの俗信が平和共存しているらしい。たとえば、知り合いの大企業の有能な経営者を、わたしは近代的で現実的な人物だと思っていた。いつも最高にシックな革ジャンパーを着て、最新式の携帯電話と最高級のランドクルーザーで闊歩していた。それが突然べつの顔を見せた。この人物の部下の一人がジープで深い谷に転落して、命を失った。上司としてその死に責任を感じた経営者は、チベットの信仰にふさわしく、非業の死をとげた人間の魂は翌月に示現《じげん》して、あと三人の人間を殺しにくると思いこんだ。経営者は死んだ部下の魂と言葉も交わしたらしい、と友人たちはわたしに語った。オランダの途上国援助奉仕員の女性がようやく経営者を発見したとき、このチベットの近代人は、死者の意思に沿って、ナイフで喉を掻き切ろうとしていた。

とめどもない降雨のため、夏のさかりなのにひどく寒く、六〇〇〇メートル以上の高地はまっ白な雪景色に変貌した。この夏の雪と異常な寒気にも特別な説明があり、それをパウルはシガツェで現地の赤十字の女性職員から聞いた。チベットでは近ごろさかんにソーラーコレクター（二枚のアルミ板で日光を受け、やかんを熱する）が湯沸かしに使われている。このソーラー湯沸かしが原因で、太陽は一年のうちに半メートルも下がってしまった、と赤十字職員は断言した。湯沸かしは太陽からエネルギーを奪いとり、そのため太陽はこれまでのような暖かさを地に恵むことができなくなった。

のちにパウルがわたしの友人のドルマにこの話をすると、ドルマは真顔で言った。「ちがう！

この寒さはチベット人だけのせいじゃないわ、中国ではいたるところでソーラー湯沸かしを使ってるもの」

こんな豪雨はめったに体験したことがない。わたしは切に願った。冬のうちに完成して、まだ雨期の試練を経ていない学校の建物が、どうかもちこたえてくれますように。しかしオフィスでも子供たちの寝室でも、たちまち最初の水たまりができた。ロブサンは屋根の修理にあまり関心を示さず、チュンダは、それについて見解をもとめられると、まず立て替えたお金を返済してくれと言った。それを言われるとつらかった。わたしのドイツの担当団体は、何度も手紙を出したのに、あいかわらずなしのつぶてだったから。わたしはもう一度押してみると約束し、早急に屋根をなんとかしなければならないという点では、チュンダも同意した。しかしなにも起こらなかった。

それからの夜も雨は降りつづけ、二階の水たまりはますますひろがった。パルデンとアニラに手伝ったもらい、ビニールのシートを天井の下に吊るしたので、とりあえずこれ以上の災厄をふせぐことはできた。ふたたびわたしはチュンダと話し合い、あなたのお父さんが建物の状態を気にしているのなら、早急に屋根の修理にとりかかるべきではないか、と言った。

「でもあいかわらず口座にお金がないのよ！」チュンダの声にとげがあった。そしてわたしに背をむけて、「わかってほしいわね、わたしがなにを言いたいのか。お金が入ってこないかぎり、こちらからはなにもしませんからね！」

「でも」わたしは困りはてて言った。「子供たちを水たまりのなかには寝かせられないわ！」

しかしチュンダはそれ以上なにも言わずに立ち去り、わたしは心配ごとをかかえたままとりのこされた。わたしはしばらく雨のなかに立っていた。冷たい雨水が襟首に流れこみ、寒さに震えだしたことにも気づかずに。故郷の人々はわたしの仕事の前進に関心がないらしく、わたしを子供と教師と寮母にたいする責任もろともほったらかしにした。この状況をなんとかロブサンにわかってもらえればと、わたしは切に願った。

しかし、雨期に入ってからはめったに見られない、ある晴れた日に、気分をめっきり冷えこませるようなことが起こった。午前中ずっと子供たちはとても集中して勉強した。キュンチョでさえ自重して、しょっちゅう他の生徒の板をかっぱらって、たたき割るようなことはしなかった。そのかわりキュンチョはタシの横にすわり、眠っているようにみえる級友に子守歌を歌って聞かせた。ノルブ、テンジン、メトははやくも四日目の授業で音節アルファベットの最初の十二の記号を覚え、三人でチラエのめんどうを見ていた。チラエは全アルファベットを暗唱できるのに、集中して指を板の上にとどめておくことができなかった。

勤勉のごほうびに、わたしは球技大会を開催することにした。パルデンとアニラは啞然とした。たしかに盲人が球技をするというのは、それほど自明のこととは言えないかもしれない。わたしはビーチボールに片手一杯ほどの生米を入れた。こうすればボールが動くと米粒が音をたてるので、子供たちは耳でボールの位置を特定できる。

わたしたちはみんなで校舎の裏の草地に行った。地面は昨夜の雨でぬかるんでいて、とくに球場にふさわしいとは、わたしには思えなかった。しかし子供たちにとっては水たまりやぬかるみの穴ぼこがあるからこそ、楽しさは完璧なものになった。まもなく球技は文字どおり泥仕合になり、子供たちは熱狂して歓声をあげ、キュンチョがテンジンの襟首に泥の玉をつっこんだ。みんなが楽しんだ。タシでさえ、パルデンに手をひかれて、ころげまわる子供たちのなかをよろよろと走った。ノルブがいちばん奔放で、いちばん巧みだった。ボールをとるや脱兎《だっと》のごとく走りだし、短い脚で泥の山や水たまりをぴょんぴょんとびこえた。ときには他の子供たちのまんなかでひたっと足をとめ、米粒の音で自分の位置がばれないように、ボールを静かに両手でかかえた。ところがノルブが興奮のあまり思わず声をもらすと、それを嗅ぎつけるのは、たいていメトだった。かすかに残っている視力が、メトを他の子供たちよりもすごく有利にした。

泥浴のあとは子供たちにシャワーを浴びさせ、そのあと新しい服を着せるつもりだったから、思いっきり暴れさせておいた。やがて雨雲が太陽をおおい、服が濡れているので急に寒くなってきた。子供たちがさけんだり笑ったりしながらパルデンにシャワーで洗ってもらっているうちに、わたしはアニラに洗濯ずみの服をとってきてくれとたのんだ。おかしなことにアニラは反応しなかった。わたしは正しく意思を伝えられなかったのかと思って、たのみをくりかえした。するとアニラはためらいがちに言った。「ほかに服はないんです」

わたしは聞きまちがえたと思いこみ、英語をすこし話せるパルデンにきてもらった。ところがパルデンも認めた。子供たちはいまだに村を出るときに着ていた服のままで走りまわっていると。チュンダは何度も言ったではないか、子供たちに新しい服を支給するため、町に行ってきたと。それどころか、とてもきれいな服で、みんなよく似合っているとまで言った。そんなものはなかったのだ！　子供たちはくる日もくる日も穴だらけのボロを着て走りまわり、わたしはそのことをつゆ知らなかったのだ。なぜアニラとパルデンはわたしになにも言わなかったのか？

ひとまず子供たちをベッドに押しこんで、大洗濯作戦を開始することにした。そのあとで、わたしの私的な予備費からいくらかのお金をアニラにわたし、町に行って新しい衣服を買ってきてもらう。

この日わたしは大失敗をした。わたしはチュンダに率直な対話を申し入れた。チュンダは真実を言わなかったことを認めた。この公然たる対決の結果はまもなく感じとれた。それからのチュンダはことごとに邪魔をして、小さないやがらせで仕事を妨害しようとした。たとえばパルデンはしょっちゅう授業から呼びだされ、市場に行かされたり、あれこれの無用な仕事をさせられたりした。わたしはチュンダに表明した。いつまでもパルデンを手ばなすわけにはいかない。するとチュンダは、自分がパルデンの授業を引き受けると申し出た。ロブサン父娘とのスムーズな協力はとても大事なことだったから、わたしはそれに同意した。残念ながらチュンダに授業を手伝ってもらえることはめったになかった。わたしは現場であれこれの問題に直面するたびに自問した――あいかわらずわたしの担当団体からは消息がない――、わたしはこれからも学校の責任を担っていけるだろうか？

ある日パウルがドアの前に立っていた。シガツェでの最初の使命をはたして、ラサにもどってきたのだ。テンジンとノルブが居合わせて、寝室の水たまりを拭きとっていた。

「どうなってるんだ、ここは？」パウルは気づかわしげに言った。わたしがなにがあったか説明すると、パウルはすぐさま動きだした。作業場から梯子といくつかの資材を借りてきて、新築の校舎の屋根の水漏れする箇所を修理した。

ロブサンには喜ぶ理由が充分にあった。なにしろ自慢の施設はパウルの自発的な関与がなければ雨期をもちこたえられなかったはずだから。お礼にロブサンはパウルとわたしを夕食に招いた。みんな屋根問題が解決したことを喜んでいたので、とてもくつろいだ晩餐になった。

「やれやれ」とロブサンはため息をつき、チュンダが説明した。父はラサの棟梁《とうりょう》の仕事に満足していない。しかし自分になにができようか？　父は途方に暮れている。

パウルはこの機に乗じてロブサンに援助を申し出た。お金はいらない、住む場所と食事だけでいい。ロブサンと娘の顔が輝いた。「われわれは大いに喜んで、あなたにもゲストハウスに住んでいただきます。そうすれば多少はケルサン・メトのお手伝いもできるでしょうから」

パウルがこれほど喜んで受け入れられたのが、わたしは嬉しかった。たちまちパウルは施設のいたるところで自分が役に立てる仕事を見つけ、ロブサンの従業員に、盲学校の子供に、とりわけチュンダに歓迎された。というのはチュンダはコンピュータを買ったのに、この機械でなにができるのかわからなかったからだ。そこにエキスパートのパウルがちょうどよくやってきた。チュンダは喜んでプロジェクトの会計もパウルに手伝ってもらい、わたしとしても混沌たる帳簿がすこしは整理されるのが嬉しかった。チュンダとわたしの永遠の対立をもたらした厄介な金銭問題も、はやく解決すればいいのだけれど。両親がまもなくラサにくることになっていた。わたしは両親に、わたしの私的な貯金の一部を下ろしてくれとたのんだ。これで、わたしの担当団体からお金が振り込まれるまでの期間はしのげるはずだ。

19・ヘルパー症候群なんてくそくらえ！

ラサの珍現象は「西洋人」だ。なかでも、ツーリストとしてチベットにやってきて、居すわって、なにか「善行」はできないかとあたりを見まわす連中。たとえばドーラ。パウルがここに住みこんでからほんの数日後、ドーラがやってきて奉仕を申し出た。その日は非常にタイミングが悪かった。チュンダがもっとプロジェクトにアンガージュしたいと言うので、わたしはチュンダといっしょに授業をしていた。この朝の子供たちの荒れようはまさに暴風だった。チラエは吠えまくり、ノルブは自動車みたいにうなって教室を駆けまわり、テンジンとメトは板でたたきあうことに余念がなかった。この大混乱はおそらくキュンチョの父親の訪問によってひきおこされたのだろう。父親はまだ幼すぎる子供を家につれて帰った。たぶん一年か二年したらまた入学させると言って。人気者のクラスのピエロを失って、がっかりしたノルブ、チラエ、テンジン、メトは、キュンチョの役割を分かちあい、もう手がつけられなくなっていた。

ドーラはしばらく戸口に立って、この騒ぎを嘆かわしげに、咳ばらいしながら、観察していた。それからわたしの前に立ちはだかって、自己紹介した。自分はドイツからやってきた、職業はソーシャルワーカーにして芸術セラピストにして特殊教育の専門家、これだけの資格を有する自分に、ここで仕事がないとは言わせない。

わたしは丁重に、またべつの日にきてくれと言った。ごらんのように、いまはあなたと話しているひまがあまりないので。でもわたしは相手を見そこなっていた。そんなことでドーラは退散しなかった。自分は経験を積んだ専門家として、この混乱に欠けているものを知っている。「ここには目の見える人は、だれもいないの？」ドーラは辛辣《しんらつ》にたずねた。

「ここは盲学校ですからね、目が見えるのはふつうじゃないわね」

「あなたには目の見えるメンバーが必要よ、ここに秩序をもたらすために」

わたしはチュンダを指さした。「ごらんのように、秩序の手と目の見えるメンバーを動員してるでしょ」

ドーラは、それ以上なにも言わずに、チラエの横の空いた席にすわると、チラエは吠えながら、さっと机の下に消えてしまった。つぎにドーラはタシにねらいをつけた。タシはしょんぼりと隅にすわって、ティッシュペーパーをこまかくちぎっていた。午前中ずっとドーラはタシの横にすわりこみ、大きな声で、ことさら物わかりがよさそうに話しかけて、特殊教育の専門家ぶりを披露した。わたしをあからさまに無視したまま。

やっと午前中の授業が終わり、わたしはほっとしてオフィスにもどった。お茶でひと息つこうとしたとたん、ドーラがドアをたたいた。「あのねえ、お邪魔はしたくないけれど、あなたは緊急に教師を雇う必要があるわ」

「パルデンがいるじゃないの。パルデンは経験豊かな教師で、自分の仕事をうまくやってるわ」

「わたしは専門教育を受けた特殊教育の教師が必要だと言ってるのよ!」

わたしは辛抱強く説明した。わたしは既成の処方箋にこだわらず、むしろ自分自身の経験から出発したい。ドーラは聞く耳をもたなかった。いらだたしげに机をたたいて言った。「ここですべてを組織する人間が必要だわ。でもそれをやれるのは、そういうことも専門的に勉強したものだけ」

「じゃあ、わたしはほかになにをすればいいの?」

「あなたは授業をたった一人ではやっていけないってこと」

「わたしだってやりたくないわよ! わたしがほしいのはチベット人の協力者で、ここの条件にふさわしいコンセプトをいっしょに発展させることができる人」

「でもチベット人は教育学についてなんにも知らないでしょ」

「チベット人だってむかしから子供を一人前の大人に育て上げてるわよ。わたしは西洋のお仕着せの処方箋を人に押しつけようとは思わない」

論争はかなり長くつづいた。その過程で哀れなドーラは、わたしのなかに長いあいだ鬱積《うっせき》していた憤怒のパンチをいくつか食らった——職業上の優越感から、あるいは無力な盲目の「女の子」をいましめるため、わたしに説教を垂れた連中にたいする憤怒。

「それはあなたには無理」と、チベット学を勉強したいというわたしの希望を聞いて、ギムナジウムの女性教師は言った。「そんな考えは頭からたたきだしたほうがいい」と、わたしが二か月間チベットを一人で旅行したいと話したとき、ある教授は言った。「あなたにやれっこありませんよ」

と、著名な途上国援助組織の代表は、盲学校を立ち上げるという、わたしの計画にたいして言った。だめ、既成の思考パターンを振り払い、因習にとらわれない着想でも実現できるかどうかためしてみる、それができない人間をわたしは使えない。というわけで、残念ながらここにはドーラのための仕事はなかった。

ドーラの気前のいい申し出をおことわりしてから数週間後、クルトがわたしのオフィスにあらわれ、デスクに腰を下ろし、指の中関節で机の表面をこつこつたたいて、わたしの注意を喚び起こそうとした。

クルトとは一年前からの知り合いだった。「ああ、きみがサブリエか。きみのことはいろいろ聞いてるよ」とクルトはあいさつがわりに言って、ヨチヨチアババの赤ちゃん口調で言い添えた。「あのねえ、きみがやってることは、まったくばかげてると思うよ！」そして、こんなことを話した。自分は心理セラピストで、下意識にかんする本を書いている。その研究目的で一年ほど霊的な環境、たぶん洞窟にこもりたいと思っている。

「あのねえ、きみがやってることは、まったくばかげてると思うよ」と、わたしは同じ赤ちゃん口調で言いかえした。そこでクルトはふつうの口調にもどり、ちょっと変なところはあるにせよ、気さくな現代人であることを証明した。公安局から洞窟で暮らす許可をもらえないので、さしあたりバナクショーのホテル部屋でがまんしている、とクルトは言っていた。

そのクルトがいまわたしのオフィスにすわっている。そのときわたしは援助の申請書にとりくんでいた。パウルは朝食の果物と焼きたてのパンケーキを買うため、自転車で市場に出かけていた。わたしはクルトの訪問に格別うっとりするわけでもないので、しばらく待たせておいた。ついにクルトはわたしの肩をたたき、こう言った。「ちょっとぼくのために時間をとれないか？　きみのプロジェクトにとって非常に重要な話があるんだ」

「なにをしたいの？　仕事はいっぱいあるから、アニラに聞いてみたら。アニラはいま子供たちと外にいるわよ。ぬかるみを掘りおこして、野菜畑をつくってるところ」

「まさにそれだ！　いいかい、ぼくは一年前から本を書いてる。とてもセンセーショナルな内容だから、きっとベストセラーになる」

「楽しみにしてるわ。だけど、それが学校となんの関係があるの？」

「この本できっと大金が入る。ぼくはその二五パーセントをきみに提供するつもりだよ。ところで、ぼくはずっとチベットに定住したいと思っている。外務当局が言うには、そのためには労働契約をむすばなければならんそうだ。きみがぼくを雇ってくれないか？　もちろん学校に住みこみで」

わたしは唖然とした。「ちょっと待ってよ、そう簡単に雇うわけにはいかないわ。いったいだれが賃金を払うの？」

「ああ、一年間は無給でいい」

「それに、部屋はわたしのものじゃないから、赤の他人においそれと提供するわけにはいかないのよ」

クルトはわたしの肩をたたいて笑った。「ねえ、きみ、ぼくたちは一年も前から昵懇《じっこん》の仲じゃないか」

わたしはクルトの馴れなれしい態度に応じる気分ではなかった。「西洋人がここに長居をするだけでも厄介な問題なのよ！　わたし自身、この仕事では困難をかかえてるんだから。ほんの数年チベットに滞在したいというだけで」

心理セラピストのクルトは言った。「ああ、そう頑《かたくな》になるもんじゃない！　ここは助け合おうじゃないか。ぼくには、まあ、なんというか、ヘルパー症候群があってね」

「ヘルパー症候群なんてくそくらえ！」わたしは言った。ヘルパー症候群のことならたっぷり経験がある。無から手がのびてきて、わたしを道路のむこう側に押していく。わたしが道路を渡りたいのかどうか聞きもせず。われわれ西洋人はチベットでときおり同じことをやっていないだろうか？　われわれはまったくべつの世界からここにやってきて、人々に道を教えている。

このときパウルが朝食を持ってきた。わたしたちはいっしょにアニラと子供たちがいる畑に行った。短い時間で一画の土地のゴミや薮が取り払われていた。わたしたちはバター茶を飲み、バナナをはさんだパンケーキを食べ、クルトはぬかるみの畑で自分の労働力を実証しようとした。しかし、はやくも十五分後には鍬《くわ》を下ろし、上着の土をはたき、自分は心理セラピストであるからして、手作業には慣れていないと言い残してずらかった。安全な距離をとってから、クルトはいま一度わたしに呼びかけた。さっきのぼくの申し出のことで、もう一度きみと話をするつもりだ。

数日あと、わたしはクルトとバルコルで出会った。クルトはわたしを招待して、午後バナクショーにきてくれと言った。古巣を再見するのも悪くなかった。わたしたちはクルトの部屋の前のバルコニーで木のベンチにすわった。先日の話はどうなったと、クルトはたずねた。わたしがいらいらしていることも気づかないようだった。なんといってもクルトは気のいいやつだったから、いまガツンとくらわすのは気がひけた。わたしたちはバナナ・ラシ、インド風バナナヨーグルト飲料を注文し、クルトは話しはじめた。「ぼくはおどろくべき発見をした。これはぼくをすっごい金持ちにするはずだ！　でもぼくは物質主義者じゃないから、金の一部を善きプロジェクトにつぎこみたい、たとえばきみのような。そのかわりぼくを雇ってくれ」

「どういう職務で？」

「うん、きみも知ってるように、ぼくは心理セラピストだ」

「だれがここで心理セラピストをほしがると思う？　わたしはいらないわ。もちろん子供たちも。あの子たちはべつの問題をかかえてる。つまり読み書きを覚えること」

「ぼくの発見を教えてもいい。まもなくぼくは世界の注目の的になるからね、そうなれば、きみとしても喜ばしいはずだ、ぼくがきみの学校で特別講座を設けていることは」

「それはそれは。でも、そもそもあなたの発見ってどういうものなの？」

クルトの声が軽くふるえた。「無意識のエネルギーにかんする発見。長い集中的な瞑想によって、ぼくは自分の脳の封鎖を解くことに成功した。いまではぼくの下意識は、エネルギーを解き放つことができるようになっている。そしてこのエネルギーは」思わせぶりな小休止。「電子を溶解するほど強力なんだ！」

「すごい！　いったいどうやって溶解するの？」

当然しごくと言わんばかりにクルトは答えた。「ああ、いいかね、ぼくが下意識を集中して対象物に固定すると、電子が溶解するんだよ」

わたしは真顔をとりつくろうのに苦労した。「でもそれは核の研究にもってこいじゃないの！大学か原子力発電所に売りこめばいいのに」

クルトはため息をついた。「もうやってみたよ。でも連中はぼくをいらないそうだ」

困惑の沈黙、それからわたしは慎重に言った。「いったいあなたの発見が盲学校となんの関係があるの？」

「まさにそこだよ！」クルトは興奮してさけんだ。わたしの上にかがみこみ、秘密めかしくささやいた。「下意識で電子を溶解する力を利用して、ぼくは病気をなおせるだろう。ぼくは世界をエイズやガンから解放するんだ！」

わたしはちょっといらいらして話をさえぎった。「で、それがわたしの学校とどう関係するの？」

クルトは調子づいた。「ぼくはこの発見で盲人もふたたび目が見えるようにする！」

こうなったらもう笑うしかなかった。「やれるものならやってごらん、クルト！　盲人がいなくなったら、わたしはここでなにをすればいいのよ？　わたしのプロジェクトもすっかりおじゃんになっちゃうじゃないの。ご親切な申し出には感謝するけど、あなたを雇うわけにはいかないわ！」

「わかったよ、サブリエ」クルトががっかりするのが聞きとれた。「ぼくたちのレベルは食いちがっているようだね」

「ええ、それもわたしは危惧するのよ。まあ、いちばんいいのは、各人が各自のエネルギーを生かすことね。あなたは電子を溶解する、わたしは読み書きを教えることに専念する」

20・言葉がほとばしり、初めて目を開いた

施設の裏に広い草地があり、問題なく柵でかこって農牧に利用することができた。ロブサンは二、三頭の牝牛を買って、乳をしぼりヨーグルトをつくる予定だったし、盲学校のほうは数頭の馬を飼うつもりだった。生徒に乗馬を習得させたい。わたし自身一年前に経験したように、チベット高原では盲人にとって馬より安全な交通手段はなかったから。

ちょうどいい馬がチラエの故郷の村にいるという。チラエの父親が二、三頭のしかるべき馬を学校のために物色していた。しかしラサでは馬の輸送車が手に入らないので、わたしたちは馬の買いつけのついでに、近くにあるテルドゥムの温泉にささやかな学校遠足を行うことにした。そして帰路にパウルとわたしは、子供たちと別れて、騎馬でラサにもどる。

遠足の話をすると、子供たちは有頂天になった。いよいよ出発するとき、子供たちは朝早くからバッグをかかえて校舎の前に立ち、昨晩遠足のために雇った運転手を待ちかまえた。わたしの父も温泉まで同行する。わたしの両親は数日前にラサにきた。父はいちはやく気候と高度に慣れて、あと七〇〇メートルの上昇も辞さなかった。

運転手のゼリンは約束どおり八時に中国製の古いおんぼろジープでやってきた。わたしたちは車に果物篭、パンケーキ、バター茶の魔法瓶、ヌードル、たまねぎ、トイレットペーパー、ミネラルウォーターの小瓶でいっぱいのダンボール箱を積みこんだ。さらに五人の興奮してはしゃぎまわる子供たちをバッグごと車に詰めこむ。アニラは学校に残ることにした。どっちみちアニラが乗れる隙間はなかっただろう。そもそもこのジープは六人乗りで、完全に過剰積載だった。助手席にパルデンが、歌いつづけるチラエとすわった。もちろんシートベルトなしで。そんなものはチベットでは使われないから。後部席に父、タシ、わたし、パウルがすわり、はしゃぎまくるノルブと、やがてげろを吐きまくるテンジンを膝にのせた。車の最後部はリュックサックと箱でいっぱい、その上にチラエの母親とメトが、ノルブとテンジンとかわるがわる鎮座した。チラエの母親は息子を訪ねたついでに、バルコルの半分を空にするほど買い物をした。故郷の村はテルドゥムへの途中にあるので、母親は自分と膨大な箱を家まで運ばせる好機をとらえた。

道はずっとキチュ川に沿っていた。川はこの数日のうちにかなり増水して、はやくも道路をあちこちで剝ぎ落とし、ゼリンは帰路をどうするか心配した。

古いガンデン寺院とドリグンのあいだにある小さな町、メドロゴンガで停車して、中国レストランで食事をした。みんな豚肉入りのヌードルスープを食べたが、パウルの描写によれば、子供たちの箸の使い方がそれぞれちがうのが、とてもおもしろかった。チラエとテンジンはいちばん優雅に箸を使った。他の子供もなんとか使いこなし、タシはどんぶりを口にあてたまま、ずるずる箸でかきこんだ。最大の難関に直面したのはわたしの父で、ヌードルと一本一本格闘しなければならなかった。

ゼリンはとても辛抱強くて子供好きのところを見せ、無邪気な子供とつきあうほうが、文句の多いツーリストよりずっと楽しい、と言った。これは言わないほうがよかったかもしれない。すぐあとでチラエが、ブランコみたいにぶらさがろうとしてバックミラーをひっぺがし、タシがやったことといえば、トイレ休憩にもかかわらず、走行中にたっぷりズボンに便をもらして、かなりの悪臭と騒ぎを引き起こすぐらいのものだったから。それでもゼリンはすべてを沈着にがまんして、冗談の種にしたものだが、パルデンとパウルとわたしのほうは、だんだん神経がぶち切れそうになった。

チラエの故郷の村に着くと、母親を膨大な荷物ごと下ろし、一杯か二杯バター茶を飲んで、チラエの父親と翌日の馬の取引を申し合わせた。それからさらにテルドゥムにむかって走った。道路が荒れてきて、穴ぼこと大小さまざまな岩塊がちらばり、道沿いのキチュ川の激流に、かなり浸食されているようだった。しかしゼリンの腕はたしかだった。平静沈着に運転をつづけた。たとえ道がまったく存在しなくなっても、ゼリンは勇気を失わず、車を信頼して無のなかにつっこんでいった。ジープは跳ねとび、揺れ動き、ときには危険なほど横に傾いた。しかし窓から頭をつきだして吐いているテンジンをのぞけば、子供たちは大いに楽しんでいるようだった。

子供たちがくりだす歌は、ときには斉唱になり、ときには和声の合唱になり、最後はまったくの不協和音で、てんでんばらばらに歌った。チラエの歌声がいちばんやかましかった。ふだんはきれいな心地よい声の持ち主で、なにか歌ってくれとよくたのまれるチラエなのに、いまはそのわめき声が神経にさわった。いまのチラエは人に最高の演奏を聞かせようなんて気持ちはこれっぽっちもなく、傍若無人にわたしたちの耳のそばで歌をがなりたてて、いつまでもやめなかった。わたしが忍耐の人と評価していたパルデンが、ついに堪忍袋の緒が切れて、「カ、ツム！（口を閉じろ、というような意味）」とどなりつけるまで。

ただ一人、この喧騒にも平然としていたのが、わたしの父だった。ゆったりとくつろいで、最高のバカンス気分で、父は後部席のタシとドアのあいだにはさまって、窓を走りすぎる風景を楽しんでいた。ときおり何枚か写真をとり、ドイツから持ってきた地図で行路をたどった。写真をとるときに地図が邪魔になったので、父は地図をたたんで、タシの手にさっと押しつけた。タシはいつものようにぼんやりとすわっていたが、不意に自分の身になにかが起こったのを知った。なにかを手に持たされたタシは、これは自分が専念すべき任務であると覚った。それはタシの人生最初の任務だっただろう。タシは頭を上げた。ゆっくりと深い眠りから覚めるように。タシは両手で地図をしっかりつかみ、突然話しはじめた。

わたしたちはみんな、子供たちのわめき声と自分たちの擦り切れそうな神経との対応に忙しかった。いまここで起こっていることに、わたしたちが気づいたときは、すでにタシと父は対話に没頭しており、まるで親友同士のようだった。タシはチベット語でわめき、言葉のわからない父は、ドイツ語で答えていた。それまでわたしたちは、タシからはひと言も引き出すことができないと思いこんでいたが、いまそのタシの口から言葉がほとばしっていた。沈黙の歳月をとりもどそうとするかのように。話しながらタシが初めて目を開いているのに、パウルは気がついた。たぶんタシはこれまで、まぶたを閉じることで外界から隔絶しようとしていたのだろう。

しかしタシはいま人生を楽しんでいるようだ。ジープが危なっかしく上下左右に揺れるのを、おもしろがっているのが聞こえる。車が激しくバランスを失えば失うほど、タシの熱狂は大きくなった。他の子供たちはとっくに黙りこみ、おびえながら座席や鉄棒にしがみついていた。しかしタシは笑い、歌い、いまではわたしたちとも話し、級友たちをからかったりした。

日没のすこし前にわたしたちはテルドゥムに到着した。ここは一種の保養地で、とくにラサの住民から行楽地として好まれている。道は険しい峠を越えて、峡谷で終わっていた。峡谷は峨々たる岩山でさえぎられ、そのむこうに六〇〇〇メートルから七〇〇〇メートルの高山がそびえ、いたるところで滝の音と沢のせせらぎが聞こえた。峡谷の上の岩山に尼寺がはりついていて、この寺が温泉を管理し、湯治客に蚤だらけの寝床を提供した。

まだ空いていた八つのベッドを確保したが、わたしたちは総勢十人なので、四人の男の子が二つの寝床を分かち合う必要があった。タシはきれいに洗ってもらったし、清潔な衣服をあてがわれたから、わたしたちは問題ないと思っていた。ところが子供たちに、テンジンとチラエ、タシとノルブが同じベッドで寝ること、と言い渡したら、ものすごい声があがった。「ぼくはいやだ！」ノルブがさけんだ。「タシはくさい！」

学校でノルブとテンジンがタシのめんどうを見てくれるのを、わたしたちは喜んでいた。二人はタシの手をとって、トイレにつれていったり、いっしょに校庭や裏の庭に行って遊んだりした。タシの成長にとって厄介なのはチラエで、この元気あふれる子供は思ったことをすぐに口にした。タシがいっこうに自分でトイレに行くことを覚えず、そのためしょっちゅうズボンやベッドに便をもらすので、チラエはこんな提案をしたことがある。タシのベッドをトイレの穴の上に置けばいい、そうすればタシは歩かなくていいし、ほかの子供は部屋でぐっすり眠れる。

このテルドゥムの晩もチラエはえらそうなことを言った。わたしたちがノルブと他の子供たちに、タシもいまではトイレに行きたくなったら知らせるはずだ、と言って聞かせていたとき、またもやタシのまわりでゆっくりと、しかしはっきりと、おなじみの匂いが立ちのぼった。チラエがタシにかがみこみ、急に大声で笑いだした。「タシが知らせるだって？　じゃあ、これはなんの匂いなの？」タシはすっかり恥じいって、目を閉じた。その日は二度と目を開けなかった。

しかしチラエは嘲笑だけではすまさなかった。いまやすっかり調子にのって、タシの頭を太鼓がわりにして、げんこつでごんごんたたきながら、興奮をつのらせて歌いだした。「タシがズボンにうんこした！　くさいぞ、くさいぞ、くっさいぞ！」パウルとわたしは憤慨し、興奮しきったチラエを引きずりだして、またすっかり自分のなかに閉じこもってしまったタシのとなりに、テンジンをすわらせた。

わたしたちはテンジンを、世間慣れした心の広い少年だと見なしていた。子供のだれかが助けを必要とするときは、大人に訴える前に、いつもテンジンにたよった。夜、だれかがトイレに行きたくなれば、テンジンを起こした、外は悪魔がこわいので。一度テンジンがわたしたちのところにやってきて、宣言したことがある。これからぼくは服を着たまま寝たい、毎晩三回は起こされるので、着たり脱いだりしていると眠れなくなるから。

タシにたいしてもつねに辛抱強く、友だちのようにあつかった。それだけに、テンジンもタシをげんこつでたたいたのにはほんとうにおどろいた。わたしたちはパルデンを助けに呼んだ。パルデンなら例のおだやかなやり方でこの状況を解決してくれるだろう。ところがパルデンもすっかり平静を失って、タシを疫病神《やくびょうがみ》あつかいした。せっかくタシが初めて笑い、歌い、人生を楽しんだのに、この連中は、タシがまわりの人間に寄せた信頼感を、嘲笑と攻撃によって打ち砕いてしまった。

この騒ぎにまったくうんざりしたので、わたしたちは迅速で安易な解決策をとった。チラエとノルブがいっしょに同じベッドに寝て、テンジンとパルデンがもう一つのベッドで夜を過ごす。タシは独自のベッドをあてがわれ、そこで、まだ夕食の前なのに、静かにまるくちぢこまった。

小屋の前の焚き火でヌードルを調理し、チベット式のミルクティーをみんなで味わったあと、温泉を浴びさせるのは明日の朝にして、他の子供たちもベッドにつれていった。でも、もちろん、子供たちは眠ろうとしなかった。おそれげもなく走りまわるので、近くの岩の割れ目に落ちやしないかと心配で、全員ひっつかまえて、服を脱がせ、ベッドに押しこんだ。それから小屋の戸を外から閉めて、心やすらかに景色と温泉を探勝することにした。

わたしたちは尼寺からおそろしく急な階段を谷底まで下りて、岩をくりぬいた二つの温泉の前に立った。浴場は上からも側面からも見えにくくなっていた。この温泉は千四百年前から生きている。お湯は軽く硫黄の匂いがして、確実に四〇度はある。浴場をかこむ岩山には小さな青い蛇が住んでいる。蛇が見えると縁起がいい、とパルデンが言った。それは竜が幸運をもたらすというお告げだから。わたしたちは十分ほど温泉につかり、疲れはててベッドに倒れこんだ。夜はとても寒かった。満月で、犬が吠えるたびにびくっとした。

朝の六時に子供たちは起きた。わたしたちのベッドにやってきて、ふとんをたたきまくった。たまりかねたパルデンの提案で、子供たちを温泉にほうりこむことにした。そうすればこいつらも疲れて、あと一時間は眠るだろう。メトにも手伝ってもらい、わたしたちはテンジン、チラエ、ノルブを下の男風呂につれていった。

テンジンはちゃんと泳げる唯一の子供だった。チベットの川は冷たすぎ、危険すぎるので、子供はめったに泳ぎを覚えない。いつもはまっ先に新しいことに挑戦するノルブが、ひどくおじけづいた。メトがこの臆病者にすごく腹を立て、泣きわめいてじたばたするノルブの腕をつかむと、あっさりと温泉にほうりこんだ。この乱暴な教育法が功を奏したらしく、まもなくノルブは最も陽気な河童の一人になった。

子供たちはいちどきにこれほどたくさんのお湯を浴びたのは生まれて初めてだった。ほとんど二十分近く湯につかり、さけび、跳びはね、高々と噴水をはねあげるので、物珍しそうに岩の割れ目からのぞいていた尼さんたちが、キャッとさけんで逃げだした。

もう充分に疲れたと思ったので、わたしたちは子供を上につれてゆき、ふたたびベッドに押しこんで、しばしの安息をむさぼろうとした。これはまったく当てはずれだった。たちまち子供たちが外に出てきて、歌いだした。わたしたちの休息への欲求が気に入らないらしく、ことさらひねくれた調子で。やがてわたしたちは降参して、子供といっしょに浴場に下り、あらためてお楽しみがはじまった。このたびはタシも、ついに喧騒に目を覚まされ、みんなびっくりしたことには、湯浴《ゆあ》みの快楽に参加した。

21・ゴー、ゴー、ゴー、オレ、オレ、オレ！

昨夜は雨が降らず、ゼリンは帰路も満杯のジープで走れると断言した。たしかに雨期の川は、たった一夜降雨がなかっただけで、水位がずいぶん下がっており、道はふたたび姿をあらわしていた。もっとも深い泥は残り、はまりこむと四輪駆動の車でも前に進めなくなることもあった。しかし子供をいっぱい乗せた車とくれば、泥との格闘も遊びに変えてしまう。車が立ち往生するたびに、みんな外にとびだして、力を合わせてジープを泥沼からひきだした。

チラエの故郷の村に着くと、わたしたちは馬の買いつけにとりかかった。チラエの父親が見立てた二頭の馬はいずれも栗毛で、黒褐色のたてがみをしていた。一頭はまだとても若く、三歳ぐらい、その持ち主はチラエの叔父で、西洋人はみんなばかな金満家だと思っているらしく、はじめこの馬に法外な金額を要求した。しかしまもなくチラエの叔父さんは、わたしたちの気前のよさを根本的に見損なったことを、覚らざるをえなかった――なにしろこちらはポケットマネーではなく、汗と涙の寄付金から支払うのだから。叔父さんもむかしながらの物語をもちだした。自分にも盲目の祖母がいて、大勢の子供を養わねばならぬ。この馬を手ばなすのはまことにつらい、家族はみんなこの善良で忠実な家畜を可愛がっているから。たっぷり一時間かけた駆け引き――その間に哀れな馬は、こちらとあちらを何度も引きまわされた――のあと、わたしたちは、それでもまだずいぶん高い値段を受け入れたが、おまけとして鞍、轡《くつわ》や手綱など馬勒《ばろく》一式、それにラサまでの道中に食わせるツァンパ一袋を要求した。

チラエの父親から買った馬は、毛なみの美しい七歳の孕《はら》み馬で、手入れも行きとどいているようだった。いい買い物だった。わたしたちは文字どおり、二頭の馬を一頭の値段で手に入れたわけだし、鞍と馬勒とツァンパの袋もせしめたのだから。

パルデン、わたしの父、子供たちがとっくに帰路をジープで走っているころ、わたしたちは騎馬で出発した。馬は上機嫌で元気に速足で歩き、初めは難なく進路を守らせることができた。しかしまもなく判明したのは、わたしたちの道は、馬たちが牧草地に通う道と同じものらしいということだった。というのは馬が急に進路を変えて、岩だらけの、とても安全とは言えない山道を、山羊みたいにどんどん登りだしたからだ。

目まいがしそうな高所にきて、わたしたちは問題に直面した。同じ道を下らせようとしても、馬が動こうとしないのだ。おまけに高所恐怖症をよそおっているのか、ぶるぶる震えて、がんとして言うことを聞かない。一生懸命なだめ、すかし、励まして、なんとか岩山の下の草地まで歩かせた。しかしここにつぎの障害があった。

草地と道のあいだに小川が流れていて、こんなものは豚より大きい動物なら難なく歩いて渡れるのに、わが新しい愛馬は高所恐怖症に加えて、いまや恐水病にもかかったらしい。わたしは馬たちが演じる芝居をまともに信じるつもりはなく、ちょっと強引に自分の牝馬に水のなかを歩かせ、むこう岸にいるパウルとその乗馬を待った。

パウルの馬はいっこうに馬らしいところがなく、その頑固さはむしろロバにふさわしく、どんなに言い聞かせても小川を渡ろうとしなかった。前足でやわらかい地面を掻き、その場からびくとも動かない。やがてわたしは馬から下りて、小川を徒渉してもどり、馬の端綱《はづな》をとって、力いっぱい引っぱった。いつしかこちらの強情が相手の強情にうちかち、馬はロバごっこをやめて、おとなしくわたしのあとから水のなかを歩いた。

午後遅く、馬が歩く意欲を明らかに失ったころ、わたしたちはある村に着いた。そこで小さなレストランを見つけ、すばらしいヌードルスープを食べた。馬は村人がめんどうを見てくれた。このありがたい風習に、わたしたちはラサまでの全道中でお世話になった。馬たちもたっぷり食べて飲んだあと、わたしたちはテント場を見つけるため、いますこし夕べの道に馬を進めた。パウルがきめた場所は、草地と道を区切る石の壁のむこうにあった。ここならこそ泥や馬泥棒からも安全だろう。そこにたどり着くには、砕石が高く堆積したガレ場を攀じ登らなければならず、馬たちは、休息を目前にして、みごとな足さばきを見せた。ガレ場の山のむこうにひっそりとした草地があり、なだらかに傾斜して川岸に下っていた。

この「テント場」は道から見えないと、わたしたちは思いこんでいた。もよりの村からも一キロほどはなれているし。というわけで、その晩目前にせまっている事態を、わたしたちは予期していなかった。異常なものを観察することにかけては、チベットの農民や牧畜民の子供には特別な本能がそなわっているらしい。五分も経たないうちに、はやくも数人の子供がわたしたちをとりかこみ、馬から鞍を下ろしたり、テントを建てたりするのを、興味深げに見物した。

そのうちパウルがばかな考えを起こし、観衆の子供たちに仕事を割り当てた。「チュ、チュ、チュ!」と「チャブ、チャブ、チャブ!」だけで、馬に川で水を飲ませてから、草地で杭につなげ、と指図している。子供たちは大喜びで仕事にとりかかった。これでみんなわたしたちのそばにいられるし、あるかもしれないセンセーショナルなできごとを見逃すこともないから。しかしやがて子供の群は手にあまるようになった。パウルが数えると、大中小とりまぜて三十五人の小鬼が、あたりを忙しく駆けまわっていた。なかでもいま厄介な問題は、わたしたちが安らかに「用足し」できる場所を見つけることだった。雪白の尻はいつも垢まみれの子供たちに多大な感銘をあたえることだろう。

わたしたちは言って聞かせようとした。そろそろ消えてくれ、明日またここにきて、荷づくりするところをたっぷり見物すればいい。しかしこの説得はまったく通じず、わたしたちが「チュア、チュア!」と言って追いはらおうとすると、ようやく子供たちは、自分がいまや望まれていないことを理解した。それから本格的な地獄がはじまった。荒れくるう猿の群のように、子供たちはわたしたちのまわりで跳びはね、キューキャーさけび、ガーガーわめき、ギャンギャン吠えて、われわれが逃げこんだテントのファスナーを、外から開けようとした。

ついにパウルも荒れくるい、外にとびだして、地面をどんどん踏み鳴らし、これまでわたしがまったく知らなかったオランダの罵詈雑言《ばりぞうごん》を吐きちらした。このシーンに強い印象を受けたのはわたしだけではなかった。子供たちにとっても、こんなに怒っている人間、しかもこんなに巨大な男と遭遇するのは初めてだったろう。たいていの子供はおじけづいてガレ場のむこうにさっと消え、そのまま家路についた。ほんの数人のずるがしこい子供が岩山の裏に隠れて、興奮しきった西洋人が落ちつくのを待った。しかしパウルは連中をみんな隠れ場から追いはらい、やがてまっ暗になってきたので、残った子供も立ち去ることにした。

夜は静かで、星がまたたき、この季節にしては異常に寒かった。川がすぐ近くで水音をたて、テントの前では馬の低い息づかいと、馬鈴のかすかな音が聞こえた。

パウルは誕生日を迎えた。いまや三十歳、牡牛になった。オランダでは未婚の三十男をこう呼ぶらしい。しかしパウルは誕生日にはあまり興味がなかった。とはいえ、わたしのにらんだところでは、パウルには三つの非常に大それた望みがあった。晴れた空、御しやすい馬、今夜テレビでサッカー世界選手権の決勝戦を見ること。とくに最後の望みはわたしにはばかげていると思われた。この荒野のどこにテレビがあるっていうの？

朝早く、まだ曙光がテントを暖める前に、また近くで声が聞こえた。わたしたちは物見高い子供たちを待ちかまえ、怒声を発してとびだそうとした。ところが、このたびテントの前に立っていたのは子鬼ではなく、にこにこ笑っている数人の農婦だった。おばさんたちはお湯を入れた大きな魔法瓶を村から持ってきて、わたしたちといっしょに朝食を楽しんだ。

太陽は輝き、この朝の馬は最高にごきげんだった。わたしたちの意のままに疾走し、早駆けした。

ここまではパウルの望みはみたされたようだった。しかし真昼時になると、パウルの馬はまたもとにもどって、好き勝手な方向に走りだし、わたしのずっとうしろで暴れているのが聞こえた。わたしたちは馬にすこし楽をさせてやることにして、しばらく馬を引いて歩いた。ある川辺の草地で休憩した。そこで働いていた農夫に聞くと、つぎの比較的大きな町、メドロゴンガはここからほんの二時間だという。「この馬でなければね！」わたしはあきらめ顔で言った。これは当たっていた。暑い午後の太陽の下で、馬たちはだんだん息が切れてきた。どんなに小さな障害も、足をとめる口実になり、しばらくそこから動かなかった。

メドロゴンガの一〇キロ手前で、パウルの馬はもう重荷を背負って歩く気をなくしたので、パウルは端綱を引いて歩くことにした。全行程をパウルは濡れた袋みたいな馬を引きずらなければならず、メドロゴンガに二時間ではなく五時間後に着いたときは、両手に血がにじんでいた。砂嵐がまきおこり、町じゅうのゴミが吹きつけるなかを、疲れはて、悪態をつきながら、わたしたちはメドロゴンガに入った。大急ぎで馬を大きな、あまり防御にならない木につなぎ、この厄介ものをなかから見張ることができる、小さなレストランに逃げこんだ。ヌードルスープは最高で、この日の緊張がだんだんほぐれていくのを感じた。

食事のあとで小さな宿屋を見つけ、ほんの数元で一部屋借りた。パウルが理性を失って、早朝三時にサッカー世界選手権のファイナルを見たいと部屋ボーイに念を押したあと、わたしたちはたちまち眠りこんだ。

真夜中に夜勤のボーイが幽霊のようにパウルの前に立ち、その肩を激しく揺すった。幽霊は中国語でなにか耳もとでわめき、パウルがきょとんとしていると、声をはりあげてサッカー世界選手権の応援歌を歌いだした。「ゴー、ゴー、ゴー、オレ、オレ、オレー！」これぞまさしく国際理解！「あなた、クレイジーよ」わたしはパウルに言った。「自分がどこにいるのか、わかってるといいんだけど」しかしパウルのたしかなサッカー本能は、ついにわたしたちを小さな白黒テレビの灯る店に導いた。店の前に二人のチベット人がしゃがみ、キックオフを待っていた。ファイナルが終了すると、パウルはふたたび世界と和解した。馬とさえも。馬たちは宿屋の裏の暗い中庭に立って、低く寝息をたてていた。

昨晩は砂塵でどんよりとしていた空が、翌朝は紺碧にかわり、太陽がわたしたちを照らした。わたしたちは人も馬も元気をとりもどし、きびきびと出発した。道路は多くの箇所で剝げ落ち、しばしば川を徒渉しなければならなかったが、この日の馬たちはためらわずに水に入った。

午後、わたしたちのあとをロバの群がついてきた。ロバどもはおどろくほど足がはやく、鈴の音が軽い足どりをひきたてた。ロバが近づくにつれて、鈴の音も大きくなった。わたしたちの馬は思いがけない誇りを見せた。ロバの群に追い越されたとあっては、たしかに馬の名誉にかかわるだろう。乗り手が駆りたてる必要もなく、馬の足どりがぐんとはやくなり、まもなくロバをうしろに引きはなした。鈴の音がせまってくるたびに、馬の足がまたはやくなった。いつしかわたしたちが「ロバだ！　ロバがくるぞ！」とさけぶだけで、馬は疾走するようになった。しかしつぎの宿泊地までは、まだ道は遠かった。わたしたちはガンデン寺の山の麓《ふもと》で幕営するつもりだった。

晩遅くそこに着いて、ある村で馬に水を飲ませてくれとたのんでいたら、たちまち少なくとも四十人の野次馬にかこまれた。いつもは群衆にかこまれてもたいして気にならないのだが、この晩は、四〇キロを超える騎馬の旅のあとでは、広場恐怖症を感じた。わたしたちは四方八方とりかこまれ、そのうちに二人の若い中国人女性が、わたしのことを話しているのが聞こえてきた。はじめ二人はわたしの注意をひこうとして、「ちょっと、こっちを見てごらん！」と言った。わたしは反応せずに、馬に餌を食わせることに専念した。二人はそれでもやめず、やがてその一人が言った。「きっとばかなんだよ！　ちっともこっちを見ないんだから！」

わたしは刺すような痛みを感じ、小学校時代を思い浮かべた。女生徒たちがわたしの背後でひそひそ話し、わたしがつまずいたりよろめいたりすると笑った。「ちょっと見てごらん！」女生徒たちの声が聞こえる。「頭のなかに目はないの？　それともばかなのかしら？」「ちょっと見てごらん」いまやチベット人の子供までが垢とバターの匂いがする小さな手を、わたしの顔の前でひらひらさせた。子供も大人も、異邦の女の秘密を解明せんものと、さらに間近にせまってきた。わたしはできるだけはやく村を立ち去りたかった。

しかしパウルが、今夜はうちに泊まってくれという一人の村人の申し出にのってしまった。たしかにこれはとても親切で、客好きのチベットらしかったが、最終的に寝床を見いだすまでには、まだしばらくかかることを、わたしは知っていた。案の定、その農夫は思いだした。外国人を私宅に泊めるのはご法度になっていることを。村人はわたしたちに川辺の休耕地を指し示して、そこにテントを張ればいいと言った。

そこでパウルが一人で馬と荷物をとってこようとしたとき、わたしたちはいさかいになった。わたしはとり残されたような気がした。これ以上、少なくとも五十人の子供と大人の好奇の的になるのはいやだった。なんでわたしがこんなに腹を立てているのか、パウルはわからなかった。わたしたちがじろじろ見つめられるのは、いつものことだったから。パウルはチベット語も中国語も話せないので、だれかが「あれはばかなんだよ、そうでなけりゃ、すこしはこっちを見るはずだ」と言ったときも、なにを言っているのかわからなかった。

ついにわたしは堪忍袋の緒が切れて、さけんだ。「わたしはばかじゃない、目が見えないだけよ！」

おかしなことに野次馬たちは、ばかだと思っていた人間が自分たちの言葉を理解して、返答までしたことに、いささかもおどろかなかった。かれらはひるむことなく、今度はわたしを質問ぜめにした。「なぜ医者に行かないのかい？」「眼鏡をかけているのはそのためなのかい？」わたしは鼻の日除け付きのサングラスをかけていたが、たしかにこれは珍奇なイメージをかもしだしたにちがいない。

夜が深まり、わたしたちがエアマットと寝袋をしっかりテントに納めると、ようやく村人はもどってゆき、わたしたちは待ち望んでいた睡眠を確保した。

早朝、初めに鶏がテントのまわりで羽ばたきし、まもなく子供たちも駆けつけてきた。明るくなるころには、すでにテント場は人でいっぱいになっていた。わたしたちは急いで熱いお茶を飲み、荷物をまとめた。馬の世話をしてくれた農夫が、夜のうちにたっぷり餌を食べた馬をつれてきて、荷積みを手伝った。

村人たちが、今日はどこまで行くのかとたずねた。「ラサまで」とわたしが言うと、みんな笑って、そいつは明日の朝までに着けるかどうかわからんぞ、と言った。

午後遅く、ラサから約二〇キロ手前で、アスファルト道路にぶつかった。こういうものを馬たちはまだ見たことがなかった。いまわたしたちは新たな挑戦を前にしていた。馬はしりごみして、前足を砂地につっぱった。辛抱強くなだめたりすかしたりして、なんとか始動させることができた。馬ははじめ道路の縁をくんくん嗅いで、それから用心深く前足をあげ、おそるおそる滑らかで硬い地盤に踏みこんだ。数分後には馬たちも不思議な地面を受け入れ、パカパカと元気よく舗装道路をたどっていった。

しかしすぐにつぎなる問題が持ちあがった。道路がよくなったことで、それまでは時速三〇キロそこそこで走っていた自動車が、いまや猛烈なスピードでかたわらを走り抜けていく。軍用車も多く、わたしたちが馬を静めるのに大わらわになっていることなど、運転手はいっこうに気にしない。それどころか、わたしたちにむかってつっ走り、最後の瞬間に警笛を鳴らして避けるのを、運転手どもはおもしろがっているような感じさえした。こうなったら馬から下りて、端綱を引くほうがましだった。

パウルはこの区間をくわしく知っていた。「あと三キロで兵営だ、そのあと三キロでラサ橋に着く!」兵営を過ぎても、橋はなかなか見えてこなかった。それには空が暗すぎたし、交通はますます危険になってきた。なにしろ多くの運転手がヘッドライトやテールランプなど不要と見なしていたから。

すでに暗くなったとき、一台のトラックが正面からつっ走ってきた。わたしたちは間一髪で馬といっしょに道路の側溝に逃げこんだ。数メートル前でそのトラックは止まり、すっかり酔っぱらった運転手がふらふらと出てきて、どんよりまなこでこちらをじろりと見てから、道路のむかい側の居酒屋によろよろと歩いていった。

さらに数キロ先で兵隊の一団に、ラサ橋まであとどれくらいあるかとたずねた。あと一〇キロと兵隊は言ったが、パウルは首をふるだけだった。「ここの連中には距離感というものがないんだ！」

しかし距離感がないのはパウルのほうだった。橋にたどりつくまでに、やはり少なくとも一〇キロはあったから。わたしたち二人と二頭はだんだん歩みがのろくなり、疲れた馬は棒切れや石ころにつまずいた。急に突風がおこり、砂、石、あらゆる道路のゴミが顔に吹きつけた。一足一足わたしたちは暴風にむかってつっぱり、パウルは視界を、わたしは聴力をすっかり奪われた。ビニール袋が頭のまわりで飛びかい、石がばらばらと降ってきた。わたしが馬なら、いまごろは一歩も前に出るのを拒否しただろう。ところがおどろいたことに、わたしたちの馬はこの危機的な状況で、ぐずぐず文句を言う気がすっかり失せてしまったらしい。

しばらくすると風はおさまり、そのかわり雨が降ってきて、いやな寒さになった。これからわたしたちは町を横断しなければならない。濡れて、すっかり凍えて、わたしはひたすら道ばたにすわりこんで眠りたくなった。パウルに説き伏せられて、もうすこし馬に乗って行くことにしたが、たちまち手足の感覚がなくなるほど寒くなり、わたしは馬から下りて、深い水たまりのなかを歩いたり、ゴミの山を攀じ登ったりして、なんとか流浪の旅を終わらせた。

ずぶ濡れになり、お腹を空かせ、疲れてぶったおれそうになって、ようやく夜中の一時に学校の門をたたいた。門番の老人はまだ眠っていなかった。側門を開けた老人は、しばらく言葉が出なかった。しかしそれから、わたしたちはどなりだす寸前だったが、門番はげらげら笑いだした。服はよれよれ、頭から足まですっかり汚れ、くたびれはててふらふらしているわたしたちは、さぞかし滑稽なすがたをさらしていたにちがいない。

22・手ひどくペテンにかけられたのか

ある美しく晴れた日のことだった。施設の雰囲気がまたもや不穏になってきたのは。わたしたちは机と椅子を中庭にならべ、屋外で授業を行うことにした。たちまち盲人クラスは物見高い孤児院の子供たちにかこまれた。盲目の生徒が指で読み、フェルトの点で書くのを、孤児たちは食い入るように見つめた。

わたしは、ほんの数週間で三十の子音をすべて読み書きできるようになったノルブに、板と、四角いマジックテープと、フェルトの点をどのように使うのか、孤児院の子供たちに説明するようたのんだ。ノルブはこれまでクラスでいちばん覚えがはやく、口もいちばん達者だった。そのノルブがいま、全員が自分に注目しているのを感じると、すっかりおとなしくなり、もともと小さい体がさらに小さくなった。ノルブは机のかげに隠れて、泣きそうな声で言った。「わかんない！」

十二歳のメトが自信にみちた態度をみせた。メトは板を手にとると、パルデンの横に進みでて、全生徒の前でしゃきっと身がまえた。それから孤児たちに、静かにして地面にすわるよう指示すると、講義をはじめた。盲学校の生徒も孤児院の生徒もたいへんおもしろがって、大喜びで拍手した。

メトの厳しい指導でみんな声をそろえて歌い、一人一人アルファベットを暗唱させられた。

授業が終わると孤児たちは、新しい女教師をおもしろそうに観察していたパルデンに、これからときどき両クラスいっしょの授業をしてほしいとたのんだ。それにはなんの異議もなかったし、わたしたちはある時期が過ぎたら盲目の子供を故郷の村の学校に統合させるつもりだった。そんなわけでわたしたちは、いかなる可能性と問題が統合教育において生じるか、じっくりとさぐることができた。

この日の午後、突然チュンダがわたしの隣に立った。チュンダはしばらく青空教室を見物してから、わたしをわきにつれだした。「どこかで二人だけで話せないかしら？」わたしたちは空の教室に行き、チュンダがわけありげにドアと窓の錠を閉めた。「いったいなんなの？」わたしは心配してたずねた。チュンダが神経をぴりぴりさせているのが感じとれた。

「パウルにこれ以上、盲人プロジェクトの業務に干渉してほしくないの！」とチュンダが言ったので、わたしはびっくりした。これまでチュンダはパウルがいることをとても喜んでいるようにみえた。チュンダがしばしばパウルの近くに寄り添いたがり、いつも喜々としてコンピュータのあつかいを教えてもらっているのを、わたしは見逃さなかった。

パウルはチュンダにひじ鉄を食らわしたのかしら？　「パウルがあなたを邪険にあつかったの、それともなにか失礼なことでも？」

「いいえ」チュンダは言った。「でも、あなたに言ってもらいたいの、パウルがプロジェクトの帳簿にかかわるのを禁じると」

「でも、いったいどうして？」

チュンダは怒りで息をはずませた。「パウルはなんの関係もないことに干渉するのよ！」かんかんに怒って教室を出てゆき、ドアを背後でガチャンと閉めた。

チュンダの反応にはおどろいた。それまでは手書きの、まさしく混沌とした帳簿を、パウルにたのんでコンピュータプログラムに移させたのは、当のチュンダだったから。いやな予感をいだいて、パウルが仕事をしているオフィスに入った。「いったいなにがあったの？」わたしはパウルにたずねた。

「チュンダとちょっとした論争があってね。つまり、帳簿が現実と一致していないという印象を、ぼくは持ったわけさ。たしかに職員の給与は満額清算されているけれど、支払われてはいない」

そこで判明したように、ロブサンは、同じ屋根の下で給料がちがうのは不和のもとになりかねないという理由で、パルデンにも月に二百元しか払っていなかった。それについてロブサンは去年の夏、給与の案件リストをわたしに提示していた。

それによれば盲学校の教師は千元、つまり約二百マルクもらうことになっており、孤児院の教師のほうはたった二百元だった。この案は当時からわたしには、いささかやりすぎだと思われた。教師の平均賃金は五百元から七百元ぐらいだったから。スタート段階の人件費を引き受ける連邦省にたいして、わたしはロブサンの言い分に沿いながらも、盲学校教師には特別な資質をもとめられる事情を説明しておいた。

それ以上にわたしがいぶかしく思ったのは、ロブサンが突然この給料を支払うのを拒否したことだった。プロジェクトの資金が欠乏しているせいではなかった。それはいま二倍になってロブサンの口座に入っている。わたしの両親は約束どおり未収の金額を持ってきたし、担当団体もやっとわたしの嘆願を聞いてくれた。ロブサンもこの福徳をたいそう喜んで、これですべてが好いほうにむかうだろうと断言した。そうそう、わたしが立て替えたお金もすぐ返すと約束したっけ。

しかしパウルはもうひとつ、べつの発見をしていた。帳簿では設備費が清算されていたが、それはまったく盲学校の使用に供されていなかった。この件についてはわたしもすでに思いあたるふしがあった。たとえば、帳簿では購入したことになっている金庫をオフィスに運ばせるよう、チュンダにたのんだことがある。パウルとわたしはパスポートや航空券をそこいらにころがしておきたくなかったから。

「ええ、その金庫のことで問題があるのよ」チュンダは言い、くるりとむきを変えるのを、わたしは感じとった。チュンダはわたしを倉庫につれてゆき、窓ガラスをたたいた。「金庫はこのなかにあるわ。残念ながらいまは入れないけど。鍵を持ってないので」

わたしはどこか疑わしげなようすをみせたらしい。チュンダがあわてて言い足した。「あなたが見えさえすれば、わたしを信じるはずよ」

パウルもやはりこの謎の倉庫を視察していた。窓ガラスを通して判断するかぎり、倉庫は空っぽだった。不審に思ったパウルはこの間に、清算済みの家具のリストを持って部屋から部屋をめぐり、現存するものをチェックしていった。結果は暗澹《あんたん》たるものだった。帳簿に記入され、すでに支払いが済んでいる物品のうち、見つかったものはごくわずかだった。表示された購入価格も不可解だった。たとえば、すでに設置されている事務机の一つは、スタンプを押した領収書によれば、パウルが町の家具屋で見つけた同じような机の三倍もかかっていた。

チュンダはわたしの到着の直後に言ったではないか。自分と父親は最善を尽くして、みずから家具を調達した、西洋人はやすやすとペテンにかけられてしまうから、と。するとチュンダとロブサンも――とパウルはひとりごとを言った――手ひどくペテンにかけられたのか、それとも……。

わたしはショックだった。「このことでチュンダと話をしたの？」

「いや」パウルは笑って言った。「それがどんな結果をもたらすか、わかっているからね。ぼくはただ力仕事の手伝いを二、三人たのんだだけさ。全物品を倉庫から学校に運ぶために。ところがおかしなことに、チュンダは言明したね、家具はない、と」

わたしは混乱した。「家具はない？　倉庫にもないの？」

「ぼくもおどろいたよ」パウルは言ったが、その声には辛辣な皮肉がたっぷりこもっていた。「チュンダの説明はこうだ。まだ設置されていない家具は全部こわれている、と。そこでぼくが友好的に、こわれた家具を修繕すると申し出たら、チュンダは怒りくるってさけんだね、あんたにはなんの関係もないことだ、と。そうしてオフィスからとびだした。たぶんチュンダは感づいているだろうね、ぼくがほかにもいろいろ発見したことを」

つまり家具のことだけではなかった。書棚のひとつふたつは当面なくてもかまわない。しかしこれはひどすぎる！　シーツ類の替えもマットもなかったのだ。子供たちはあいかわらず薄い毛布を敷いただけの板の上に寝ていた。しかしシーツ類もマットも帳簿ではきちんと購入されていた。

わたしは雷に撃たれたようだった。なぜアニラとパルデンは寝室のありさまをなにもわたしに話さなかったのだろう？　お金が入ってからは、すべてが好いほうにむかっていると思われたのに、いま新たに戦線は膠着《こうちゃく》してしまった。

わたしたちは、とりあえず平穏を保って、パウルの発見のことでチュンダと公然と対決しないことにした。そのかわり、数年来ラサに常駐しているさまざまな援助組織の職員と相談した。たいていの組織はやはり苦い経験をしていた。かれらは助言した。金銭の管理はみずから引き受け、独自の会計係を雇いなさい。

わたしはロブサンに面会を申し入れ、こう説明した。プロジェクトの財政はもっぱら外国からの寄付金でまかなわれており、会計は整然と明快に行われなければならない。だがそれには一定の専門知識がもとめられ、多大な時間を要する。そこでわたしは、その仕事をパウルにゆだねることを提案する。

ロブサンはそれになんの異議もなかった。パウルがドイツからその職務を承認されれば、なんのさしつかえもない。わたしはすぐさまファックスを担当団体の理事会に送り、パウルを正式にプロジェクトの会計係に任命するよう要請した。わたし自身がおどろいたことに、はやくも翌日の夜に希望どおりの承認状が届いた。

パウルから返答のファックスを手渡されて、チュンダは面食らった。「つまりどういうことなの？」疑わしげにたずねた。

「つまりこういうこと」わたしはことさらさりげなく言った。「パウルが今日から、帳簿に記入されたことに、すべて責任を負うの」

「それに、きみにとっても」パウルが愛想よく言い足した。「これでぐんと仕事の負担が減るわけだよ。それから、盲学校はこれから独自の口座をもつからね。今後のプロジェクト関係の金銭はすべてこの口座を通して動くことになる」

そこでチュンダは爆発した。パウルの足もとにファックスを投げて、さけんだ。「つまり、これからはあんたたちがプロジェクトのお金の出し入れをきめるってことね？　これであんたたちはたっぷり私腹を肥やせるわけだ！」

23・パブリシティのきつい代償

チベットにおける最初の盲人プロジェクト設立の噂はどんどんひろまった。いたるところから、記事を発表したい、記録映画を撮りたいという、ジャーナリストの問い合わせが手もとにとどいた。いまのところ外国のジャーナリストは当局の明確な許可がなければ取材できないし、よくても地方政府に国境で追いかえされるのがおちだろう。それでもなお映画を撮りたければ、ふつう良きコネ、たえまなく官僚主義と格闘する覚悟、とりわけたっぷりふくらんだ財布が必要だ。

それでもわたしたちはいやな予感はしなかった。ある晴れた日にオーレという名のスカンディナヴィアの報道記者が学校にあらわれ、すでに撮影許可を得ている映画のついでに、わたしたちとプロジェクトにかんする短い記録映画を撮りたいと申し出たときは。そのころのわたしたちはまだどこかナイーブで、たくみに核心にせまるオーレのやり方に感心するばかりだった。

学校でいくつか撮影したあと、わたしたちはオーレといっしょに日曜日のポタラ公園のピクニックに行くことにした。そこには遊園地や縁日の出店などがあり、子供には娯楽をいっぱい、オーレにはすてきなカットをいくつか提供するだろう。

日曜日の朝、パウルとわたしは手紙の返事に取り組んでいた。オーレがオフィスにとびこんできて、言った。「すまん、一人でくることができなくて！」

手紙書きに集中していたパウルが、顔をあげてたずねた。「で、だれをいっしょにつれてきたんだい？」

なかば笑いながら、なかば気まずそうに、オーレは説明した。北京から中国女性の「添乗員」をつけられている。「これがじつに仕事熱心で、昼も夜もぼくにつきまとうんだ。一日に一回、ぼくがホテルの部屋にいると思ったときに、彼女はだれかに電話して、ぼくの一挙手一投足を報告してる」

「でもこのあいだは、あなた一人でここにきたじゃないの」わたしは言った。

「あのときはうまくだしぬいたんだ。ぼくは彼女に、頭痛がするので部屋で寝てると言っておいた。ぼくがたしかに寝てると信じた彼女は、定例の報告をしにいって、ぼくはこっそり抜けだした。翌日さっそく苦情を言われたよ、"You Europeans, you are so hard to handle, so unpredictable!"とね。いまや彼女は番犬のごとく目を光らせてる。今朝も彼女の目をかすめて忍びでることはできなかったよ」

わたしたちは、そういう条件のもとで撮影するのは望まなかった。オーレはがっかりしたが、それでもカメラをいつでも使えるように収めたリュックサックを、頑固に肩から下ろさなかった。わたしたちは子供たちを呼び集め、いささか不機嫌に見うけられる「添乗員」にもピクニックに参加してもらうことにして、全員で出発した。ポタラ宮の裏の池と遊園地のある公園は残念ながら閉まっていたが、宮殿の前に中国スタイルの娯楽場が設けられ、ゴーカート、中国の子供の歌が鳴り響くスピーカー、そしてトランポリンがあり、その上で四歳から十二歳までの子供がたった十元で跳びはねることができた。

タシはこわがって防護の格子にしがみついていたが、メト、ノルブ、テンジンがすっかり興奮して、小さな妖怪のように暴れまくったおかげで、映画『チベットの盲学校』チームはまたたくまにトランポリンを独占し、他の子供たちはほとんどみんな、泣きながら母親の腕に逃げていった。トランポリンのまんなかの小さな窪みにすわり、無数のプラスチックボールで遊んでいたチラエが残りを処理して、目の見える子供を最後の一人まで追い散らした。チラエは射的の練習に余念がなく、近くで跳びはねるもの、物音をたてるものに、かたっぱしからボールを投げつけたから。パウルとオーレも唖然としているチケット売り嬢をふりきって、トランポリンにとびあがり、混沌を完璧なものにした。

わたしは野次馬にまざって、アニラとオーレの「添乗員」のあいだに立っていた。アニラは心底おもしろがり、添乗員はあまりにも予測不能の事態にショックをうけて舌打ちした。わたしは彼女がちょっと気の毒になった。有頂天の子供たちにまじって上機嫌になっている、スカンディナヴィアの旋風の世話をするのは、彼女には絶望的なほど荷が重すぎるようだったから。

しかし、しばらくするとジャンプ戦士はみんな疲れはてて、ラサ市民の安堵のため息を背に戦場を明け渡し、弁当の篭をさげて小さな芝地にぶらぶら歩いていった。ここで本来のくつろいだピクニックがはじまるはずだが、そうはいかなかった。焼きたてのパンケーキとお菓子を篭からとりだしたとたん、一つがいの鳩が、珍しそうに近くにぴょんぴょんはねてきて、それをメトが見つけてしまった。たちまちノルブとテンジンも立ち上がり、クークー鳴いて逃げる鳩を追いかけた。パウルとオーレもとびあがり、子供たちの追跡を撮影した。わたしはアニラ、タシ、チラエ、オーレの「添乗員」とともにあとに残った。いまや添乗員はあきらめの境地に達し、もう騒ぎに関与するそぶりも見せなくなった。しかしオーレはこの好機を利用した。何分か経ってもどってきたオーレは、子供のように幸せな顔をしていた。なにしろオーレは、わたしたちにささやいたように、監視されずに生涯で最高の撮影をしたのだから。ノルブ、メト、テンジンが鳩とダンスにたわむれ、そのまわりでやんやの喝采をおくる観衆。

オーレの短い映画はその後なんの尾もひかなかった――もう一人のメディア代表の来訪とは全然ちがって。すでに前年からある有名なヨーロッパの雑誌がわたしの計画に目をつけていた。そこからカメラマンをラサに送って、学校の生活を目に見えるかたちで記録したい、という申し出があった。わたしは喜んで承諾した。なんといってもプロジェクトの公開によって友人や支援者をさらに獲得したかったから。この願いはかなえられ、少なくともルポルタージュはめざましい成功をおさめた。

アンジェロは、自分の専門については万事こころえており、取り決めどおりラサにやってきた。もっともアンジェロは、たいそう高価な写真道具を一式かかえていたにせよ、わたしたちはつゆ知らぬことだが、ツーリストとして旅行していた。カメラマンの依頼主が、必要な許可をとるのをサボったからだが、わたしたちがそれを知ったのは、アンジェロ自身が爆弾を破裂させたときだった。

アンジェロにはあまり時間がなかったが、そのかわりアイディアは山ほどあり、それがわたしたちと子供たちには何日もつづくストレスの種になった。アンジェロのイメージがめざしているのは「動いている」写真を撮ることだった。わたしとパウル、またはパウルぬき、ポタラ宮の前後左右、交通の混乱、バルコルの雑踏、ジョカン寺の神秘的な薄暗い廊下、等々、等々。それから数日を学校の撮影にあて、子供と教師に朝から晩までつきまとうつもり。

ずっと前から計画していた孤児院と盲学校の子供の合同遠足は、アンジェロのコンセプトにはまったく合わなかった。わたしがそれをとりやめれば、アンジェロはさぞかし喜んだことだろう。しかしアンジェロは、根はいいやつだったから、遠足に同伴しないかという招待を、歯を食いしばって受け入れた。

朝早くバスでガンデン寺院に行った。聖なる山に到着して、わたしたちは堂塔伽藍をゆっくり見学した。これらは六〇年代の文化大革命のときに徹底的に破壊されたが、数年前から再建が進んでいる。アンジェロが目に見えていらいらしてきた。このままでは使える「ショット」を充分に集められない。なにかとくにセンセーショナルなことはないものか。そこでひらめいたアンジェロは、わたしにたのんだ。子供とともに、または子供ぬきで、どこか高いところに立ってくれ。というわけで、わたしは寺のこわれそうな屋根のてっぺんに攀じ登るはめになり、雑誌の読者の皆様のために奈落の底に墜落せよと要求されなかったのを、ありがたく思ったほどだ。

翌朝、アンジェロは学校にやってきて、予告の写真マラソンを完走することになった。まず授業風景を撮ることにしたが、盲目の子供といっしょに学んでいる大勢の孤児たちに、アンジェロはうっとりした。「すばらしい、こんなにたくさんの子供！　これはすてきな背景になるぞ！」

パルデンとわたしは、授業をいつものように進めて、あまりアンジェロに軌道を逸らされないようにしようとした。そううまくはいかなかった。なにしろわたしが子供のだれかを集中して指導するたびに、アンジェロがやってきて、この位置で、あるいはあの位置で、しばらく同じ姿勢でいてくれとたのむのだ。そうすればじっくりと連続写真を撮れるから。何度も何度もわたしはテンジンの頭をカメラにむけてひねくりまわした。今度はまっすぐ上にむけて、今度は下に。それからまた、じっとすわって、そのまま動かないで。哀れなテンジンはさっぱりわけがわからなかった。わたしもわけがわからなかった。ドキュメントならむしろリアルで自然な写真が必要ではないかと思ったから。わたしはアンジェロに言ってやった。あなたとあなたの依頼主のために首筋がつっぱるのをがまんする気はない。こんなことを「被写体」から言われることに慣れていないらしく、アンジェロの反応は拒否的だった。

アンジェロも拒否反応された。写真の背景が、つまり孤児たちが、休み時間の合図で席を立ち、教室から駆けだした。アンジェロは激昂《げっこう》して、去っていく子供たちにどなった。「こらこら、だめじゃないか、途中で抜けだすのはいけないことだぞ！」

わたしは笑ってしまった。「第一に、かれらはあなたの言うことがわからない。第二に、これはかれらにとって途中ではなく、授業が終わったの。ちなみに、それはわたしの生徒も同じよ！」

するとアンジェロは荒れくるった。「きみは全然わかってない、ぼくがどんなプレッシャーのもとにあるか！　ぼくはここに莫大な金で派遣されて、胸を打つストーリーにふさわしい、いいショットをとどけるように要求されているんだ。だからきみたちも協力してくれ！」

わかりました。わたしはルポルタージュに同意していたし、これ以上アンジェロを怒らせたくなかった。そこでわたしはアニラに子供たちのお茶を教室に運んでもらい、アンジェロがじっくりと、もっとも孤児たちの背景はないが、写真を撮れるようにした。百枚ほどメトの写真を撮ったあと――そのさいメトは多かれ少なかれ同じ位置でしゃちこばっていなければならなかった――、ふたたび教室は満員になった。ただし生徒ではなく、軍隊によって。約十五人の兵士が子供たち、アンジェロ、パルデン、わたしをとりかこんだ。これは通常の警備行動で、あとで知ったが、近所に高官の来訪があったからだ。でもこの瞬間には、わたしは不安で硬直した。

アンジェロも神経質になり、小声で言った。「ぼくのせいできたんだと思うかい？」

「そんなわけないでしょ」わたしは言った。アンジェロは正式にジャーナリストとして派遣されたと信じていたから。わたしは、おそろしげな雰囲気にも平気な顔をつくろうことにして、兵士たちに点字板を見せた。パルデンがいつのまにやらずらかったので、人民解放軍に中国語でわれらの純粋なる意図を説得する大役を、わたしはひきうけた。神経が高ぶり、わたしの説明はいつしかチベット語の点字の原則にかんする滔々《とうとう》たる講演へとふくらんでいった。兵士たちがわたしの話をそれほど理解できるとは思っていなかったのに、かれらはたいへん愛想よく興味を示してくれたので、わたしはほっとした。

兵隊がひきあげたあと、わたしは一休みすることにした。しかしアンジェロは、自分と子供たちにとって休憩はたんなる時間の浪費であると判断した。わたしがオフィスにたどりついたとき、教室のほうからアンジェロがすさまじい声でどなりだすのが聞こえた。わたしは中庭にとってかえした。アンジェロが怒りに息を切らせてこちらにやってきて、わめいた。「ぼくは写真を撮られたくない！」

「だれがあなたの写真を撮ってるの？」

「あいつだ、あそこの」鼻息荒くアンジェロは言った。推測するに、ロブサンのことを言っているらしい。

「あそこの、あいつは」わたしは言った。「この施設全体の院長です。そしてあなたがかれの学校で写真を撮っているかぎり、かれにもあなたを撮る権利があります！」わたしはいまやほんとうに腹を立て、この頭にくるカメラマンをたたきだしたくなった。しかしアンジェロがちょっとしおらしくなって、子供たちの写真は充分に撮った、あとはパウルとわたしのショットがいくつか要るだけだと約束したので、わたしは怒りを呑みこんだ。

馬上ゆたかにチベットの高地をゆく盲学校の女創立者、というのがつぎなるモチーフだという。わたしは厩舎番のペンダに、馬を一頭つれてきて、鞍をつけてくれとたのんだ。ペンダはパウルの馬を引いてきたが、これは賢明な選択ではなかった。わたしたちはこの牝馬に、艱難辛苦《かんなんしんく》の旅の経験から、チベット語で「ロバ」を意味するプングという名前をつけた。プングはロバのように強情なだけでなく、手におえないじゃじゃ馬にもなった。とくに、もう一頭の牝馬で、プングが養母と見なしているラアモとはなされたときは。

というわけでプングは、みずみずしい緑の草地にいるラアモを気にしながら、荒れもようになり、やたらに嚙みつこうとするので、馬勒をつけるのに苦労した。これはアンジェロには好都合だった。撮りたい写真は可愛いポニーでなく、荒野を冒険する「アマゾネス」だったから。わたしは運命を受け入れて、わが身を気むずかしい馬にゆだねた。鞍に乗ったとたん、プングはわたしを厄介ばらいしようとした。すねて歩くのをやめたと思ったら、いきなり排水溝を跳び越えた。いつもは水ぎらいの猫みたいに立ちどまるくせに。プングが荒々しいギャロップで、養母がいると思った草地にむかって疾走すると、はるかうしろからアンジェロの歓喜のさけびが聞こえた。「いいぞ、いいぞ、すばらしい！　でも今度はこっちにむかって走ってくれ！」わたしはこの世のあらゆる雑誌とカメラマンを呪った。かんかんに怒ったおかげで、馬が正気にもどった。わたしはアンジェロの希望どおりに馬首をめぐらせ、猛スピードでカメラマンとその高価なカメラにむかって突撃した。非難をこめた悲鳴をあげてアンジェロはわきに飛び、プングはなにごともなかったかのように、その横でひたっと足をとめた。

このショーのすべてを孤児たちは多大な興味をもって鑑定していた。子供たちの多くは練達の騎手だった。わたしがプングの制御に四苦八苦しているところを、こういう目のこえた観衆に見られるのは、なにやらきまりが悪かった。しかし子供たちはこのショーに共演したがり、汗だくで、また神経質になってきた馬のまわりに集まった。アンジェロが嬉しさのあまりくっくと笑った。いまこそ傑作をものにできる。馬上のわたしと、それをかこむ元気で愛らしい土着の子供たち。プングが不安げに足踏みして、嚙みつき癖がでているにもかかわらず、アンジェロは一人の女の子をわたしのすぐ横に立たせた。少女とわたしが手をつなぎ、二人とも自然に、くつろいで、カメラにむかってにっこり笑えと言う。名場面をお見せするには多大な努力が必要だった。少女は当然ながら野獣の歯をこわがったし、わたしはこういうことにうんざりしきっていたから。わたしたち、つまり馬、少女、わたしは、目の前のことにかかりきっていたので、うしろで起こっていることに気がつかなかった。一人の男の子が助走して、大胆な跳躍に入り、わたしのうしろの馬の背に跳び乗ろうとした。いまやプングは怒り心頭に発し、三、四回ぐるぐる旋回して、悪童どもを追いはらうと、大きな砕石の山にむかって疾走した。このあたりの地面は岩盤で、振り落とされたら骨折せずにはすまないだろう。わたしはひたすら馬上にとどまることに集中し、砕石の山を大跳躍したあとも、まだ鞍にすわっている自分に気づいてほっとした。そのむこうは湿った草地がひろがり、まわりに数本の樹木が生えていて、高い山塊が背景をかたちづくっている。きっとすてきな写真になるはずなのに、残念ながらアンジェロは近くにいなかった。

この苦行を終えてオフィスにもどったとき、わたしは死骸のように見えたにちがいない。わたしの両親が町からフライドポテトを買ってきてくれていたけれど、母はわたしを見ると、すぐにでもベッドに押しこみたがった。しかし「ドキュメンテーション」はまだ終わっておらず、わたしは冷たいフライドポテトをいくつか食べて、あと数枚の写真に耐えられるエネルギーを補給した。アンジェロは、パウルとわたしがオフィスで机仕事にふけっているところを撮りたがった。やっと全部かたづいたとき、カメラの巨匠が述懐した。まあとにかく、すべて順調にいってよかった、当局や警察とのトラブルもなかったし。

心配になって、わたしはたずねた。「どうしてトラブルがあるかもしれないのよ？」

「ああ、それはつまり」アンジェロは一瞬ためらったが、しぶしぶ真実を打ち明けることにした。「ぼくはつまり、いわゆる非合法にツーリストとして入国したんだ。でも、きみたちは心配しなくていい、ネガはきっと安全に持ちだすから」

いまパウルとわたしは昼間の写真大会のときのプングみたいに猛りくるった。「われわれはあなたの心配をしなくていいですって？　われわれはプロジェクトの心配をしているのよ！　あなたのやったことは、学校を危機におとしいれるのよ」

「ああ」アンジェロは平然として言った。「おおげさなことを言うなよ、だれにも迷惑はかからないから」

どんなに迷惑をかけられたことか！

はやくもその晩にロブサンが会議を招集し、そこでわたしたちは言い渡された。お二人のビザは延長されないだろう、お二人はただちにこの国から退去しなければならない。再入国のための新たな労働許可が得られるかどうか、自分にはわからない。将来いかなるチャンスがプロジェクトにあるのか、それも言うことはできない、と。

24・すべてを一人でやることはできない

カトマンズ、一九九八年八月三十日。またもや音信なし。x回わたしたちはフリーク通りのファックスショップに日参し、x回わたしたちを路上で待ちかまえていた店主がさけんだ。"Sorry Sir, sorry Madam, no fax today!"

わたしたちはラサからの入国許可を待っていた。待って、待って、しだいにわたしは確信がもてなくなってきた。わたしたちは忘れられてしまったのか？　わたしたちはもう歓迎されないのか？　これはプロジェクトの終わりなのか？

「これは終わりじゃない」パウルは断言した。「これは始まりの問題にすぎない！」わたしはそれを信じたかったけれど、全面的に信じるには、あまりにも長くわたしたちはカトマンズに釘付けにされていた。もっとも、ひとつ慰めになることがあった。たとえこれが盲学校を終わらせることになるとしても、ともかくひとつの始まりではあった。それはまったく特別な友情と愛の始まりだった。そのことをわたしたちははっきりと知っていた。多くのことが起こらなければならなかった。一人でいるのではなく、すべてを、命さえもゆだねられる人間を身近に知ることが、いかに大切なことか、それをわたしたちが身をもって感じるためには。

すべてはアンジェロの告白のあとの運命的な会議ではじまった。そこでロブサンはわたしたちにはっきりと表明した。自分はもう盲学校プロジェクトに興味はない。あなたがたは好ましからざる存在であり、外交的な誤りを犯した。いまやただちに国を出ていくしかない。そこでロブサンの口調がすこしひかえめになった。あなたがたはカトマンズに行って、そこで新たな招待を待つがよい。

しかし、例の対決以来わたしたちに近づくのを避けていたチュンダは、歯に衣を着せずに言い添えた。「それからあなた、パウル、あなたはさっさと逃げだしたほうがいいんじゃない」

しかしパウルは、船が沈みそうになったとたん、さっさと逃げだすような人間ではなかった。

「ぼくはいまでもプロジェクトに属している、見殺しにはしないよ！」

会議のあと、わたしは夜の施設の庭で、挫折感にまみれ、しょんぼりと壁にすわっていた。そこにパウルがやってきて、腕をわたしの肩にかけ、聞きちがえようのないオランダ訛りで言った。

「きっとなにもかもうまくいくよ！　明日、外事課に行こう、そうすればここにいられるさ、それはぼくが約束するよ」

でもパウルの約束ははたされなかった。翌日わたしたちは役所から役所へと走り、どこでも同じ返答を得た。「このラサではあなたがたのためになにもできません。一度ネパールに行って、そこで新しい入国許可を待ちなさい」

三回目の拒絶のあと、ついにパウルの楽観主義も泡と消えた。これからどうすればいいのか？

学校をこの困難な時期にほうっておけるだろうか？　子供たちはアニラの手で充分にめんどうを見

てもらえるだろうか？　たしかにアニラは慈愛にみちた寮母だが、パルデンと同じく苦境に公然とたちむかう勇気はない。それに、だれかが会計と金銭管理に当たらなければならない。わたしはドルマのことを考えた。ドルマなら信頼できるし、自分の意志を押しとおすこともできるし、学校にわたしをよく訪ねてきて、アニラや子供たちとも親しくなっている。しかしドルマはこの時期、ラサから遠くはなれた地方に出張していて、もう何週間も電話は通じないし、自動車も入れない。

「あなたたちが学校を管理してくれる人を必要としているなら、わたしを使いなさい！」わたしの母だった。わたしたちの愚痴をしばらく聞いていた母が、元気よく口をはさんだ。父は数日前にドイツに帰ったが、母はチベットの生活が気に入って、あと何週間かとどまることにした。バナクショーでくつろいで、本を読み、旅をして、人生を楽しむつもりだった。

しかしそうはいかなくなった。いまわたしたちを窮状から救いだすのは母なのだから。「心配しなさんな、ちゃんとめんどうを見るわよ、なんだか楽しくなってきた！」ときには親がいるというのはいいものだ、とわたしは思った。ともかくわたしの親は、大いに必要とされるときにいつもそこにいるという、変わった天分をもっている。

一日あと、パウルとわたしはランドクルーザーの後部席にすわり、国境まで運んでもらうことになった。雨期はいまや頂点に達し、道路の状態が悪いというニュースにおどろいて、チベット旅行者がカトマンズ行きの飛行機をみんな確保してしまったので、わたしたちには陸路の旅しか残っていなかった。チベットが有する最高の財産に数えられ、うやうやしく「フレンドシップ・ハイウェー（中尼友誼公路）」と呼ばれる道路は、もはや本来のすがたを失っていた。いたるところに岩塊がころがり、長い区間が土砂崩れで埋まり、川の氾濫で水びたしになっていた。最善の道標は立ち往生しているトラック、ランドクルーザー、バスで、そのかたわらで取り乱してのぞきこんでいる旅行者が、重い心で車からはなれ、荷物を背に縛りつけ、もよりの村まで歩いていく。

あとで知ったが、わたしたちの車は、雨期の最盛期に国境まで無事にたどりついた最後の車になった。これはとりわけ、この区間のあらゆる危険をものともしない、運転手のゼリンの神業《かみわざ》のおかげだった。ありがたいことに、わたしは長いあいだ、まわりの実際の状態がどんなものか知らなかった。パウルが気配りして、その描写を瑣末《さまつ》なことに限定したから。ほんとうにやばい状況になると、パウルは大あくびをするだけで、いつになく異様に寡黙になった。たとえば、かつては橋がかかっているはずだった川を渡るとき。

ゼリンはははじめ躊躇した。「われわれには三つの可能性しかない」気づかわしげに言った。「もどる、飛ぶ、渡る」たいていのトラック、ランドクルーザー、バスの運転手は最初の選択肢をとった。たぶんそのおかげだと思うが、パウルがおもむろにわたしたちのパスポートを開き、期限の切れかかったビザを見せると、ゼリンは「渡る」を選んだ。有効なビザがないと法外な罰金をとられることを、ゼリンは知っていた。

この川越えがどんなに危険なものだったか、わたしは知らなかった。わたしはただ、エンジンが大声で吠え、波が車の窓に当たってしぶきを上げるのを聞くだけだった。ここでモーターに見はなされたら、わたしたちは奔流にさらわれていただろう。わたしたちが身をまかせた無鉄砲な行動の全貌を知ったのは、爆破班が道路を封鎖したときだった。なにがあったのか？　一軒の家ほどもある岩塊が落ちてきて、ランドクルーザーを乗っている人々もろとも下敷きにした。

この区間を何度も通っているゼリンによれば、わたしたちは二日で国境の町ダムに着くはずだった。実際にはその倍の道中になった。ダムは醜悪で汚い町だ。ぬかるんだ、ビニール袋とコーラの缶と煙草の空き箱が散らばった山岳道路が、険しく蛇行してまんなかを通っている。もともと典型的なチベット・中国の田舎町で、すべてが味気なく荒涼として、貧困の匂いがした。たいていのチベットの町と同じく音響効果をきめるのはラウドスピーカーで、けたたましい音楽とざらざらした演説が町並みに鳴り響いていた。

ようやく出国管理所に着いた。わたしたちは一刻もはやくこの醜い町をはなれたかった。でもだめだった。わたしたちは追いかえされた。「十分遅い!」というのが中国の国境役人の簡潔な回答だった。パウルはこの日で期限が切れるビザを見せた。しかし、まだみんな机にすわっている役人たちは、あくまでも頑固だった。わたしたちは役人がすすめるホテルに泊まることになった。この状況はまったくばかげていた。ラサでは国を出ていけと言われ、国境の手前で足止めされる。遮断機がたった十分の残業を拒否したために。

汚くてべらぼうに値段の高いホテルの一室で夜を過ごしたあと、わたしたちはあらためて国境管理所に行き、コネを有効に使ったらしい運転手のゼリンのおかげで、支障なく手続きをすませ、おそれていた罰金もまぬがれた。わたしたちはチベット最高の運転手に心をこめて別れを告げた。無人地帯の道路が落石のため、自動車は通行止めになっていたから。

荷物をリュックサックに詰めこんで、八キロの道のりを国境の橋、「フレンドシップ・ブリッジ

（友誼橋）」まで歩いていった。厳しい作業だった。荷物をかつぎ、頑丈な靴もなく、滑りやすい岩塊をのりこえ、泥沼や小川を徒渉するのは。疲れはて、よろめきながら、中央の赤い線で無人地帯とネパール領を分けている橋を渡った。線を越えると、パウルがいま一度うしろをふりかえった。わたしたちのうしろに中国の国境警備兵が、非の打ちどころのない制服に、非の打ちどころのない厳しい顔つきをして立っていた。いっぽうわたしたちの前にいるネパールの国境警備兵は、のんべんだらりと橋の欄干にすわり、わたしたちに笑いかけ、たばこを吸い、脚を深い谷間にぶらぶらさせていた。"Welcome in Nepal!" 兵士の一人がさけび、わたしたちを小さな建物に案内し、そこでビザの手続きをすることになった。

小屋のなかで机にすわり、申告用紙に記入し、熱いお茶をふるまわれたときは、ほんとうに歓迎されているような気がした。ビザ代を支払い、みんなにこにこして、すべて "no problem." ああ、そうだ、しかるべき書類と何ドルかの現金のほかに、写真も必要だった。

"You have little problem." 国境役人の一人が言って、パウルの書類を指さした。写真が欠けていた。でも役人はにんまり笑って言った。"You give five Dollar, then little problem is no problem." "Five Dollar!" これはパウルには多すぎた。すぐさまパウルは一枚の集合写真から自分の首をちぎりとり、役人の前に押しやった。役人は笑い、それを申告書に貼りつけ、すべてはふたたび "no problem."

そのとき知ったのだが、カトマンズへの道路は全行程を車で行けるわけではなかった。モンスーンはこの数日、異常に激しく荒れくるい、あちこちで地滑りを引き起こしていた。というわけで、わたしたちは荷物をかつぎ、ずるずる滑る道を徒歩でつぎの村まで下りていった。そこではトラックがカトマンズに行く旅行者を待っているという。この道で、はやくも二つの危険な障害をのりこえなければならなかった——どんな危険か、それをわたしが実感したのは、ありがたいことにあとになってからだった。そこには幅半メートルの木の板が、深い谷間の上に渡してあった。もろくて、滑りやすく、ゆらゆら揺れる小橋。足の下で滝が轟音をたてていたが、さいわいにもわたしは激しい水音にまぎれて、バランスをとりながら渡った板の下の谷間が、どれほど深いのか気づかなかった。のちにパウルからその奈落の話を聞いたとき、おそまきながら気分が悪くなった。橋の上でわたしは、踏みはずしたら足が濡れて困ると思ったぐらいで、わりあい安心していた。

村に着くと、ほんとうに小さなトラックがとまっていて、荷台にはすでに少なくとも二十人のネパール人がひしめいていた。わたしたちはぎゅうぎゅう詰めに加わり、カトマンズまでに四肢がどれぐらい壊死《えし》するかと自問した。しかしぎゅうぎゅう詰めはカトマンズでなく、つぎの地滑り箇所までしかつづかなかった。ここでは岩塊が幅の広い激流にかかる橋を木っ端みじんに押し流した。ここにもつるつる滑る木の板が渡してあり、しかも幅はせいぜい四〇センチ、長さは一一メートルあった。わたしは曲芸師じゃない。バランスをとることにはまったく関心がないし、高所恐怖症もある。ほかに道がないことはわかっていた。川面まで約四〇メートル、その上を、ゆらゆら揺れる木の板に身をゆだねるしかない。しかもその橋がわたしたちを支えられるかどうかわからない。しかし太陽は輝き、まわりの陽気なネパール人たちが、綱渡りは日常茶飯事だという気分にしてくれた。

綱渡りそのものは、もう覚えていない。まだ覚えているのは、無事に峡谷のむこう岸にたどりついたとき、ぞっと身ぶるいしたことだけだ。ここで初めてネパール人はわたしたちに白状した。自分らもこの橋をあまり信用していなかった、体重で板が危なっかしく撓《たわ》んだからね。「今日はこれでたくさんだ」パウルが疲れて言った。「もう充分にやったよ」しかしそのときパウルはまだ知らなかった。この日さらにわたしたちを待ちかまえていたものを。

また一台のトラックが待機していて、わたしたちのまわりの人間と荷物をみんな載せる余地があった。半時間後にトラックはストップした。わたしたちはぱくっと口を開いた深淵《しんえん》の前に立った。その縁に沿ってかつては道路が通っていたはずだ。残っているのはガレ場だけ、そこをのりこえるしかないが、わたしたちはつぎの作業班がくるまで一週間待つ気にはなれなかった。ネパール人の同伴者がわたしたちの不安に気づいて、このアドレナリンをたっぷり分泌しそうな登攀ツアーのために、重いリュックサックから解放してくれた。

斜面のむこう側に真新しいジープがとまっていて、特別にわたしたちを待っているようだった。それはネパールの水力発電所を視察にきた中国の技師のもので、その技師は博愛主義者の実を示してくれた。わたしたちが汚れた荷物を高価なクッションの上に置いても、いやな顔ひとつしなかった。恵み多き人生の幸福を嚙みしめながら、わたしたちはジープの後部席でゆったりとくつろいだ。もう悪いことは、パウルの考えでは、起こらないはずだった。そしてまたもやパウルは判断を誤った。

二十分後、豪華なランドクルーザーによる快適なドライブは終わった。またもや地崩れが石の障壁を道路に押しだし、湿った土砂の壁をあとに残していた。障害をのりこえる唯一の場所は、まさにそこしかなく、崩れた土砂がゆっくりとしたたるように、約一〇〇メートル下の谷間に流れ落ちていた。ふたたびリュックサックが親切に肩代わりされ、一人のネパール人がわたしのうしろにぴったりついてくれた。しかしその人になにができるだろう、だれかが滑り落ちたら？　土砂全体がなだれ落ちて全員を谷底へ道づれにするかもしれない。

氷の上を歩くようだった。ゆっくりと、一歩一歩、滑りやすい斜面を踏んで進んだ。一足ごとに石がころがり、濡れた土が奈落の底にしたたり落ちた。わたしは左手で湿った土に支えをもとめたが、枝や石、安全そうな手がかりが、濡れた石鹸みたいにつるっと抜ける。右手は、わたしの前で担われているリュックサックのバンドを、たるみ気味に握っていた。これは支えにせず、方向指示に使った。バンドは右に左に、上へ下へと移動し、ぴんと張るのは障害物、木の根や大きな石をのりこえるとき。またゆるんだときは道がまっすぐになり、何秒間かほっと息をつくことができた。

しかしそのあとで、わたしは滑りだした。土の団子が靴の下で溶けるようにつぶれ、わたしはバランスを失った。足がかりはなく、体が虚空にむかって傾いた。パウルとうしろのネパール人が電光石火に反応し、わたしの腕をはっしとつかんで（痛かった）引きもどした。そのさい二人は用心深くことを進めなければならなかった。激しい動きは土砂崩れを誘発しかねなかったから。すべてはほんの数秒のできごとだったが、恐怖はわたしの四肢にいつまでも居すわった。

足の下にふたたび比較的しっかりした地面を感じたとき、わたしは膝の力が抜けて、全身が震えだした。いま初めて気がついたが、わたしたちがサーカスをやっているうちに雨が降りだした。わたしはびしょ濡れで、筋肉が痛かったが、そんなことはどうでもよかった。わたしたちは生きのびたのだ。それこそ肝心なことだった。

汚れ、腹を空かし、疲れはて、午後にカトマンズに着いた。パウルはこの旅のあいだずっとわたしをエスコートして、自分の命を危険にさらした。でも、なぜ？　たんにパスポートのスタンプのため？　盲学校のため？　それとも……？

「きみのためだ！」パウルはかんかんに怒って言った。「ほかに、だれのため、なんのためだ？」たぶん旅の疲れが、到着した晩の大喧嘩で鬱憤ばらしをしたのだろう。

「あはぁ」わたしは言った。「つまり同情から。わたしがあなたなしではなにもやれないとでも思ってるの？」

いまやパウルは心底荒れくるった。こんなパウルをわたしは見たことがなかった。そして白状せざるをえないが、かくも愛すべき、いつも機嫌のいい人間を、抑制の殻から誘いだしたことを、わたしはどこかおもしろがってもいた。

「なにをばかげたことを言ってるんだ」パウルは腹立たしげにどなった。「そろそろわかったらどうだ、きみはつねにすべてを一人でやることはできないってことを！　きみはこの世に一人でいるんじゃない。この世には、こんちくしょう、きみといっしょに暮らし、きみといっしょに働きたい人間だっているんだ。きみがなにもやれないと思うからじゃなく、きみに同情しているからじゃなく、きみを愛しているから」

出た！　ずっと口にはせずに、わたしたちのあいだにあった感情。わたしはパウルをたんなる善き友、心配ごとをなんでも打ち明けられる人間として見ていたかったから、つねに距離を保ってきた。わたしは惚れたくなかった。わたしたちの善き友情を危うくしたり、円滑な仕事の環境をややこしくするのを、わたしはおそれていた。

わたしはその晩いつまでもパウルの激怒した愛の告白に抵抗し、認めようとしなかった。しかしついに——わたしたちはその日、命を少なくとも三回新たに贈られた日は、涙、憤怒、どなり合いで終えた——わたしたちは理解した。この命とあらゆる困難をいっしょに引き受けることが、わたしたちにとっていかに貴重かということを。

25・チベット最高の教師ノルドン

ラサを発ってから十五日目にファックスを受けとった。しかしそれは待望の入国許可ではなかった。それは母からの手紙で、意気消沈させられる報告が述べられていた。

はじめ母は、アニラ以外にもうだれも子供たちの世話をしていないという話を耳にした。パルデンは病気と称して、長いあいだ顔を見せなくなった。母はチュンダから許可をもらって、子供たちのめんどうを見ることになった。カメラマンのアンジェロの一件のあと、外国人は施設への立ち入りを厳禁されていたから、これは異例のことだ。しかし学校で母がたしかめたのは、盲目の生徒たちはもう独自の教室をもっていないということだった。教室を追い出された子供たちは学校の厨房にこもり、そこで板とフェルトの点を使って勉強している。ある英語を話せるチベット女性の通訳で聞き出したところでは、子供たちはわたしたちに不信をいだいており、なぜわたしたちがそそくさと旅立ったのか、わけがわからないと言っている。

母は途方に暮れた。子供たちをどうしたらいいのか、だれが授業をするのか、われわれが帰ってくるまで？　そこで母は、驚異的なはやさで快癒したパルデンと会い、授業を再開するようたのんだ。はじめパルデンはもじもじして黙っていたが、やがて口を開いた——わたしはこれからは「正常な」子供しか相手にしない。盲目の子供は愚鈍なので、かれらに授業する気になれない。ロブサンも、盲目の子供が孤児院の生徒とともに授業を受けるのを望んでいない。盲目の子供には学習能力がないから。それにいまは他の仕事にかからなければならない。院長は大きな仕事をわたしとともにはじめる予定なのだ。

この報告はローブローのように効いた。ここにすわって待っていることに、まだ意味があるのだろうか？　わたしたちを追いだしたのは、プロジェクトをのたれ死にさせるためだったにちがいない。そのうちこんな手紙を受け取るだろう。一週間だけ帰ってきてもよい、荷づくりをして、子供たちを家族にもどし、そのあとは……。

それほど悪くはならなかった。母が粘り強くロブサンのオフィスに日参して、わたしたちの書類の申請はどうなっているのかと責めたてたおかげで、わたしたちは半週間後に入国許可証を受けとり、翌朝には飛行機に乗っていた。

パウルとわたしが学校に着いたとき、子供たちは元の教室で授業を受けていた。しかし生徒の前に立っているのはパルデンではなく、アニラと母だった。どんなことになっているのかさぐるため、わたしたちはしばらくこっそりとドアの前で立ち聞きした。

「ンガ　ガン　ラ　スム　ドム　ナ　ガツェ　レ？」（五たす三はいくつ？）と母がゆっくりと、しかしはっきりとチベット語で呼びかけた。

すると子供たちが声をそろえて答えた。「ンガ　ガン　ラ　スム　ギェ　レ！」（五たす三は八！）

わたしたちはびっくり仰天した。子供たちのようすはちっとも暗くないし、萎縮してもいない。勉強に意欲的で、とても機嫌がよさそうだ。しかしもっとおどろいたのは、ここで授業をしている二人の女教師だ。一人は、もともとチベット語をまったく話せないのに、いまほとんど完璧に算数の問題を問いかけている。もう一人は、読み書きを習ったことがないのに、いまフェルトの点で点字を板に書いている。

わたしたちがそのあと教室に入ると大さわぎになった。子供たちは席からとびあがり、喜びで有頂天になった。あいさつがわりに、母から習ったドイツの子供の歌を合唱し、おまけにノルブが英語のアルファベットを暗唱した。

あとで知ったが、パルデンの不名誉な退場のあと、母は大いに奮闘して、盲学校の生徒は元の教室を使えるようになった。アニラといっしょに母はチベット語の点字アルファベットを習得し、バナクショーの従業員から算数の言い方を習った。そして乾いたツァンパの玉で子供たちに数、足し算、引き算を教えた。

ツァンパの生地で子供たちは塑像《そぞう》もつくり、自慢そうに作品を見せてくれた。ヤク、馬、牛もあれば、人物と花で飾ったみごとな寺院や、テーブル、ベンチ、小さなヤク糞かまどがそろった人形の部屋もあった。

アニラと母は、ちょっと前までにっちもさっちも行かないように思われた状況のなかで、すばらしい仕事をやってのけた。子供たちは健康で、見るからに幸せそうだった。いま欠けているのは正

チベット最高の教師ノルドン

規の教師だけだった。パルデンには失望した。あんなに信頼していたのに。その豹変をどう解釈すればいいのか、よくわからなかった。たぶん圧力をかけられたのだろう。なにがあったにせよ、わたしたちはもうパルデンを生徒に近寄らせず、むしろ新しい教師をさがすことにした。

「ぴったりの人を知ってるわよ」母が言った。「彼女はノルドンといって、大学を出たばかり。すてきな英語を話して、盲学校の教師になりたいと言ってる」

　母がこの困難な時期にわたしたちのためにしてくれたことのなかでも、ノルドンは最大の贈り物だった。ラサの声望ある名門の家柄で、わたしたちが知り合ったときは二十三歳だった。初めは、この――パウルが認めたように――絶世の美人はとても華奢《きゃしゃ》で弱々しそうに見え、充分に貫徹力をそなえているかどうか不安だった。パルデンの態度が示しているように、この種の因習にとらわれないプロジェクトで外国人との共同作業をやりぬくには、かなりの忍耐力が必要だった。

しかしノルドンは、まもなく明らかになったように、情熱とファイトのかたまりで、教師として望みうる資質をすべてそなえていた。とりわけノルドンには、盲目の子供の悩みや心配ごとを感知する能力があった。長くかかることもなく、子供たちはパルデンを忘れ、慈愛にあふれて仕事に意欲を燃やす、新しい女性教師に慣れた。ノルドンは遊んだり学んだりしている子供たちを長いあいだ集中的に観察して、まもなく個々の生徒に合わせた独自の教育法を開発した。そのさいノルドンはつねに一人一人の子供の特別な能力と可能性に集中した。たとえば、まだすこし目の見えるメトとはチベット文字も練習して、さまざまな色を使った特大の文字を紙に書いてやった。あるいはまた、あいかわらず指をうまく使いこなせないチラエのために、その想像力と物語を語る能力に応じたものを考えだした。ノルドンは厚紙で指人形をつくり、それをチラエの指にかぶせた。この人形がいまやチラエの物語の登場人物となり、チラエは人形をうまく演技させるため、自分の指を動かすことに集中した。

点字をノルドンは数日間で習得し、まもなく小さな練習ノートを子供たちのために作成するまでになった。いまやノルブ、テンジン、メトは点字タイプライターで書くことと、ずっと小さい点字を紙から読み取ることを学んでいた。三人の進捗ぶりのはやさ、言葉や短い文を口述どおり厚紙に打ちこむ速度に、わたしたちはおどろいた。授業のあとノルドンがわたしのもとにやってきて、すっかり感動してさけんだ。「盲人がタイプライターで書くほうが、晴眼者が手で書くよりもはやいんですよ！」

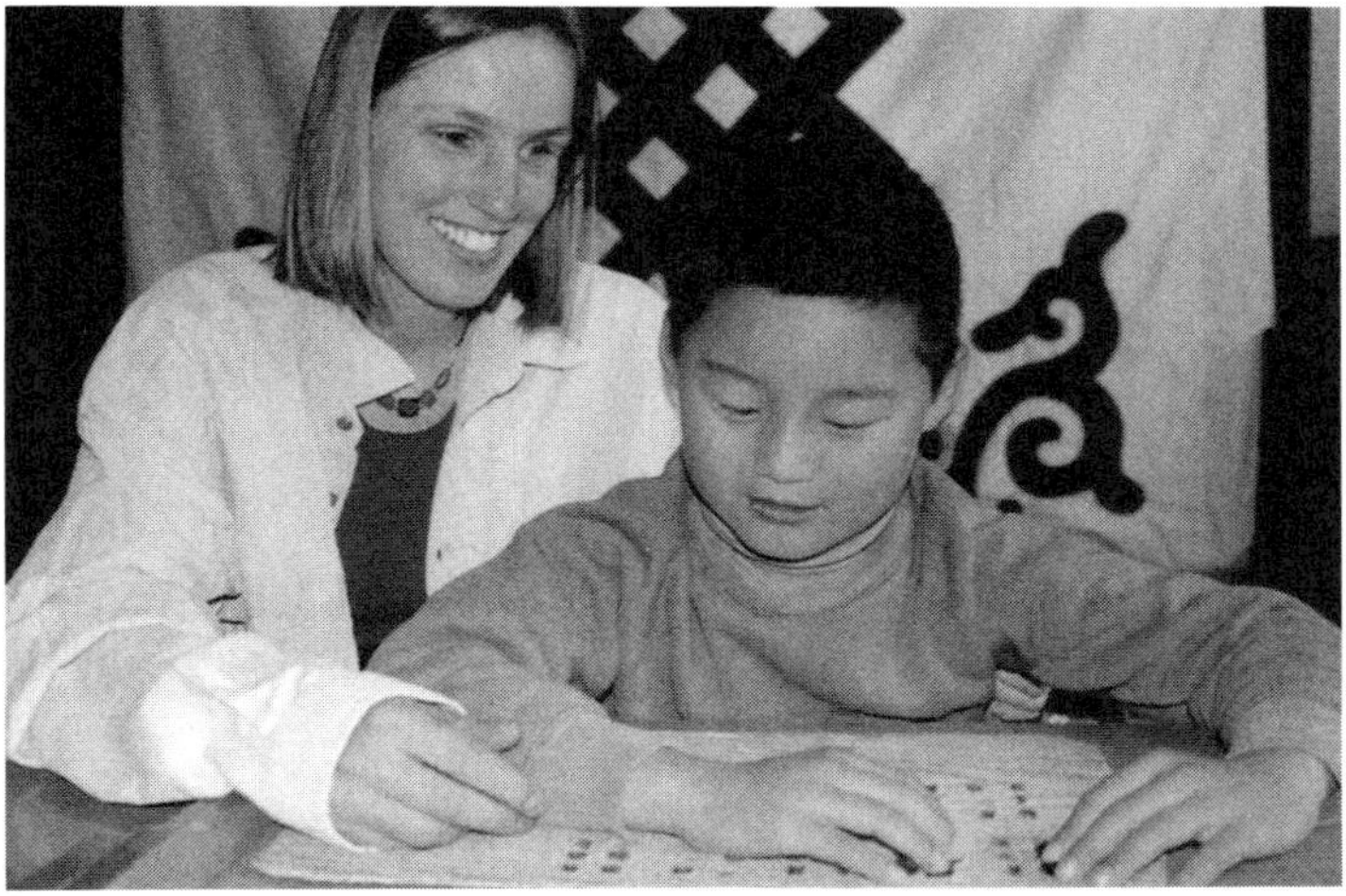

チラエに点字を教えるサブリエ

点字タイプライターに熱中するメト、ノルブ、テンジン（左から）

わたしたちは授業を二つのグループに分けた。わたしはチラエとタシに専念し、一字また一字と、数字、記号、単語を読み取ることを教え、ノルドンは、いまや勉強することしか頭にない、三人の突出した生徒に授業した。朝早くから、必須の朝のお祈りのあと、最初のお茶の前に、三人はタイプライターと練習ノートの前にすわった。昼休みや食事時間はかれらにとってはわずらわしい中断だった。しばしば三人は夜遅くまで教室にすわりこんで翌日の予習をするので、かれらをベッドへ追いこむのに、たいへんな苦労をすることもあった。明かりを消すだけではたいして効果はない。これ見よがしにいびきをかいてベッドに横になっていても、あれこれの練習帳をふとんに持ちこんでいないかどうか、さだかではない。

長くかかることもなく、テンジン、ノルブ、メトは、まとまった文章を書くことも、朗読することもできるようになった。そこでノルドンは最初の試験を行うことにした。まずは短いチベット語の書き取り。これはそう簡単ではない。前に述べたように、チベット語の正書法はじつに複雑だから。多くの単語が耳で聞いただけでは推定できず、そのため一字一字きちんと暗記しなければならない。

チラエはこれまで読み書きを習っていなかったが、抜群の記憶力を駆使して、莫大な単語のスペルをまちがいなく覚えた。いっぽうタシが暗記したのはほんの二十語だったが、それを書くことも、指で読み取ることもできなかった。そこでこの二人には口頭試問をした。チラエの的中率は高く、タシはそれよりかなり低かった。

ほかの三人は正式な筆記試験を受けた。ノルブとメトは、わからないと思った単語があると、ひ

点字タイプライターを操作するノルブ（左）とテンジン（右）

どく激して大声をはりあげた。テンジンだけはくすくす笑いながら静かに机にすわり、級友のものすごい緊張ぶりをよそに、落ちつきはらって一語一語タイプで打ちこんだ。

「なんだかへんですよ、テンジンのようすが」ノルドンが半ばおかしそうに、半ば心配そうに言った。「じっとすわったまま、ひとり笑いをしてる、なにかいたずらをしてるみたいに」

どうもあやしい。わたしは自分の学校時代を思いだし、テンジンに歩みよって、机の下に手をつっこんだ。当たり。片手が開いた練習帳の上にあり、その手で読みながら、もうひとつの手で書いていた。

「テンジン、百点満点！」全員のテストを採点したあと、ノルドンがさけんだ。みんなテンジンのために喜び、祝福した。テンジンの顔が輝いた。わたし以外にだれも秘密を知らないことがわかったから。

「メト、九十七点！」メトもたいへん喜んだ。この数週間とくにがんばって勉強したから。メトがわたしのもとにやってきて、こんな苦情を訴えたことさえあった。「授業時間が少なすぎます。三日も午後の授業はないし、日曜日はずっと休みなんだもの。もう一人、先生を雇えませんか？」

「ノルブ、八十点！」ノルドンは言ったが、この結果にちょっとおどろいているのが、わたしには感じとれた。ノルブははじめクラスでいちばん覚えがはやい優等生だったが、まもなく計算と書き取りでテンジンに追いつかれ、追いこされた。成績が発表されるとノルブはわれを失った。床に身を投げだして、足をとんとん踏み鳴らし、大声でわめきちらした。「うちに帰りたい」泣きじゃくった。「アマラのところに行きたい！」

ノルドンがしっかりとノルブをかかえ、静まるのを待ってから小声で話しかけた。「どうしてアマラのところに行きたいの？」

「うちのほうがいいもの、それにアマラの料理のほうがずっといい！」ノルブはすすり泣き、なかなか気が静まらなかった。わたしたちはしばらく気をめいらせて、泣きじゃくる子供のまわりにすわっていたが、ノルドンがほかの子供たちに問いかけた。「ねえ、みんなもアマラのところに帰りたい？」

メトがエネルギッシュに否定し、テンジンが静かに、きっぱりと言った。「なんでぼくが家に帰らなきゃいけないの？　ここでぼくは勉強できるし、それはぼくが家に持って帰れる、いちばん大きなおみやげだもの」

タシとチラエがめそめそしているノルブの横にすわり、慰めようとした。「悲しがることはないよ、だってアニラがぼくたちのアマラになってくれるじゃないか！」

夜中にパウルは起きた。わたしたちの近代的トイレはこの数か月まともに機能していないので、パウルは眠い目をこすりながら中庭のむかいにある学校のトイレに歩いていった。途中で教室からかすかな物音が聞こえた。鼠だろうとパウルは思った。教室はまっ暗だったから。その物音が、金属の道具がたてるような音になった。これは鼠じゃない。泥棒？　用心深くパウルはしのび足で近づき、鍵穴からのぞいた。机に小さな影がすわっていた。ノルブだった。ノルブは上機嫌で、低く口笛を吹きながら、読んで、書いて、翌日の予習をしているらしかった。

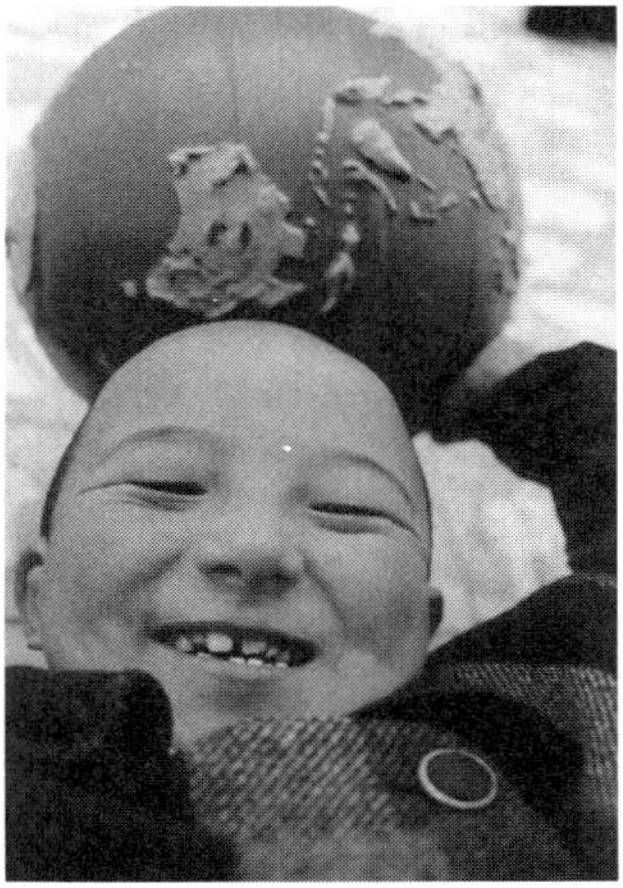
凹凸のある地球儀で
世界を知ったノルブ

ギェンゼンは、わたしたちの六人目の生徒で、この少年からノルドンは、子供たちがじつにプラグマティックで非感傷的に、自分の失明とつきあえるのを知った。ギェンゼンは十一歳のときに、ドイツの援助組織の職員にともなわれて学校にきた。九歳で目の感染症にかかったが、適時に治療を受けられず、完全に失明してしまった。かなり前から学校のことを聞いていたが、雨期のあいだ村が外界から途絶したため、だれもこの少年をラサにつれていくことができなかった。

ギェンゼン、知的で活発、すばらしい騎手で才能ある泳ぎ手は、すぐに学校生活に慣れた。すでに小学校の一学年を修了していたので、読み書きができた。そのため点字システムも短時間で習得し、まもなくノルブ、テンジン、メトと肩をならべるようになった。

ノルドン、アニラ、わたしは授業の配分をすこし変え、読み方、書き方、算数、そして中国語をふくむ正式な時間割をつくった。「どうして英語も入れないの？」とギェンゼンが提案したのは、わたしたちが新しい時間割を発表したときだった。「英語ができたら、ゲン・ポロとも話ができるのに」

子供たちから「ゲン・ポロ」と呼ばれているパウルは、いくつかの語句をのぞけばチベット語を話せなかった。しかしパウルは少ない語句をあやつって、みんなを笑わせながらけっこう用をたしていた。とはいえパウルと子供たちのコミュニケーションはかなりかぎられていた。英語の授業によってそれがしだいに変わっていった。子供たち、とくにテンジンとギェンゼンは、きわめて覚えがはやかった。まもなくかれらは自分たちの名前、年齢、出身を英語で語り合い、もちろん"I like school."や"I am happy."と言うこともできた――否定形は当然ながら考慮されなかった。

幸福であり、学校が好きであることは、いつも明るく笑っているギェンゼンを見れば、すぐわかる。あるときノルドンがギェンゼンにたのんだ。失明したときのことを話してちょうだい。いちばんつらいのは痛みだった、とギェンゼンは言った。でも痛みがなくなると、なにもかもまたよくなったよ。笑いながらギェンゼンは、失明してまもなくトラックの荷台に乗った話をした。トラックは崖っぷちに沿って走り、危険なほど左右に揺れた。いっしょに乗っていた人たちはみんなすごく

故郷の村を訪ね、村の子供たちと遊ぶチラエ（中央）

すっかり友達になったノルブ、テンジン、ギェンゼン、タシ（左から）

こわがったけれど、ギェンゼンだけは大いに旅行を楽しんだ。危険が見えないから。「ぼくは得をした!」と言ってギェンゼンは笑い、みんないっしょに笑った。

ギェンゼンがラサにきた日に、チュンダが宣告した。これ以上子供を受け入れないほうがよい。すでに父が告知したように、このプロジェクトは孤児院の施設には好ましくない。年末までに当方が提供している部屋を明け渡してもらいたい。

わたしたちがラサに帰ってから、すべての障害は克服されたと思っていたのに、いままたわがプロジェクトは危機におちいった。打ちのめされて、パウルとわたしはゲストハウスにすわっていた。ノルドンが同席して、わたしたちを慰めようとした。「あなたがたは学校をやめてはいけません!あなたがたはラサで評判がいいし、子供たちは幸福です。そう簡単にプロジェクトを打ち切るわけにはいきません」

「でも真冬に路頭に迷うことになったらどうするの?」

「家を買いなさい、そうすれば、もうだれにたよることもない」

パウルがわっと笑った。「どうやって家を買うんだい、プロジェクトの維持費もないというのに?」

ネパールから帰って以来、またお金が尽きてきた。またもや担当団体の理事会が、適時に送金するのをサボりだしたから。わたしたちの私的な予備資金もだんだん尽きてきて、どうすれば子供たちに食べさせ、職員に給料を払えばいいのか、わからなくなる日がくるのを、わたしたちはおそれ

テルドゥムにて。寮母のアニラ、そしてテンジンとギェンゼン（右から）

ギェンゼンの故郷の村を訪れたノルドンとサブリエ

た。さしあたりアニラとノルドンが給料の支払いを辞退し、二、三のラサに常駐する援助組織が、せっぱつまったら貸し付けると約束してくれたが。

わたしはあらためて担当団体の会長にSOSを送り、それに連邦省がもとめるプロジェクトの進行状況報告と、リハビリテーション・職業訓練施設の設立をふくむ将来計画の提案を添えた。わたしは会長宛ての手紙でこちらの窮状を伝え、プロジェクトを維持するための決定を現地で下すため、わたしに大幅な自由裁量の余地を認めてほしいと訴えた。数週間後に返事がきた。

親愛なるサブリエ

……あなたはあなたのイニシャティヴと努力によってプロジェクトを設立しましたが、当会はいまもプロジェクトの進展に唯一の責任を担っています。あなたが当会の派遣員としてプロジェクトの準備期と同じ自由裁量の余地をもはや有していないことは、あなたにとってたしかに受け入れがたいことであり、わたしもそれについては理解できます。しかしながらわれわれはこの構造を当会において案出したのではありません。われわれが発展途上国援助活動の自由な担い手であり、そうありつづけたければ、むしろこのように活動するしかないのです……。

最も重要な決定、たとえばプロジェクトの延長、他の家屋への移転、チベット側のパートナーの変更などは明確に当会の責務であり、あなたの責務ではありません。もちろんわれわれはあなたの諸提案を顧慮したいと思いますが、われわれの側から……交渉しなければなりません。プロジェクトが挫折したときは、あなたが連邦経済協力省に責任を負うのでなく、当会ならびに理事会のみが責任を負うのです。またプロジェクトの進行状況報告もわれわれによって作成されます。……あなたがラサでの活動においてベストを尽くし、克服すべき多くの困難があることは、わたしも充分に承知しています。わたしとしても、責任者の役割を担い、ほかならぬチベットプロジェクトを設立した女性であるあなたに、指示をあたえるのは、容易ではありません。しかしわれわれは問題を共有しているのですから、時とともにますます良好に相互の役割を理解し合えるようになることを、わたしは願っています。……

しかしそれ以上はなにも起こらなかった。お金も、いまプロジェクトの維持のためになすべき指示もこなかった。そのかわり、べつの筋からこんなことを聞いた。担当団体の理事会はわたしの進行状況報告を連邦省に回送せず、独自の報告書を作成した。その結果、連邦省でわたしのプロジェクト指導者としての能力に疑念が生じている。

一九九八年の秋、わたしはドイツに行って、担当団体とも連邦省とも直談判《じかだんぱん》することにした。パウルもヨーロッパに飛ばなければならなかったので、わたしたちは学校を短期間閉めて、生徒に三週間の帰郷休暇をとらせることにした。子供たちは休暇をとても喜んだ。かれらは教科書を村に持っていき、ラサでの体験を話すんだと言った。

26・蟻地獄にはまりますからね

国家によるスタート資金助成は、発展途上国援助活動をしている多くのプロジェクトにとってたいへんありがたいものだ。しかし、たいへんありがたくないのは、現地で活動している本来のプロジェクト推進者になんの権限もなく、他者に従属させられることだ。その他者は遠くはなれたオフィスにすわり、そこからすべてを決定すべきだと思っている。しかし残念ながら、あるプロジェクトが公的な助成を受けるやいなや、この種の雇用関係が規則になる。

そこにははっきりした序列がある。いちばん上にいるのは公的な資金提供者、たとえば連邦経済協力・開発省だ。ここが助成金の申請の適否をきめる。その交渉相手になるのが登録団体（社団法人）で、ここがいわゆる小プロジェクトの責任担当機関の任務を引き受ける。序列のいちばん下にいる援助プロジェクトが公的資金をもらいたければ、このような担当団体の傘下に入らなければならない。つまり、プロジェクトの主導者は担当団体の従業員になり、団体の理事会の命令どおりに実行しなければならない。この権威的な構造は多くの、なかでも小ぶりなプロジェクトに、壊滅的とは言わぬまでも、麻痺的な影響をおよぼす。現地の派遣員やプロジェクト職員こそ、イニシャティヴをとり、本来の活動に従事し、その国と法律を知っていて、たいていはその国の言葉も話せる人々ではないか。かれらを決定に関与させなければならない。かれらに計画をつくり、場合によっては計画を拒否する可能性をあたえなければならない。かれらだけが現実的な判断を下せるのだから。責任担当者と実行者の構造化された共同作業に利点があるとすれば、その場合のみだ。そういうケースもあるのかもしれないが、ともかくわたしたちの場合はそうではなかった。

担当団体をさがすさいには、とくに発展途上国援助活動の豊富な経験に留意せよという、去年の連邦省の役人の勧告に、わたしはもっと注意をむけるべきだったのだろう。もっと慎重に選択していれば、多くの問題をまぬがれたことだろう。他方では、名誉職的な理事たちにせっせと働いてもらおうなどとは、わたしはまったく思っていなかった。わたしが期待していたのは形式的な支援、つまり、わたしの手紙や報告書にざっと目を通し、書式の仕上がった助成申請書にサインして、プロジェクト資金を適時に振り込んでもらうことだった。

残念ながらわたしの担当団体はごく簡単なこともやってくれなかった。最初は二か月、のちには四か月も入金を待たされ、プロジェクトにポケットマネーを注ぎこまなければならなかったのは、この団体の理事会に責任担当機関の任務は荷が重すぎたからだというのなら、まだ話はわかる。しかし会長の態度は矛盾しているように思われた。時間がないと言いながら、大事な決定はすべてみずから当たることに固執する——そのくせそれを実行に移さない。まあ、会長になにができるにせよ、彼女はドイツで職業に従事し、途上国援助活動の実践経験はまったくないし、チベット自治区でプロジェクトを立ち上げるのに不可欠な、国土や文化の知識も全然そなえていなかった。

ドイツ到着の二週間後、わたしは会長が書いたプロジェクトの進行状況報告を読んで、思わず怒りの声をあげた。進行についてはこの進行状況報告に一言も読み取れず、プロジェクトとその成り立ちについても完全に沈黙していた。そのかわり会長が長話にふけっているのは、わたしとロブサンの確執にかんする事実に即さない描写だった。そのさい彼女が依拠しているのは、言うところの「プロジェクト援護旅行」、この八月に大規模な中国旅行のついでに立ち寄った、三日間の訪問の体験だった。担当団体から支払い済みの備品の大部分が、まだまったく購入されていないというわたしの主張が、報告書では中傷と見なされていた。「院長とその娘は……実際にオリジナルの領収書を提示して、以下の事実を証明した。すなわち、われわれが振り込んだ金にはまだ手をつけておらず、孤児院が盲人プロジェクトのために総額を立て替えており、いっぽう、まだ供給されていない物品はすべて施設の倉庫に保管してある」そのさい彼女が黙っていたのは、物品の存在を自分の目でしっかり確認していないこと、わたしがこれらの物品の購入のために一万一千マルクをわたし自身の貯金から支払ったことだった。さらに彼女が沈黙したのは、秋に報告を書いた時点には、子供のベッドにぜひとも必要なマットをふくむ備品が、まだ供給されていなかったことだ。

そのほかに、わたしはあまりにも未経験で、しかるべき教育学の専門教育を受けておらず、このようなプロジェクトを独自に続行する資格はない、とも書いてあった。規則的に構成された授業も行われていない。盲目の子供たちは「学校において充分に組織された日課にほとんど関与しておらず、いかなる規則的な授業計画にもあずかっていない」

信じられなかった。資金提供者にむかってプロジェクト経営の悪口を言うことに、なんの意味があるのだろう？　いまはこう思っている。担当団体の会長はプロジェクトと現地の協力者が自主的にふるまうのが気に入らなかったのだ。おそらく彼女はプロジェクトの進行に自分がおいてけぼりにされていると感じ、事実の歪曲と変造によって自分自身の地位を強化しようとしたのだろう。

初めてわたしは、社会的抹殺をねらった中傷の的になるのはどういうものか、想像することができた。まだ一年前にはわたしの計画に非常に興味をもって耳を傾けてくれた連邦省の役人が、いまはわたしの話をまったく聞こうとしなかった。「あなたはいまはもうわれわれの交渉相手ではありません」と、わたしは電話で告げられた。「問題があれば、われわれは担当団体の理事会と協議します」それでも連邦省は近く予定されている会長との会議に、わたしも参加することを認めた。わたしは燃えた。省の役人にプロジェクトの真の状況を活写することに。

しかしその前にわたしは担当団体の理事会とコンタクトをとった。すこしは波風を静められるかもしれないし、直接の対話は共同作業に役立つだろう。手紙やファックスを理事会はずっと無視しているようだから。会見は連邦省での会議の数日前に実現した。残念ながら、その場ですぐに気づいたが、ただの時間の浪費だった。

会長がはじめに報告した。プロジェクトの進行状況報告は支障なく連邦省にとどけられた。彼女はそれを――みずから自慢げに告げたように――提出期限の前夜に書き上げた。一夜漬けの跡は報告書を見れば一目でわかった。わたしはその前に報告書にたいするコメントを書いて、事実の誤りと不正確な点を一覧表にまとめておいた。このテキストを副会長が読み上げた。まったく事務的に、感情ぬきで。それだけに会長が感情的に反応するのが目立った。再三再四とびあがり、小声でなにかと文句をつける。副会長が朗読を終えると、会長は数秒間の沈黙のあと、「わたしは協調的な会見を望んでいました、しかしこれでは……」

他の列席者は当惑して黙っていた。かれらはこの「進行状況報告」に署名することでわたしに加えた仕打ちに、初めて気づいたらしい。副会長と会計担当者が明言したように、理事たちは報告書を精読する機会がなく、時間にせまられて、あわただしく署名させられたと感じていた。

わたしはこの機に乗じて、他の理事たちにプロジェクトの経過を話そうと思った。わたしの受けた印象では、かれらはわたしの仕事がいかなるものか、これっぽっちも知らないことは明らかだったから。なんとか十分間の注目をかちとった。短いスピーチを終えると、ふたたび沈黙。質問も、助言も、是認の言葉もない。ようやく会長が悪意をこめて言った。「ええ、サブリエ、あなたがほんとうに心得ているのは、自分の仕事にポジティヴな光を当てることなのね。あなたをこの才能で広報担当に雇ってもいいぐらいだわ。あなたはほんとうに人を説得するのが上手だから」

わたしは言いかえした。「ということは、あなたがたはわたしを信じていないというふうに聞こえますけど」

理事側はまたもや沈黙。やがて会長がゆっくりと言った。「まあ、あなたがチベットにいるあいだに、いくつか動きはあったようね」

「そんなことはずっと前からわかっているはずなのに」わたしは応じた。疲れて。「あなたがたがわたしの手紙を読んでさえいれば」

「ああ、あなたの手紙」会長ははねつけるように言った。「いつも同じことばかり、あの非現実的な将来計画、盲人の職業訓練とかなんとか。そんなことをする必要はありません！　それに、いつも同じ要求。われわれはお金がいる、われわれは家を買いたい……」

「その手紙に一度ぐらい返事をくれたっていいのに！　やはり、お金がなければプロジェクトは進まないし、家だってそうです。あと二か月でわたしたちは路頭に迷うんです、それまでに新たな解決策が必要です！」

会長が急にそわそわしだした。そして列席者たちのおどろきの発言から判断すると、わたしの手紙や報告は他の理事にまったく回覧されていなかった。そのことを会計担当者も確認した。「それについてはわれわれはまったくなにも知らなかった。これからどうすればいいのですかね？」

「解決策は見いだせるはずです、わたしに必要な決定権をあたえてくだされば」

「解決策を見いだすのは、まったく当会のみの仕事です」会長がわたしの話を中断し、急いでつぎの問題に移ろうとした。しかし会計担当者はあえてこのテーマにとどまって言った。「われわれにはこちらからなにができますか？　やはり現地のほうがいいのでしょうね？」

しかしこの発言は、会長の議事進行で葬られた。「われわれは本質的な議題に入ったほうがいいでしょう。つまり契約の問題に」

この契約、わたしが少なくとも半年前から待ち望んでいた契約は、チベット語点字の普及をのぞけば、いかなる権限もわたしに認めていなかった。盲人プロジェクトのために購入された機器や備品類は、すべて担当団体の財産とされ、おまけにわたしの俸給も半額にカットされていた。

それまでわたしはなんとか平静を保っていたが、ついに大声をあげた。わたしは立ち上がり、さけんだ。「なんですか、これは？　これは処罰なの？」

沈黙、それから会計担当者のおずおずとした声。「それは、われわれは理事会でそれについて話し合ったんだが……つまり、われわれはもともと十人の子供を予定していたのに、いまあなたは六人しか教えていない」

「わたしが、十人の子供を予定したんです！　プロジェクト全体の計画に、あなたがたは全然、まったく、なんにも関与していません。それに、わたしは出来高払いで働いていて、子供の頭数で支払うというわけですか？　わたしはきわめて厳しい条件のもとで働いているし、俸給は前に取り決めてあります。しかもこれはあなたがたのお金ではなく、公的資金なんですよ！」

ふたたび会長が発言した。「われわれがあなたに満額を支払うなんて、思ってはいないでしょうね、たった六人の子供にアルファベットを教えるだけで！」

この瞬間、副会長が立ち上がり、そろそろ行かなければならぬ、まだちょっと片づけることがあるので、と言った。会長も上衣を着て、これから重要な予定があると言った。こうして対話は終わった。

連邦省で会議が開かれる日の朝、早起きしたわたしは、発作的に泣きだした。わたしは不当なあつかいを受けたと感じていたし、歪曲と虚偽に反駁して、盲人プロジェクトの助成をつづけるよう、連邦省の委員会を説得できるかどうか、わからなくなった。昨夜から逃げ場をもとめて両親の家に泊まっていた。両親はわたしが泣きだしたことにショックを受けたようだが、必勝のアイディアを思いつき、わたしにペパーミント茶とオートミールをすすらせた。

落ちつきをとりもどすと、わたしはこの日のための戦略を練った。チベット学者のティーリーが、文化、国土、住民にかんする専門的な陳述をして、わたしを支援しようと申し出てくれた。しかしわたしは信じた。背面援護は辞退してもいい、つまるところ事実はすべて、わたしに有利なのだから。

早くわたしは守衛室に行こうと思った。他の出席者よりも早く。わたしは思い描いた。理事たちといっしょに到着するよりも、一人で省の職員に会議室へ案内してもらうほうが有利だろう。エレベーターのなかで、あるいは延々とつづく廊下で、チベットについてざっくばらんな会話をして、発展途上国での厳しい仕事や、盲目の子供の話なんかができるかもしれないから。これが信頼を生み、関心を引き起こす。それから、会議室に着いたら、学校の経過と個々の子供にかんする報告をまとめた提示資料をとりだして、すみませんが、これをみなさんの席に配ってくれませんかと職員にたのむ。もちろん写真集もとりだして、さりげなくテーブルの上に置き、「休憩時間にでも学校の写真をごらんになりませんか、いまあそこはこんなようすです」と言う。子供が学んだり遊んだりしている写真は、つぎつぎと質問を引き出すにちがいない。そこでわたしは滔々とプロジェクトの生々流転を述べたてる。まあ、どうなるにせよ、ともかくわたしは会議の冒頭で、みずからプロジェクトを紹介し、現地での緊急の問題も話すつもりだった。

こんな計画を思い浮かべながら、わたしは連邦省に出かけていった。会議のはじまる二十分前に守衛室の前に立って、身分証明書を見せた。二分も待たずに一人の女性がわたしのほうにやってきた。「こんにちは」彼女は言った。「わたしが上まで案内します」

思いっきり愛想よくにこやかにわたしは言った。「こんにちは！　まだお会いしたことがないと思いますけど。わたしはテンバーケンといいます」

「わかっています」彼女はそっけなく言って、さっさとエレベーターに通じる自在ドアにむかった。ふつうわたしをどこかに案内する人は、腕をさしだすなり、いちばん適切な道案内のやり方をたずねるぐらいのことはする。しかしそんなことはこの無口な女性の念頭にないようで、わたしはたいへん苦労してあとについていった。大急ぎで彼女を追いかけ、危険がなくはない自在ドアを駆けぬけ、エレベーターにむかって突進したとき、警告なしに頭を半ば開いたエレベーターのドアにぶつけてしまった。

「うふ」彼女は言った。「わたしは盲人には慣れていないので」

おでこのこぶがだんだん大きくなるうちに、わたしはチベットや開発援助奉仕員の厳しい仕事にかんするざっくばらんな会話をする気が失せてしまった。ここでもやはり、わたしは痛く思い知ったが、きわめて厳しい能力開発が問われていたから。省舎の迷路のような通路をたどる短い沈黙の行進のあと、わたしたちは会議室にたどりついた。まだ空っぽで、彼女は鷹揚に言った。お好きなところにすわりなさい、最初の会議参加者が着くまでまだ一時間はかかりますから。ははあ、するとわたしは会議参加者じゃないんだ。

数分あとに担当の課長が部屋に入ってきた。課長は愛想よくあいさつして、わたしの健康状態をたずねた。おかげさまで元気です、とわたしは言い、できるだけ早くテーマに入りたくて言い添えた。われわれはあちらチベットとこちらドイツで、いくつか問題をかかえていますが、きっと解決できるでしょう。

わたしの隣の席にすわった課長は、それに応じてこう言った。「テンバーケンさん、あなたが提供してくださる解決策を、われわれはなんでも大歓迎しますがね、問題を担当団体と議論するという過ちは、けっして犯してはいけませんよ。そうなったらあなたは蟻地獄にはまりますからね」

やがて委員長の女性が部屋にやってきて、担当団体の理事たちはまだアウトバーンの渋滞につかまっていると告げた。みんなで待ち時間をどう過ごすか考えた。わたしは提案した。プロジェクトの短いビデオを見ませんか。ある知人がビデオカメラで子供たちの日課を撮ってくれていた。国が財政支援をしているプロジェクトのようすを、こういうかたちで知ることは、役人のお気に召すはずだとわたしは思った。しかし役人たちは大して興味はなさそうだった。そこで子供たちの写真をためしてみたが、これもさしたる共鳴はなかった。

ようやく担当団体の会長も、二人の理事を伴って入ってきた。会議は冒頭から進行状況報告に述べられた諸問題が議題になり、会長が発言をもとめられた。わたしは異議を申し立てた。その前にプロジェクトについて二、三わたしの視点から申し上げたい。

すると例の無口な女性職員が饒舌に言った。担当団体の従業員の報告を聞くのは、連邦省の仕事ではない。そもそもあなたはここに同席できるだけでも、ありがたいと思いなさい。ちなみに報告書は非常によくできていて、模範的なものだった。これに他の出席者も同調した。愛想のいい担当課長だけが、あらゆる発言をさしひかえた。

すべてあらかじめ準備されていたことを、いまわたしは覚った。会長は省の職員にわたしにかんして「知っておくべきこと」をすでに伝えており、わたしがここにすわっているのは、ただの添え物にすぎなかった。わたしはここで席を立ち、出ていってもよかっただろう。

会長の演説は自分の会の活動の自画自賛に終始した。本来のテーマ、ラサにおける盲学校の設立については、ほんの輪郭を述べるだけで、すぐに話すことがなくなってしまったのは、プロジェクトの現状を充分に調べていないからだ。盲学校の生徒と職員がまもなく路頭に迷うことも、またも や彼女は黙っていた。

これはわたしのチャンスだった。わたしは会長の話を丁重にさえぎって、くわしく説明した。すでに数か月前から、盲学校が大いなる苦境にあることを、われわれははっきりと認識している、なぜならば今年の末までに施設の建物から立ち退かなければならないからだ。

「そいつは問題だ」担当課長がびっくりして言った。「そういうことはほんとうに考えてもいなかったな」

「われわれもラサで頭を痛めています。しかし解決策は見つかると、わたしは思っています」

課長は唯一の列席者だった。「そうでしょう、もちろん、われわれはあなたに解決を委託すべきでしょうな!」と言ったのは。

しかし担当団体の会長は全然そうは思わず、すばやく口をはさんだ。それはもっぱら責任担当機関の任務です。「そうそう」と無口な女性職員が賛意を示した。「いま留意すべきは、これがサブリエ・テンバーケン・プロジェクトにならないことです」会長側に賛同のつぶやき。これでこの件は片づいた。

そのあとは助成金が議題になった。担当課長が指摘した。資金の半分がまだ清算されていませんな。わたしはコメントした。わたしも金の行方については心配しています、われわれは九月からポケットマネーでまかなっているんです。会長が即座に反論した。はじめからあまりにも問題が多いので、会としては問題が解決するまで、金の確認をしないことにしたのです。これは自分自身と理事会の杜撰《ずさん》さを証明するものだったが、だれもそれに気がつかないようだった。とにかく、ここで権力ごっこにふけっている連中は、チベットの子供たちや職員のことなど眼中になかった。

わたしは急になにもかもうんざりした。ありがたいことに会議はまもなく終わり、わたしは誓った。本質的なことがなにも変わらないのなら、わたしは国の助成をことわって、支援者の寄付金だけで、パウル、ノルドン、アニラといっしょにプロジェクトをつづけよう。

のちにパウルとわたしは心底から喜んだ。三か月後に誓いを断行したことを。これからわたしたちは自由に、担当団体や公的機関に従属せずに、わたしたちの計画を実行に移せる。わたしたちが監督者や後見人から適時に決別していなければ、チベット盲人施設は一九九八年の冬にみじめに挫折していただろう。

27・メリー・クリッセ・ミッセ

チベットで初めての冬だった。長い、厳しい、冷酷な冬——たとえチベット人が、この季節にしてはラサはとても暖かい、なにしろ気温は夜中でもマイナス二〇度以下にはならないのだからと言いはっても。まあ、そうかもしれないが、ともかく足の指は十一月半ばから凍えだし、三月末まで解けない。「セントラルヒーティング」は未知の言葉で、電気ストーブは禁止されている。そんなものを使ったら地区全体の電力供給は崩壊してしまうだろう。それに近代的な都市の建物は暖かい南中国の建築家が設計したので、凍てつく風と永久冷凍に抗するには、まことに不適当だ。コンクリートの壁は外気を絶縁せず、四方を壁にかこまれても厳冬のチベットを体験させてくれる。

それがはじまったのは、パウルが、窓から外が見えるように、分厚い氷をガラスから剝ぎ落とした日からだった。わたしは枕元の洗面器に手をのばしたが、昨夜熱湯を入れておいた洗面器は、朝になると立派な氷の層におおわれていた。おかげでわたしは九月半ばから三月末まで顔を洗わないチベットの風習に、いやおうなく慣れることができた。

毎年秋の初めに伝統的な沐浴《もくよく》の祭が催され、人々は浮かれ気分で川に押しよせ、大ピクニックを挙行して、みんないっしょに浅瀬で髪と体を洗う。冬の体の手入れは主としてバター浴にかぎられる。つまり肌と髪にバターを塗って、しもやけと乾燥をふせぐ。西洋の衛生妄想にとらわれたわたしは、このどこから見ても合理的な方法に慣れるのがむずかしかった。そしてある朝すごいショックとともに思い知らされた。前の晩に洗って、乾かすためにタオルでくるんだ髪が、湿った枕にしっかり凍りついてしまったのだ。

パウルとわたしが感嘆したのは子供たちだった。文句ひとつ言わずに、おそるべき寒さをいつもと同じ上機嫌で耐えている。外でも内でも帽子、マフラー、厚手の上衣にくるまって、小さなストーブみたいにわたしの前にやってくる。どんなに長いあいだ机にすわり、むきだしの指で書いたり読んだりしても、子供たちの手はいつも温かく、健康にみちていた。一人だけ、軽い咳をした子供がいる。たちまちわたしは感染して、重い気管支炎をわずらい、パウルは肺炎になってしまった。ここチベットでは危険な病気だが、わたしたちは医者にもかからず、じっくりと時間をかけて回復した。

十二月二十五日は、わたしがこれまで体験したいちばん寒い日だった。いつもは信頼できる冬の太陽が暗い雲におおわれ、凍てつく風が衣服といわず家の壁といわず吹きぬけた。校庭の水道栓はことごとく「聖夜」に破裂して、流れ出た水が石の上に分厚い氷の層をつくり、危険なく移動するには尻をついて滑っていくしかなかった。

この朝わたしが校舎に行くと、ノルブとテンジンが勢いよく階段から氷の上にとびおりて、この首の骨を折りそうなアクションで、どちらが長くバランスをたもっていられるか競っていた。台所は暖かくて気持ちがよかった。アニラが大きな鍋でバター茶を沸かし、子供たちの朝食の準備をしていた。初めてわたしは湯気の立つバター茶を心からおいしく飲んだ。それは全身を温めて、病気から回復する助けになった。パウルはいまだに熱が下がらず、ふとんを三枚重ねてベッドに寝ていたので、わたし一人でアニラ、ノルドン、新しい炊事婦のイシに、クリスマスの準備のための専門知識にもとづく指示をしなければならなかった。

パウルとわたしは半ば残念、半ばほっとして、クリスマスがチベットではなんの役割も演じていないのを認めた。しかしこの数日、いたるところで「クリッセ・ミッセ」が話題になり、それはヨーロッパのお正月と見なされ、もちろんチベットでも——なにしろ近代人だから——祝うべきものとされた。子供たちはノルドンから“We wish yo a merry chrisse misse and a happy no year.”を習い、夢中になって四六時中わたしの耳に声をはりあげてさえずった。

イシとアニラが料理に専念しているあいだに、ノルドンとわたしは仕立屋の店に行って、仕上がった子供たちの冬服をとってくることにした。仕立屋の「アトリエ」は典型的な古い家並みのなかにあり、そこへたどり着くにはバターの脂でつるつる滑る急な階段を攀じ登らなければならなかった。それからテラスのような廊下を歩く。廊下の天井から大きなヤク肉の塊が乾燥のために吊り下げられていた。

老仕立屋は小さな部屋にすわっていた。そこは毛織の反物、毛皮のジャケット、チュパ（羊毛、絹、緞子《どんす》などで仕立てたオーバー）、ズボン、僧衣などが所せましと詰めこまれ、その大混雑に道を開いてやってきたわたしたちに、仕立屋はどっしりしたカウンターのむこうから笑いかけた。誇らしげに仕立屋は仕上がった品物をさしだした。あずき色で統一した上衣は、やわらかい毛皮で裏打ちされ、色鮮やかな飾り縁がついていた。紺色のズボンも飾り縁つきで、上衣とよく合った。仕立屋は盲目の子供の苦労や困難を配慮したけれど、どんなふうに子供が一人で服を着るのか、正確には想像できないまま、こんなアイディアを思いついた。ズボンを両側からはけるように仕立てる。たしかにズボンは内にも外にも飾り縁がついていて、両側に二つずつポケットがあった。この芸術作品を昼食のあとで着せたとき、子供たちはものすごく喜んだ。チラエが心配そうにタシに言った。

「これからはズボンのなかに漏らしちゃだめだよ！」

昼食のあと、ノルドンとわたしはノルドンの崇拝者といっしょに町に出かけ、陶器の皿、箸、晩のパーティー用のローソクなど、こまごまとした買い物をした。じつはノルドンには大勢の崇拝者がいる。そのころ崇拝者たちは授業中にしばしば臆病な猫みたいに校舎のまわりをうろついていた。しかしノルドンはだれともかかわる気はなく、盲目の子供相手の仕事に没頭していた。いつも気にかけてなきゃいけない“Lover”なんてわずらわしい。しかしわたしたちのお供をした崇拝者はたいへん粘り強かった。どっちみちチャンスはないと、ノルドンが断言したにもかかわらず。ノルドンの母親は、娘が中国人と出歩くのを見たくないだろう。

わたしたちが学校にもどったとき、すでにダイニングキッチンはクリスマスを祝いにきた人たちでいっぱいだった。ドルマは夫と子供たちをつれてきた。子供はノルブと井戸でつららと遊んでいた。イシは十四歳と十五歳になる二人の子供をつれてきたし、アニラの親戚は五歳の娘と、ヨーロッパの「クリッセ・ミッセ」に好奇心を燃やす友人をつれてきた。とはいえそれほど格別ヨーロッパ風にはならなかった。なにしろ十七人のチベット人と一人の中国人――ノルドンの崇拝者――のなかで、わたしが唯一のヨーロッパ人だったから。

ドルマ、ノルドン、わたしは応接間をひっくりかえし、いささか祝祭風にしつらえた。机を全部引きずってきて長い食卓をつくり、寝椅子を押してその前にならべ、ロウソクとお菓子を盛った小鉢でテーブルを飾り、そのまんなかに、両親がお祝いに贈ってきたクリスマスツリーを置いた。まもなくアニラとイシもすばらしいチベット料理のご馳走を盛った鍋や鉢を運んできた。

まだすっかり暗くならない晩の六時に、わたしたちはみんなを呼び集め、クリスマスの部屋に案内した。子供も大人も、燃えるローソクと湯気を立てる鍋で豪華に飾ったテーブルに歓声を上げた。クリスマスをわたしと祝いにきた人たちはみんな、このパーティーのためになにか持ってきた。南中国産の大きな甘いイチゴの篭、バナナとオレンジの鉢、できたてのカブセ（軽く甘味をつけて、小さいねじりん棒にしたクッキー、ヤクのバターで揚げる）の大皿、チリに漬けた冷たい豚肉とヤク肉の薄切り、胡椒と砂糖をまぶしたキュウリ、薬味を強く効かせた冷たいトマトスープ、そしてもちろんなくてはならないヤク肉のモモは、ヤクの骨のスープで水餃子になっていた。乾杯の飲み物は甘いミルクティーと缶コーラ。

子供たちはテーブルにつく前に、一つずつ風船をもらった。まずはふくらまし、オフィスでぽんぽん投げて遊び、最後に割ってしまう。風船破壊作戦がようやく終わると、みんなそれぞれの席につき、声をはりあげてクリスマスソングを歌いだした。すごい盛り上がりだった。大人は手拍子をとり、子供はすっかり調子にのってベンチにとびあがり、歌って踊って、毛皮のブーツで高価な絨毯を踏み鳴らし、テーブルで待っているごちそうを忘れてしまった。

タシも変身した。授業中に受ける印象では、ノルドンとアニラが教える歌をちっとも覚えられないタシが、いまこのとき、じつは内に秘めていたものを吐き出した。しかもタシはまったく一人で英語、中国語、少なくとも三つのチベット語の歌を披露した。歌いおえるたびに大喝采を浴びたタシは、嬉しさのあまり自分も熱中して拍手した。

そこでイシが子供たちにすすめた。さあ、どんどん食べなさい。急にすっかり静かになり、聞こえるのは、おいしそうなピチャピチャ、ズルズルばかり。この音はチベットの宴会では欠かせない。いつもちょっとひかえめなギェンゼンが、二皿目のモモを丁重にことわると、チラエが言った。「今日はクリッセ・ミッセだから、いくらつかみとってもいいんだよ」みんな笑い、これに勇気づけられたのか、思うぞんぶんがつがつと、ごちそうをかたっぱしから腹に詰めこんだ。

食事のあと、わたしは職員から手書きのクリスマスカードを贈られ、それを輪にしてクリスマスツリーみたいに首にかけられた。わたしはとても感動して、贈り物のことをまったく考えていなかった自分が、ちょっと恥ずかしかった。子供たちがまた歌いだし、わたしはパウルがかわいそうになった。パウルは熱でベッドをはなれられず、このすべてをいっしょに楽しむことができなかった。あとでわたしは両親に電話をした。子供たちが「メリー・クリッセ・ミッセ」と、アマラを歌った童謡と、美しいチベットの夏の太陽の歌を、受話器にむかって声をはりあげてさえずるので、わたしは電話代が心配になってきた。

28・旧年の悪霊と決別する

クリスマスのすぐあと、引っ越しの準備にとりかかった。ラサに常駐するある援助組織がトラックと数人の職員を提供してくれた。あるチベット人の商人が木の梱包箱と大きな袋を贈ってくれたので、それにわたしたちは衣服、タオル、シーツ類を詰めこんだ。これで用意万端ととのった。「いったいどこへ行くの?」チュンダが知りたがった。声の響きに悪意が見え隠れした。わたしたちはダイニングキッチンにいて、食器と台所道具を木の梱包箱に詰めているところだった。

引っ越しのためにベッドから這いだしたパウルが、にやりと笑って言った。「もちろん街頭さ、箱と子供たちをひきずってね。北京東路に寝心地のいい場所を見つけたんだ、知らなかった?」

チュンダを見たのはこれが最後だった。引っ越しの当日、院長一家はだれも顔を見せなかったから。施設の従業員は手伝ったくれた。わたしたちをバター茶でねぎらい、お別れにカタを贈ってくれた。孤児院の生徒も中庭に集まって、別れを惜しんだ。いっしょに遊んだ盲学校の生徒が、なぜ急に出ていかなければならないのか、かれらには理解できなかった。孤児たちはバルコニーに立って、学校ぐるみで中庭の門を出ていくわたしたちに手をふった。

もちろん引っ越し先は北京東路ではなかった。わたしたちは、いわばクリスマスプレゼントとして、仮の宿をノルドンの母親から提供してもらった。ノルドンの父親は五〇年代にチベット風の広大な屋敷を建てた。それはわたしたちの目的にうってつけの建物だった。

正面の門のむこうに広い中庭がひろがり、そこで球技や馬跳びを存分にできた。家へ入るには急な石段を上がる。母家《おもや》は、チベットでは珍しく、大きな丸天井の地下室の上に建てられていたから。いくつかの別棟と家畜小屋にかこまれた家は、四つの広間のような居室からなり、いずれもたくさんの大きな窓と小さな炊事場がついていた。家の裏の庭はまさに冒険広場で、のちに子供たちが木登り遊びに使った果樹と、ほとんど枯れ死にした牧草地があった。石のすきまに生えている草を一頭の羊がのんびりと食み、ブリキの犬小屋で鎖につながれた小犬が寝そべり、砂地で一つがいの鶏が興奮して砂を掻き、コッコッと鳴いた。

ノルドンの母親は胸をときめかせて「引っ越し車」を母家の中庭で待っていた。わたしはこの女性がたちまち好きになった。アマラ——とわたしたちは呼ばせてもらった——は五十代半ば、ことのほか快活で、自分で言うように「とても教養があり」、英語はほとんど話せないが、そのかわり、そうチベット語で自慢したように、中国語とロシア語が流暢だった。「わたしはあなたのお国が好きよ！」とアマラはあいさつと同時に言った。「お国にはとてもおいしいビールがあるし、それから、もちろんカール・マルクス！」

カール・マルクス、おいしいビール、ときおりポタラの近くのディスコでやらかす奔放なダンス、テレビの音楽番組、これがアマラを幸福にするもののすべてだった。それから、もちろん子供！

アマラは子供が大好きで、朝から晩まで甘やかすことができる孫が、ほしくてほしくてたまらなかった。ところがノルドンとそのきょうだいは、結婚して赤ちゃんを何人か母親の楽しみに供する気がなかった。そのかわりかれらは母親に、暫定的に盲学校の子供たちでためしてみたらどうかと提案した。それにアマラはのって、そのことをいまも悔やんでいない。

わたしたちが梱包箱と荷袋とともに息を切らせてたどり着くと、アマラは嬉しそうに呼びかけた。“Always work and work! You now rest!”それから心のこもった「シュウ・デン・ジャ・ゴ！」（どうぞお入りください！）でわたしたちを用意のできた食堂に招じ入れた。長い窓の列の前にベンチがあり、その上に高価な絨毯が敷いてあった。その前の長いテーブルにお菓子と果物を盛った鉢がならんでいた。引っ越しに疲れ、また見知らぬ環境におびえたのか、子供たちは黙ってテーブルの前にすわり、いたってひかえめに、ノルドンが鼻の前にさしだす皿に手をのばした。

部屋の隅にテレビがあり、ノルドンが子供たちの気晴らしにスイッチを入れた。なんたるカルチャーショック！　たいていは田舎からきた子供たちは、はじめ言葉が出なかった。声が、こんなにはっきりと明瞭に部屋のなかで響く声が、機械から出ているなんて信じられなかった。チラエが不思議そうにたずねた。いま部屋のなかを歩いているのはだれなの？　メトは画面にぴったりと顔をよせ、ガラスのむこうにあるものを見きわめようとした。これは窓だと思ったのだ。しかし窓のむこうのできごとが、非現実的にすばやく転換するので、まもなくメトはテレビに飽きてきた。

ノルブがその間に食堂の調査旅行にのりだし、ここで発見する価値のあるさまざまな奇跡のいくつかを、まもなく発見した。たちまちノルブはスタンドに固定したカラオケマイクを見つけた。これはまさに子供全員の調査意欲を駆りたてるものだった。長くかかることもなく、入力ボタンが発見され、引っ越し疲れの休養はどこかに行ってしまった。マイクを入れたり切ったり、ありがたいことに伴奏の音楽なしで、子供たちはカラオケソングの練習に励んだ。

アマラがわたしたちを「耳のご馳走」から舌のご馳走を使って救ってくれた。梱包箱が中庭と屋内にきちんと納まると、アマラは、手伝いの人たちをふくめて、みんなを入居祝いの宴会に招待した。そのあとわたしたちは新しい宿舎での最初の夜のため、臨時の寝床をつくった。ギェンゼン、テンジン、メトが手伝って、がらんとした広間にマットをひろげた。

しかしチラエとタシは外で夕陽を浴びてすわりこみ、物語を語り合い、ノルブは家の裏で羊と犬と鶏を見つけた。ノルブは新しい「おもちゃ」に夢中になり、鶏と木のまわりで鬼ごっこをはじめた。しかし雄鶏はそれをちっともおもしろがらなかった。ノルブが駆けよると、雄鶏はばたばたと飛びあがり、両足を前につきだして、ずうずうしい腕白小僧につかみかかった。木陰にとびこんで難を避けたノルブは、雄鶏が追跡の雄たけびをあげると、あわてて家のなかに逃げかえり、おびえきった声で「アマ！」とさけんでノルドンの母親の背中に隠れた。

まもなくアマラは子供たちみんなから養母、教師、友だちとして受け入れられた。アマラは日曜日とひまな時間に話術、歌、チベット舞踊を教えた。ときどきアマラは友人や親戚を招き、子供たちに最新の歌やダンスを披露するようたのんだ。子供がおじけづくと、アマラはその子の手をとって言い聞かせた。「これはあなたにとって大事なことなのよ、自分はだれかということを、人に見せることは！　あなたは歌えるし、踊れるし、読めるし、書ける、そうしてほかの子供と同じように幸福でしょ。だれもあなたを閉じこめることはできません。あなたはこわがらない、あなたは誇りをもっている、そのことをみんなに見せてあげなさい！」

子供たちはすぐに、勇気と誇りをもつことを学んだ。一度チラエとギェンゼンがアマラとバルコルを歩いていたら、二人の牧人が聞こえよがしに「目が見えないうすのろ」の話をした。チラエが泣きだして、アマラになにか言ってくれとたのんだ。

「わたしにたのむことはないでしょ」アマラは言って、チラエの涙をぬぐってやった。

ギェンゼンはその意味を理解した。牧人のほうにふりむいて、通行人がなにごとかとふりかえるほど大きな声で言った。「ぼくたちのことをそんなふうに言うな！　ぼくたちは目が見えないけど、うすのろじゃない！　あんたたちは読み書きができるか？　学校に行ったことがあるか？　明かりがなくても夜中に便所に行けるか？」

チベットの新年、ロッサル祭は、一月末から三月初めのあいだに祝われる。正確な日にちはその年その地方によってちがい、祝祭儀礼も村や地域によって異なる。ラサではロッサル祭は旧チベット暦の最後の月の二十九日にはじまる。日没の直前にゴトゥパ、九種の具が入ったヌードルスープが家族に供される。この九種の具は平和、子宝、富、幸福を象徴している。陶器の鉢の一つを空になるまで食べ、他は街路に投げて、旧年の悪魔に供える。

暗くなるとラサはやかましくなる。みんな花火玉を持って外に駆けだし、荒々しく危険な合戦がはじまる。人々はせまい小路で押し合いへし合いして、耳のそばで爆竹が破裂し、煙と火薬の匂いが立ちこめる。この喧騒によって旧年の悪魔を追いはらうのだ。どこの小路も隣の小路に負けるものかと喧騒を競う。そうすれば悪魔はこちらに逃げこもうとは思わないだろうから。

悪魔だけでなくパウルとわたしもこの日は逃げだした。わたしたちはバナクショーの自室にひきこもった。引っ越して以来、ふたたびバナクショーがわたしたちの住処《すみか》になった。できればノルドン家の屋敷に住みたかったのだが、外国人には許されなかった。わたしたちが夜を過ごしている部屋は一〇平米、家具はベッドが一つ、机が一つ、洗面器が一つ。壁は薄くて、隣の会話が全部聞こえた。そのかわりバナクショーは学校から遠くないし、宿賃も安かった。

いまわたしたちはここにすわって、花火の音を聞きながら、来し方をふりかえった。この部屋でやはりわたしたちも、旧年の悪霊と決別する決心をした。わたしは担当団体の副会長に手紙を書いた。とりわけつぎのことを。

……このようなプロジェクトを立ち上げることは、九月以来わたしの最大の願いであり、その願いはいま実現しようとしています。わたしはそのためにわたしの全エネルギーとわたしの貯金の大部分をこのプロジェクトに投入し、多年にわたる計画を練ってきました。そして毎日、満足して学習意欲に燃える子供たちを見ると、あらためて幸せを感じます。……

しかし、たとえわたしがこの仕事から多くの喜びと勇気を得ているにせよ、このような国における仕事はきわめて厳しいものです。われわれはここで一日に少なくとも十四時間は働き、週末も休日もありません。このような労働条件は西ヨーロッパの国では受け入れられないでしょう。われわれがいま暮らしている国は、暖房のある部屋を知らず、医師の治療を（充分には）受けられず、官僚主義の障害はいかなる国に勝るとも劣りません。

そのためわたしは、わたしを支え、わたしに勇気をあたえてくれる人々を必要としています。これは、わたしが慰撫を必要としているという意味ではなく、誠実でフェアな批判、よき助言を記した一通の手紙が、あるいは連帯を示す二、三の個人的な言葉があれば、わたしは多くの苦悩からまぬがれたであろう、という意味です。……

理事会に垣間見えるわれわれの仕事への無関心にたいする失望を表明することを、わたしは長いあいだためらっていました。あなたがたが職業的にも私的にも多忙であることは存じております。しかしそれはよき共同作業にとって障害とはならないはずです。……なぜあなたがたは、ときにはわたしを援助し、資金を適時に振り込み、友好的な寄付者を正規に募る可能性をわれわれにあたえてほしいという、わたしの希望に応じてくださらなかったのか、わたしにはわかりません。わたしがなしうる唯一の解釈は、このようなプロジェクトの責任を担当することは、貴会にはあまりにも過大な要求であったということです。

しかしプロジェクト自体は良好にスタートし、……いまや六人の子供と、すでにこのプロジェクトを知っている多くの人々が、将来にたいする多大な勇気を獲得しているので、われわれはいまや共同作業を終了し、穏便に分離すべきであると、わたしは考えます。

新しい年はさしあたり金もなく、保証もなく、しっかりした屋根もなく、はじまった。わたししたちは責任担当機関とたもとを分かち、それによって連邦省による今後の助成も断念した。厳しい過渡期がひかえていることはわかっていた。しかしわたしたちは、この数か月、ことあるごとに失せてきたエネルギーが、しだいによみがえるのを感じた。わたしたちは自由で、自立しており、まだ克服すべき障害にもかかわらず、すべての計画を実行に移すだけの強さもある。

そしてアマラがすばらしい申し出をしてくれた。アマラはわたしたちに、屋敷を庭と厩舎つきで買う気はあるか、とたずねた。

「この家はわたしとわたしの子供たちには大きすぎるのよ、お金のほうは何年か時間をかけてゆっくり払ってくださればいいわ。わたしはわかってるの、あなたがたの盲学校はわが家の名誉になることを！」

29・子供自身が最善の啓蒙活動

アマラの申し出によって予期せぬ可能性が開かれた。契約がすべて片づくと、改築と修復の嵐が吹き荒れた。子供たちの寝室を整備し、厩舎を修復して教室につくりなおした。パウルが雇ったチベット人の職人たちが、必要な建築作業をパウルの厳しい指導下で行った。イシは新しいぴかぴかの台所をもらい、家に初めて下水が完備し、パウルは——最大の自慢の種——新しいトイレット棟を建てさせた。この小屋には二つのトイレがあり、一つはきれいにタイルを張ったチベット式、もう一つはヨーロッパ式の腰掛けトイレで、これはみんなの笑いものになった。しかしパウルがこの腰掛けトイレの長所を説明し、ここで一人静かにくつろいで新聞を読めるところをデモンストレーションしてからは、この個室に鍵をかけざるをえなくなった。そうしないと近所じゅうの人々が『チャイナ・デイリー』をもって押しかけてきただろう。

わたしたちは名家の庇護のもとにあったので、まもなく隣人たちは盲学校を受け入れた。一度めちゃくちゃに高い電気代を請求されたことがある。アマラが怒ってそれを隣人たちに見せると、かれらはみんなで電気局に苦情を申し立てに行った。はじめ役人は頑固で、こう言った。外国人はたっぷり金を持っているのだから、通常料金の十倍や二十倍はたやすく払えるだろう。隣人の一人が憤慨して反論した。この外国人は盲人のために尽くしている、そういう人を罰することはできないはずだ。それに盲人は電灯をまったく必要としない。それなのにふつうより高い料金になるのは、筋が通らないではないか。この論拠に役人は兜を脱いだ。

いまや盲学校は世間の評判になり、近くから見物しようと、つぎからつぎにラサの住民がやってきた。こっそり校門からのぞきこみ、盲目の子供たちが元気いっぱい、音がするボールで遊んだり、自動車みたいにぶんぶんうなって庭を駆けまわるのを見て、びっくりするのも話の種。たいていはノルドン、アニラ、イシのだれかが見物人に、教室も見てみませんかと声をかけた。そこにはタイプライターがあり、それを使って子供たちが文字を書き、指で本を読んでいる。見学者はこの奇跡に感嘆して、贈り物を持ってまたやってくることもよくあった。米や麦粉の袋を持ってくる人もいるし、かなり多くの人々が小額ながらお金を寄付してくれた。何人かがノルドンに、盲目の従兄弟や盲目の父親を教育してくれないかとたのんだ。それにたいしてノルドンはこう説明した。われわれはまもなく成人のための職業訓練もはじめるつもりだが、当面は学校を拡充して、もっと多くの子供を受け入れることにしている。

ある朝こんな電話を受けた。ある裕福な家族がバルコルにいた盲目のストリートチャイルドを引きとった。この十二歳の少年は半年前から街頭で寝起きしていた。その里親がわたしたちに、この子を学校に受け入れてもらえるかどうか問い合わせてきたのだ。

ノルドンとわたしはすぐさま出かけていった。わたしたちはパッサンという名の少年と、里親の家の庭で会った。ノルドンが子供の横にすわって、たずねた。「知ってる、わたしはだれか?」

少年は両手で顔をおおい、長いあいだ一言も発しなかった。ひょっとしたら言語障害があるのかしら? しかし突然言葉がほとばしりでた。「もちろん知ってるよ、あんたがだれか! あんたは外国人の学校の先生だよ。その学校にいま子供が六人いることも知ってる。そうだろ?」

「どうしてそれを知ってるの?」

「みんなが話してくれたから」

その家の息子が笑いながら庭に出てきて、こちらにむかってさけんだ。「ええ、みんなでそのことを話しましたよ。でもパッサンは学校に行きたくない、それよりバルコルのほうがいいと言いましてね!」

「パッサンはいつもわたしに聞くんですよ、また物乞いに出てもいいかって」母親が同調した。

「わたしは心配なんだけど、この子はラサの町のことをよく知っているんです」

「どうやって町のなかで場所の見当をつけるの?」ノルドンがおどろいてたずねた。

「車のこないところを歩くんだよ。バルコルとラモチェ寺のあたりがいいね。道路を渡りたいときは、だれかに聞くんだ」

「冬のあいだどこで寝てたの?」

「たいていは市場の屋台の下だよ」

「それじゃ凍死するかもしれないじゃないの」ノルドンは言った。

「そんなことないよ。いつも防水シートにくるまってたけど、なんともなかったよ。ときどき服が濡れて凍るけどね。でも眠ってしまえば、なんにも感じないよ」このすべてをパッサンはまったく平静に、明るい笑顔で話した。

この家の使用人も、階段にすわっていた少年の横に腰を下ろして会話に加わった。「わたしはしばしばパッサンを観察していました。警官に追いかけられたこともありましたよ。でも警官はパッサンを捕まえられなかった。この子はとてもすばしっこくて、さっと隠れてしまったな」

パッサンが照れ笑いをした。「あのときはリンゴを盗んだんだ。店のおやじがリンゴをとりかえそうとするんで、頭に石をぶつけてやった」

でもほかの連中はそれほどパッサンに親切じゃなかったと、この家の息子が弁護するように言った。

母親が話した。とくにストリートチルドレンはいつもパッサンが物乞いで稼いだ金を盗もうとした。ある日の午後、あんまりしつこくパッサンが、バルコルに物乞いに出たいとせがむので、しかたなく行かせたことがある。四時間たってパッサンは戸口にもどってきた。ポケットに十二元入れて。そこで里親は、ちょっと誇らしげに、言い添えた。二元でパッサンは果物を買い、それを炊事のおばさんに贈り、残りのお金はあるレストランの主人にあげた。その人は冬に何度か温かい食べ物を恵んでくれたから。

「アマラやパーラに会いたくない?」

「パーラ?」パッサンは床に唾を吐き、「サンドレェ!」と言いすてた。「くそったれめ」というふうな意味だ。そして身の上話をはじめた。ある日、父親はパッサンをつれてラサに大旅行をした。パッサンはとても喜んだ。チベット自治区東部の故郷の町から遠い首府まで行ったものはほとんどいなかった。しかしラサに着くと、父親が自分をつれてきたわけが突然わかった。父親は目の見えるストリートチャイルドをさがして、パッサンのかわりに家にひきとるつもりだったのだ。バルコルで父親は一人の幼い少女を見つけた。父親はその子の手をとって、自分の息子をホームレスの群にほうりこんだ。パッサンがさからうと、父親は平手打ちを食らわし、これからは自分のめんどうは自分で見ろと言った。

ノルドンが慎重にたずねた。「それでアマラは？　アマラには会いたくないの？」

パッサンはしばらく考えこんだ。そりゃ、アマラには会いたいけど、あれもやっぱりサンドレェだ。それに、ラサならとにかく食べていけるから。

ノルドンが言った。「あなたがうちの学校にきたら、アニラがいるわ、その人があなたのお母さんになってくれるわよ。あなたの服を洗濯して、体を洗ってくれて、歯磨きも手伝ってくれるわ」

パッサンはぷっと吹きだした。「いやだね、そんなの恥ずかしいじゃないか！　言っとくけどね、井戸と石鹸があれば、ぼくは自分でちゃんとやるよ」

「あなたはそもそも学校に行きたいの？」ノルドンはたずねた。

「わからない」パッサンは口ごもった。「まだ学校に行ったことがないから、たぶんバルコルのほうがいいのかなあ」

「学校では中国語も習うのよ」

「もう話せるもん」パッサンは自信たっぷりに言い、ノルドンと流暢に中国語で対話をはじめた。ノルドンが興奮してきた。「それじゃ、算数もできる？」

「さあ、わからない……」

でもノルドンは食い下がった。「五たす五はいくつ？」

「わからないよ。だって学校に全然行ってないんだから！」パッサンはいらいらしてきた。

「もちろんきみは算数ができるよ！」この家の息子がうしろからさけんだ。「きみはいつも物乞いで稼いだ金を数えてるじゃないか」

ノルドンはべつの手を使った。「わたしはあなたに五元あげる、それから炊事のおばさんもあなたに五元あげる。そうしたらあなたは全部で何元持ってる？」

パッサンがいきいきしてきた。「もちろん十元、あたりまえじゃないか！」

そこでわたしが、ただの冗談のつもりで言った。「じゃあ、だれかがあなたに九元あげて、べつの人が四十四元あげる。あなたはいくら持ってる？」

「そりゃ五十三元だよ」ピストルの早撃ちみたいに反応した。「でもそんなにもらったことは一度もなかったなあ！」

わたしたちは二人とも圧倒された。ノルドンが言った。「もしあなたがうちの学校にきたら、あなたは中国語と算数で一番になるわ、そうしてほかの子供たちを助けてあげられるわよ」

パッサンは満面を輝かせた。「ほんとう？　ぼくが一番になって、ほかの子供を助けるって？」

パッサンはなかなか信じようとしなかった。自分がなにか特別にいいことをできるなんて、めったに聞いたことがなかったのだろう。たいていは自分が助けてもらう暮らしをしてきたのだから。

帰り道でノルドンが言った。「学校としてはなんの問題もないけれど、ほかの子供たちはあの子をどう受け入れるかしら?」

数日後、パッサンは学校にやってきた。持ち物は少なく、いま着ている服と、里親から贈ってもらった小型のカセットテープレコーダーだけだった。はじめ他の子供たちはパッサンに不信の念をいだき、見下すような態度をとった。とくにメトが、この自負心の強い粗削りな少年をきらった。パッサンは腕力に訴えても我《が》を通すことも稀ではなかった。これまでは、いつでもどこでも決定権をにぎっていたのはメトだった。パッサンがメトにカセットレコーダーを貸すのを拒んだとき、メトは腹立ちまぎれに「わたしは乞食とつきあいたくない!」とさけんだこともある。メトはほかの男の子をパッサンにけしかけ、ギェンゼンにパッサンと殴り合いの喧嘩をさせたりした。しかし他の子供たちはむしろ距離をおいて、手のとどかない遠くからパッサンをののしるほうをえらんだ。

ある日パッサンはがまんできなくなった。パンケーキをいくつか学校の厨房からくすねて逃げだした。パッサンが出ていったのに気づいたのは、またしてもテンジンだった。テンジンはわたしたちを呼び集め、みんなで脱走兵の捜索に出かけた。

学校からほど遠からぬところで涙にくれているパッサンを見つけた。石の上にすわり、指でパンをくちゃくちゃにこねていた。テンジンはその手をとって、やさしく言った。「帰ろう、ぼくたちといるほうが、道で寝るよりずっとましだから」

そのときからパッサンはテンジンの庇護下に入り、メトもこれ以上パッサンに意地悪はしなくなった。テンジンからパッサンはチベット語の点字を習った。それをマスターすると、わたしはパッサンにローマ字の点字アルファベットを教え、ノルドンは、教則本でみずから習得した、中国語の点字システムを教えた。二か月もかからずにパッサンは一年分の課程に追いつき、クラスの一番を競うまでになった。

ある日、一人の若い男が戸口に立って、仕事をもとめた。シガツェで学校の話を聞いて、訪ねてきたという。すでに多くの志望者がやってきたが、これまでは財政的理由から、いつもことわらざるをえなかった。この男は、金はいらない、寝場所と食事だけでよいという。わたしたちは試験的に採用することにしたが、これがたいへんな掘り出し物だったことがすぐにわかった。アニラやノルドンと同じく、シガツェからきた男は豊かな創造力と意欲をもって仕事にあたった。点字を習得し、わたしから、目隠しして、オリエンテーションテクニックの訓練も受けた。多くの隣人が、この報酬をもとめずに働く無私の男をあやしんで、あいつは密偵で、ここでなにか政治的なことをたくらんでいるかどうか、さぐっているのだと推測した。

しかしパウルは言った。「彼がほんとうに密偵なら、非常に意欲的で才能豊かな密偵だよ。そういう人物を送りこんできたことに、こちらは感謝してもいいぐらいだ」そして笑いながら言い足した。「われわれがまったく無害だってことを、これ以上うまく証明できるものがあるかい?」

子供たちは新入りの職員をジョジョと呼んだ。ジョジョは子供たちから寮父に選ばれ、さらには体育教師と余暇の世話人の任も引き受けた。ジョジョは子供たちに体操を指導し、サッカーで遊び、ピクニックにつれていった。ポタラ宮の裏の池でボートを漕いだこともある。帰ってきた子供たちはいつまでも興奮がさめず、はしゃぎまわって口々にボートの冒険を語り合った。とくにギェンゼンの熱狂ぶりは激しく、校庭を思いっきりはねまわり、ついにはものすごい喚声を上げた。「いったいどうしたの？」わたしはテンジンにたずねた。

“I don’t know.”テンジンはさけび、くっくっと笑った。“I’m sooo happy!”

新しい校舎は中心部にあったので、ジョジョは子供たちとしばしば町に出かけ、盲人用の杖を使って見当をつける訓練をした。とくにギェンゼンとテンジンは、自分がみごとに方位を確認できるところを、ラサの住民にデモンストレーションするのを好んだ。バルコルの雑踏をたくみにすりぬけていくので、しばしばジョジョは追いかけるのに苦労した。この屋外トレーニングは子供たちだけでなく、通行人にとってもためになるものだった。しばしば通行人は好奇心にかられて子供たちに話しかけた。どんな質問にもテンジンとギェンゼンは、進んで誇らしげに答えた。そしてわたしたちは、なににもまして子供たち自身が、最善の広報と啓蒙活動だということを覚った。

こうしてジディギも学校のことを耳にした。ジディギはラサに住む六歳の女の子で、いささか懐疑的な顔つきの祖母に手をひかれてやってきた。「わたしはこの学校のことを聞きました」ジディギはおしゃまに言った。「いつからはじめていいですか？」

ジディギは一人っ子で、二人の心配性《しょう》の女性、母親と祖母に蝶よ花よと育てられたお姫さまだった。ジディギがすぐ気づいたのは、学校では自由にのびのびと動けることだった。たとえなんでも望みがかなうわけではなくても。一度ジディギは階段から落ちて、鼻が腫れあがったことがある。

点字の学習に集中するジディギ

盲人杖でラサの町なかを歩くギェンゼン（左）とユドン

激戦直後のボクサーみたいになったジディギは、みんなから「でか鼻」と呼ばれた。ジディギはそれがすごくおもしろくて、その晩、挑発的に鼻を祖母の眼前につきだした。しかし祖母はそれほどおもしろがらず、孫娘に学校へ行くのを禁止した。ほかの目の見えない子供たちと遊ぶのは危険すぎるし、うちには階段なんかないからね。ジディギは抗議した。それでもだめと知ると、家族と別れて暮らしている父親に自分で電話して、学校につれもどしてもらった。

ある朝ジディギが厨房のイシのもとにあらわれ、こう言った。「わたし昨日とてもお腹が痛くなったの」

「で、それがわたしとなんの関係があるの?」イシは用心深く言った。

「おばあちゃんが言ってたわ、あなたはちゃんと果物を洗わなかったって」

イシは腹を立てた。「こら、ジディギ！　あんた、なんてことを言うの！」ジディギはしばらくそこにいて、いたずらっぽい笑みを浮かべて、かんしゃく玉を楽しんだ。それからイシの手をとって、言った。「そう言ったのはわたしじゃないもん、そう言ったのはおばあちゃんだもん！」

盲学校の噂ははるかラツェまでとどいた。ラツェはラサから約六〇〇キロはなれたフレンドシップ・ハイウェー沿いの小都市だ。一人の老人がそこから長い苦しい旅をして、学校に訪ねてきた。老人にはかつて六人の子供がいたが、二人は死に、三人は生まれながらの盲目だった。妻は心臓病で入院しており、目の見える娘が一人で家族を支えなければならない。「わたしはもう、つぎの冬は子供らを養っていけそうもない。そこでお願いだが、目の見えないのを受け入れてくださらんか」

喜んでそうしたかったが、それには知事の許可が必要で、それが下りるまでにときには六か月も待たなければならなかった。老人が冬がくる前に許可をとれるかどうか疑わしかった。

四日あとに電話があった。このあいだの老人だった。またラサにきたが、もう一度お寄りしてもよろしいか。老人は三人の盲目の子供をつれてやってきた。二人の男の子は双子で、ドリエとヤンパ、十三歳、キラは一歳下の妹。「しかし」パウルが啞然として言った。「許可証はどこにあるんです?」父親は笑って、すべて仕上がってスタンプを押した書類を、勝ち誇るようにパウルの鼻先にさしだした。

ジディギや三人の盲目のきょうだいと同じような道をたどって、ほかの子供たちもここにやってきた。七歳のセナムは、チラエのように根っからの歌好きだったが、あまりにもけたたましく調子っぱずれなので、歌いだすたびにメトからきつく口を封じられた。十一歳の少女ユドンは眼科医に手をひかれてやってきた。眼科医はこんなにたくさんの盲人をいちどきに目にして、いくらおどろいてもおどろき足りないようすだった。幼いウギェンは七歳の男の子で、祖父といっしょに街頭で寝起きしていた。ニュドゥプは弱々しく、おどおどした少年で、エヴェレストの麓の僻村からやってきた。タシと同じく長年にわたって外界から遮蔽《しゃへい》され、小屋のなかで暮らしていた。ここにきたとき、すこしは口をきいたけれど、非常におびえていた。庭で一人ぽっちで遊んでいるニュドゥプが、「ああ、ああ、どうすればいいんだろう」とつぶやくのを聞いたこともある。しかしニュドゥプは子供たちからやさしく受け入れられ、まもなく萎縮した小犬から陽気な人間に変わった。

30・ラサも故郷になっていた

一九九九年夏の長い雨期の直前に、パウルとわたしは盲学校の管理責任を、初めてかなり長期にわたって全面的にチベット人職員の手にゆだねた。わたしたちは半年ほどヨーロッパで募金ツアーをするつもりだった。

「でもぼくたちはどうすればいいの、大きい人がみんな行ってしまったら?」チラエが、私たちの計画を聞いてたずねた。

アマラが笑った。「それならわたしらみんなで見せてやろうじゃないの、わたしらもちょっとは大きくなったことを」

お別れのパーティーが開かれることになり、盲学校の協力者と友人がこれに招待された。子供たちが言いだして、男の子はこの日を祝って剃髪した。イシとドルマが理髪師を引き受け、大わらわで剃刀《かみそり》を研いでは髪を剃りまくり、男の子はみんなくりくり頭の小さな僧侶になった。パッサンが手で頭をなでて、笑いながら言った。これからはほかの床屋に行かなくてもいいな。ジディギがくすくす笑った。「おぉ、おぉ、これでおばあちゃんも喜ぶわ!」

イシがにやっと笑って応じた。「おばあちゃんに言ってやりな、けっしてシラミにたかられることはないから安心しなって」

「クリッセ・ミッセ」のときのように厨房はフル回転した。サラダを調理し、クッキーを焼き、肉と野菜を練り粉の薄皮でつつむ。テンジンとパッサンがパーティー会場のお膳立てを手伝った。アマラが、今日は本格的なダンスもやると告知したので、そのための場所をつくる必要があった。

「わたしたち、泣くのはよそうね」とアマラはテンジンに言った。テンジンは一日じゅうふさぎこんで校内をうろついていた。「わたしたちが今日嬉しいのは、お二人がまだここにいるから、明日嬉しいのは、お二人がまた帰ってくるから」

　日が暮れるとパーティーがはじまった。すべての友人、隣人、職員、生徒が会場につめかけ、大会食がはじまる前に、ノルドンがきれいな英語で短いスピーチをして、わたしたちの旅の幸運を祈ってくれた。"We will miss you, but never, never worry. All children are good and hard work! Take care and come back soon!"

　パーティーはまもなくたけなわになった。食べて、歌って、チャンがどんどんグラスに注がれた。そんなときセナムがこんこんテーブルをたたいてさけんだ。「みんなちょっと聞いて！」静かになった。女の子のユドンとキラがくすくす笑ったのは、つぎにくるものを予測したからだろう。六歳のセナムは威風堂々と広間のまんなかに歩みでて、告知した。「有名な偉大なるセナム・ワンドゥがお別れに一曲歌います！」セナムが深く息を吸ったとき、メトがとびあがって災害をふせごうとしたけれど、ほかの子供たちがメトを引きもどして、ささやいた。「今日はだれが歌ってもいいんだ、セナムだって！」セナムは出演をはたし、大喝采を受けた。

「今度はチラエ」ノルドンがさけび、みんな声をそろえて呼んだ。「チラエ、チラエ！」

チラエは気持ちよさそうだった。位置を占めると、数秒間、期待の沈黙を楽しんだ。みんなチラエの歌が好きだった。鼠の足音も聞こえるほど静かになった。アマラの指示で、チラエは大げさにおじぎをした。ところがチラエは前にテーブルがあるのを「見すごした」。突然ゴツンという音と「オジ・アァ！」という悲鳴が聞こえ、おじぎはテーブル面で唐突に終わった。聴衆は大爆笑。アニラ一人が同情して、すぐさま湿《しめ》した布を持ってきた。おでこを冷やし、すべてが平静にもどると、チラエは歌いだした。これまでのどの歌よりもすばらしかった。

やがてダンスになった。まず四人の少女が登場して、歌いながら踊った。圧巻はヤンドゥラという少女のみごとな踊りだった。体のあらゆる部分が独自のダンスを踊った。まず足のダンス、つぎにお腹のダンス、最後は首と頭のダンス。ほかの子供たちは熱狂した。立ち上がり、いっしょに歌い、即興で新しいダンスを踊る。手のダンス、歯と耳のダンス。みんな歌いまくり、入り乱れて踊るので、グラスがカチカチぶつかり、チャンのしずくがとんだ。

ノルドンもダンスを披露した。観衆はしいんと静まり、わたしはノルドンの絹のブラウスのきぬずれの音しか聞こえなかった。ノルドンはゆっくりと、静かに、静かに踊った。会場の人々はみんな、目が見えるものも見えないものも、ノルドンの優雅な踊りに魅了され、感嘆のあまり身をこわばらせ、息をとめて踊り場のまわりにすわっていた。

突然、背後から声が聞こえた。はじめはかすかに、しだいにはっきりと。イシだった。もっともそれを知ったのはあとのことで、その声は聞き慣れぬ、独特なもので、べつの時代から聞こえてくるようだった。イシは古いチベットの唱法で歌った。その響きは寂寥《せきりよう》とした、はてしない荒野、灰色の岩山、赤茶けた丘陵、黄色い砂丘を思わせた。イシは山を歌い、沈む太陽を歌い、わたしは胸をしめつけられるような気分になった。わたしは知っていたから。これもチベットのものなのだ。埃っぽい乾燥、悲嘆、荒涼。

しかしそこでアマラの声が会場を圧した。「ミスタ・パウル！ いらっしゃい、ディスコよ！」わたしたちはこの前に帰国したとき、即席のディスコを、電気が通じるかぎり、開くつもりで、小さなラジカセを持ってきた。そしていま西洋リズムのダンスがはじまった。もっとも、その音楽に気をとめているものがいるかどうか疑わしかったけれど。さけび、踏み鳴らし、歌い、音量いっぱいにしたスピーカーから響くにぶい「ブム、ブム」を尻目に、各自が各自の音楽で各自のダンスを踊っていたから。

夜中もずっと過ぎたころ、子供たちにおやすみなさいを言う前に、私たちはちょっとミーティングをした。そこでギェンゼンが明言した。「ぼくはずっと学校にいたい、家に帰りたくない」ほかの子供たちも同意し、ユドンが言った。「ここのほうがずっと楽しいもん、勉強できるし、ダンスもできるし。うちでは邪魔になるばっかりだもん」

わたしたちはうしろめたい気分になった。子供たちがそんなに学校を気に入ってくれたのは嬉しい。しかしどうなんだろう、かれらが帰郷する時期になっても、家に帰りたがらなかったら？ わたしたちの目的は、子供を家族から引きはなすことではない。子供たちは長くても一年から二年盲学校で勉強することになっており、まもなく最初の生徒が故郷の村の学校に統合される段階にきている。「きょうだいや友だちといっしょに学校に行けるようになったら、それこそとっても楽しくなると思わない？」

「たぶんね」ギェンゼンがあくび声で言った。でもどこか疑わしそうだった。「でも、あとでまたもどってきて、ジョジョみたいに寮父になるんだ」

「わたしも！」メトが特有の太い声で宣言した。「わたしは医者になる！」

ほかの子供たちが身をすくませた。女医のメトが大きくて痛そうな注射器をふりまわして、子供に歌をやめさせているところを、ありありと想像したのだろう。

「みんなはなにになりたい？」ノルドンが好奇心をおこしてまわりにたずねた。

「炊事婦さん！」子供の一人がさけび、「仕立屋」ともう一人が言った。

「たぶんダンサー」ジディギが言って、さっと立ち上がると、小鳥みたいに部屋のなかをひらひら舞った。

「ぼくはジープの運転手になる」テンジンが言った。「それから、たぶん先生にも」

「ぼくは」ノルブがさけんだ。「ぼくはジープになる！」

子供たちはいっせいに笑ったが、ギェンゼンはまじめ顔で言い聞かせた。「それはもっとよく考えたほうがいいぞ。運転手がきみをぬかるみや水たまりで走らせたらどうする。それに、きみはガソリンを飲まなきゃならない、あれはひどい味がするぞ！」

「故郷に帰るのが楽しみだ」パウルが言った。「うまい食べ物、温かいシャワー。でもむこうに行ったら、ここに帰りたくなるだろうな」わたしたちは夜のラサをバナクショーまで歩き、人影の絶えたバルコルの静寂を楽しんだ。ラサも故郷になっていた。穴だらけの道と古い家並み、寺院の入口の香の匂い、せまい小路や街角の悪臭、道路のゴミ、そのすべてとわたしたちは親密になり、その一部にさえなっていた。

早朝の子供と職員との別れが、はてしない涙、涙の連続悲劇になったのは、運転手のゼリンがなかなかこなかったからだ。子供たちはしょんぼりとトランクの上にすわりこみ、わたしは一人一人鼻をかんでやった。ノルドンも元気がないので、わたしはたずねた。不安なの、これから何か月かすべての責任を引き受けるのが？　いいえ、ただ、お二人が帰ってくるときに、新たな入国許可と労働許可がとれるかどうか心配で。そして、けなげに言い添えた。“Don't worry! If something happen, I run school.”

やっとゼリンがやってきて、みんなに手伝ってもらって、わたしたちの荷物を車に積みこんだ。もともとは二つのリュックサックだけのはずだった。ところが友人や職員が、これを親戚のおみやげに持っていってくれと、つぎつぎにやってきた。おまけにアマラは旅の食料をいっぱい詰めた篭を持ってくるし、ジョジョは梱包した箱を持ってきて、わたしたちにたのんだ。すみませんがこれをカトマンズの親戚にとどけてください。パウルが小声でうなった。「雨期が過ぎていてよかった。この荷物じゃ、われわれを支えられる板はないだろうな」

こうして本来の別れのときがきた。みんながこれほど悲しみにくれていなかったら、このシーンは抱腹絶倒ものだったかもしれない。わたしたちはランドクルーザーの横に立っていた。十四人の泣きじゃくり鼻をすする子供と、すっかり途方に暮れた数人の職員にかこまれて。ここでなにかセンセーショナルなものが見られるという噂にひかれて、まもなく群衆が集まってきた。タクシーやバスは通り抜けられず、運転手はけたたましくクラクションを鳴らす。結局、運転手も乗客も車から出てきて、野次馬にまじり、愁嘆場《しゅうたんば》に立ち会った。

いつのころかゼリンがエンジンをうならせ、二、三度力いっぱいクラクションを押した。パウルとわたしはチャンスをつかみ、鼻をすする人波をかきわけて、さっと車にとびこむと、すばやくゼリンはわたしたちを拉《らっ》し去った。

今回はたった二日で国境に着いた。ニェラムの手前の最後の峠越えを、わたしたちは短い散歩で祝った。ここは海抜約五〇〇〇メートルの高地、冷たい風が吹いていた。チベットはしばしば「雪国」とも呼ばれるが、ふつうはそれほど雪は積もらない。しかしこのあたりはすべて厚い雪におおわれていた。

峠のむこう側の景観は強烈だった。わたしたちは茶色と黄色の埃っぽい荒野からやってきた。そこは地球の一部というより月の光景を思わせる。しかしここはすべてが緑。樹木が生い繁り、山腹は花でおおわれていた。ここかしこで青い小川が鮮やかな緑をつらぬき、白く泡立つ滝が雲のたれこめる無限の深みに落ちている。いくつかの滝は山岳道路の頭越しに落ちているので、わたしたちはその下をくぐり抜けなければならなかった。わたしは車の窓を開け、首をつきだして、風景の変化を感じとろうとした。ぴゅうぴゅう吹きつける風も、歯のあいだでじゃりじゃりする乾いた埃も、やっとなくなった。だんだん空気に湿り気が出てきて、久しぶりに深く息を吸えるような感じがした。

二時間以上かかって蛇行する狭い道を下った。ダムに近づくにつれて、気候は暖かく南国的になってきた。それに加えて鼻をつく匂いが、下るにつれて強くなった。動物の匂い、腐敗した植物や沼地の匂い。いま初めてわたしは、チベット高原には土地の匂いがほとんどないことに気がついた。風景の印象にひたりながら、山から下りてダムの町に入るたびに、いきなり正気にもどらされる感じがする。この荒涼とした国境の町では、すべての美しい記憶がたちまち色あせ、早く親切なネパール人に接したい、早くヨーロッパに帰りたいという気持ちになってくる。

充分間に合うようにわたしたちは出国事務所に到着した。パスポートにスタンプが押され、ゼリンはほとんど国境まで車を走らせる許可ももらった。友誼橋の半キロ手前でわたしたちはゼリンと別れた。リュックサックを背負い、トランクと篭を肩にのせ、ジョジョからあずかった箱を手にさげて。

橋までくると、突然制服を着た国境役人が前に立ちはだかり、書類を見せろと言った。不安感がこみあげてきた。チベットで身についた感情。この国では公的な筋から大目に見られるか不信の目で見られるか、いつもさだかではない。国境役人はたっぷり時間をかけてパスポートを一枚々々めくった。しかしわたしたちもいまでは心得ていた。たとえ心臓はどきどきして、ポケットの手は汗ばんでいても、平静に、愛想よく、唇に笑みをたたえつづける術を。

"What is this?" 役人が厳しい声で質問し、ジョジョの箱を指さした。

パウルでさえこの瞬間には言葉を失った。じつは箱のなかになにがあるのか、わたしたちは知らなかった。ぎごちなくパウルは箱を地面に下ろし、ひどくもたもたと梱包を解きはじめた。わたしたちはなんとナイーヴだったんだろう、箱を調べもせずに国境に持ちこむなんて。もしも密輸品や禁止された記録類だったら？ そもそもあのジョジョは何者なのか？ ジョジョがこの箱をわたしたちにあずけたのは、わたしたちを困難におとしいれるためだったのか？ パウルが紐を解くのが長びくにつれて、わたしの確信は深まった。国境役人は事前にわたしたちが着くという情報を得ていたのだ。もうおしまいだ！ わたしたちはもうこの国に二度と入れないだろう。政治には関与しないように、つねに慎重に心がけていたのに。

どんなにパウルが意図的に仕事をぐずぐず長びかせても、いつかは箱を梱包している紐が解け、ガムテープがはぎとられる時点がくる。パウルが立ち上がった。運命を決する中身の公開は役人の手にまかせた。役人はすぐさまひざまずいて、蓋を引き開けた。

そして、なかにあったのは――マニ車、美しい絹の生地、一対の木彫りのバター茶の受け皿などの小間物。いずれもジョジョがカトマンズの親戚のために、わたしたちの出発前に急いでバルコルで買ってきたものだった。

エピローグ

ヨーロッパにかなり長く滞在したあと、わたしたちは二〇〇〇年の春にネパールに飛び、そこから陸路でラサに行くつもりだった。しかし約束の入国許可がまだ申請中で、一週間また一週間とわたしたちはカトマンズで過ごした。悪態をつき、いらいらして、不安をつのらせながら。二日ごとにノルドンから知らせがあった。許可が下りるまでもうすこしかかりそうだ、たぶん来週には、あるいは再来週には……。

過去にもしばしばやったように、わたしたちはカトマンズに滞在する自分たちを、せまいスタートボックスで待機する競馬の馬になぞらえた。スタートの合図をいまかいまかと待っている神経質な馬。疑念と推測がわたしたちを緊張で金縛りにした。なにが許可を遅らせているのか？　わたしたちはもう望まれていないのか？　わたしたちの知らないことが、舞台裏で進行しているのか？

そして、四週間の待機のあと、やっとスタートの合図が出た。わたしたちは書類を受けとり、三日後にはラサの空港に立ち、そこで顔を輝かせたノルドンから、朗報とともに迎えられた。チベットの盲人のためのリハビリテーションとトレーニングの施設を設立するという、これまでは辛抱強く待つしかなかった懸案に、いまや政府がはっきりと歓迎を表明している。

新しいパートナー、「チベット障害者連盟　Tibetan Disabled Persons Federation（TDPF）」と協力して、いまわたしたちはすべての計画を実行に移すことができる。子供たちに統合教育の準備をさせる学校とならんで、盲目の成人をさまざまな職業のために訓練するトレーニング施設も設立するつもりだ。そのさいわたしたちはチベットでもとめられている仕事、盲人の能力と可能性に相応した職業に集中する。

たとえば中国全土で盲人に確保されている職業、物理療法師や医療マッサージ師は、チベット高原でも緊急に必要とされている。チベットでは奇病が蔓延していて、その原因はこれまで究明されていない。この病気にかかると、関節が異常に大きくなり、年とともに奇形化する。マッサージと物理療法は、この病人が痛みなく動けるように、助けることができる。牧畜と農業もチベットでは盲人にふさわしい職業だろう。とくに僻地の高所で暮らしている牧畜民と農民は、しばしば眼病にかかり、完全に失明することも稀ではない。そういう人たちも、盲目に対応した技術と方法の助けがあれば、かつての職業に統合されるはずだ。

これらの計画を実現するため、パウルとわたしはあと三年ほどラサで過ごし、そのあとは盲人施設をノルドンその他のチベット人の協力者に全面的にゆだねるつもりだ。

プロジェクトはこの二年間で大いに進捗した——ヨーロッパからの支援のおかげもあって。ケルンのEP（Entwicklungshilfe Projekte　発展途上国援助プロジェクト）基金は一九九八年末に、暫定的に独自の口座をわたしたちのプロジェクトへの寄付金のために提供してくれた。それについては協力者の小グループ、なかでもEP基金の設立者シュテファン・ドレスバッハにたいへん感謝している。

アムステルダムではフランス・ヴァン・ベンネコムがやはり一九九八年末に「Doel voor Ogen（目のための／目の前の目標）」基金を設立した。この意欲的なグループはそれ以来わたしたちのオランダの後援者を管轄し、新たな支援者をつのっている。

一九九九年五月にボンのモーレンホーフェンに「社団法人・チベット盲人施設後援会」が設立され、寄付金の管理をEP基金から受けついだ。この団体はドイツでわたしたちの活動を力強く支え、ヨーロッパにおける活動のセンターとなっている。

パウルとわたしは世界じゅうの人々にわたしたちのプロジェクトを紹介した。わたしたちは国際会議のために北京とアメリカにおもむき、同様なプロジェクトの経験と友情によって、わたしたちを助け、励ましてくれる人々と出会った。ヨーロッパでも広く各地をめぐり、無数の講演やミーティングで子供たちとの仕事や将来の計画を話した。その合間をぬって友人や家族を訪ね、ボンの実家で人生を楽しんでいる。そこにはいまだにわたしの部屋が空けてある。

しかし熱いシャワー、セントラルヒーティング、うまい食べ物を享受しながらも、ラサではほんとうに万事順調なのだろうかという心配がつきまとう。でもノルドンが定期的に送ってくれる愛情あふれる感動的な手紙が、わたしたちを元気づけ、パニックが起こりそうになっても気を静めてくれる。わたしたちは知っている。子供たちが善き手にゆだねられていることを。

一九九九年十一月

親愛なるサブリエとパウル

お二人ともお元気ですか？　あなたがたにとてもお会いしたいです。すべて順調ですから、どうぞご心配なく。生徒たちはよく勉強して、職員もみんな仕事に励んでいます。

最近ノルブがちょっと調子を崩し、風邪をひきましたが、心配はありません。ドリエもちょっと風邪をひきました。このところとても寒いので。わたしたちはドリエを病院につれてゆき、いまは快方にむかっています。だからどうか心配しないでください。

わたしたちはとても元気です。でもニュドゥプが耳に感染症をおこし、ヤンパが風邪で高熱を出しました。寮母と寮父がとてもよくめんどうを見てくれて、毎日子供を病院につれてゆき、注射をしてもらっているので、ずいぶんよくなったようです。

メトが元気をなくして、医者はどこが悪いのかわかりません。でもいまはとても上機嫌で幸せそうです。すべて順調ですから、ご心配なく。

一九九九年十二月

学校の休暇が近づいたので、わたしは家族に連絡しておきました。子供たちの輸送方法については後日検討します。でも心配はいりません、すべて処理しますから。テンジンの母親が学校にきて、息子を早めに家につれて帰りたいと言いました。そこでわたしは二十元をテンジンにあたえました。ここを去るときテンジンは泣きに泣きました。他の生徒たちはけっして家に帰りたいと言いません。子供たちは勉強が好きですし、学校生活を楽しんでいます。

二〇〇〇年一月

最近の気候は乾燥していて、朝はとても寒いです。今年は冬がとても早くきました。生徒は全員送りだしました。出ていくときはとても寂しそうでした。ほんとうに可愛い子供たちです。すべてうまくいっています。わたしたちのことはご心配なく。

二〇〇〇年二月

新年が近づいたので、わたしたちもすこし忙しくなりました。新しい年のプロジェクトはますます良好に成功するだろうと思います。あなたとパウルにとてもお会いしたいです。わたしはベストをつくします。母があなた方にくれぐれもよろしく、お幸せにと言っています。

二〇〇〇年三月

昨日から授業をはじめました。生徒はみんな帰ってきました。とても幸せそうです。ドルマの紹介で、新入生が入りました。名前はギュミ、七歳の男の子です。

今日は学校がとても騒がしく、生徒たちはみんなしゃべったり歌ったりしています。新年のことや、家族や学校のことを話しているのです。「ぼくが一番先に学校に帰ってきた。わたしは二番目……」とか。とても可愛い子供たちです。もう勉強をはじめています。すべて順調に進んでいますから、生徒のことは心配いりません。

昨日は職員と生徒総動員で庭と教室の掃除をしました。おかげで校舎も校庭もとてもきれいになりました。生徒はよく学び、よく遊んでいます。子供たちがこんなことを言いました。とてもきれいに掃除をしたから、パウルとサブリエはすごく喜ぶだろうね、と。

子供たちはお二人に会いたがって、いつ帰ってくるのかと、しょっちゅうたずねます。

帳簿を同封したわたしの手紙はとどきましたか？

なにもかも順調ですから、わたしたちのことは心配しないでください。You are happy and I BIG happy.

訳者あとがき

ドイツにバンビ賞という、メディア主催の栄誉賞みたいなものがあります。まだ第二次大戦の戦禍の瓦礫が片づいていない頃に始まったもので、初めはファン投票による映画賞でしたが、いまではポップミュージックやスポーツを含む文化全般、さらに政治・社会の分野にまで肥大化しています。受賞者も国際化して、たとえば昨年（二〇〇〇年）の政治部門では、スロボダン・ミロシェヴィッチの独裁政権に抵抗しつづけたセルビアの新首相ゾラン・ジンジッチが受賞しています。このときチャリティ部門で受賞したのが本書の著者サブリエ・テンバーケンでした。

授賞式典は二〇〇〇年十二月八日、ベルリンのホテル・エストレルで華々しく挙行され、そのようすはＡＲＤ（まあＮＨＫ総合テレビのようなもの）で全国に実況放映されました。司会はＡＲＤの花形女性キャスター、ザビーネ・クリスティアンセン。その衣装はハンブルクのデザイナー、ベッティナ・シェーンバッハによるオートクチュール。体の線を強調した、赤みがかった玉虫色の絹のドレス。女優のマリア・フルトヴェングラーがチャリティ部門のバンビ賞（子鹿の小像）をサブリエ・テンバーケンに手渡しました。そのときのサブリエのスピーチがふるっています。

「この魅惑的な美しさは、まったくわたしの世界ではありません。それはわたしがいま生きている世界と、強烈なコントラストをなしています。来場のスターやゲストが今晩のために塗りたくった化粧品だけで、チベットで盲目の子供たちが読み書きを学んでいるわたしのプロジェクトを、一か月は食わせていけるでしょう。

他方では、このようなパブリシティはもちろんぜひとも必要です。それによってわたしの設立したラサの盲人施設にもっと注目と支援が寄せられることを、わたしは願っています。

バンビ賞の受賞でいただいた三万マルクは、ラサの施設の建物のために使います。わたしの願いは、わたしの世界になっている盲人施設に、今後とも財政支援が寄せられることです。もっと多くの子供たちが、職業に専念して、自立し自覚して生きる可能性を持てるように」

＊

この本（二〇〇〇年八月刊、原題は Mein Weg führt nach Tibet——Die blinden Kinder von Lhasa　わが道はチベットに通ず——ラサの盲目の子供たち）は、盲学校の女性教師ノルドンの二〇〇〇年三月の手紙で終わっています。読みおえると、その後サブリエとパウルのプロジェクトはどうなっているのか、だれしも知りたくなります。そこで「チベット盲人施設」（Blinden-Zentrum Tibet. Project for the Blind,Tibet）のホームページ（www.blinden-zentrum-tibet.de）にアクセスして、今年（二〇〇一年）三月二十九日現在のラサのようすを覗いてみました。

一年間のうちにチベット盲人施設プロジェクト計画は着々と進んでいるようです。本書に描かれた混沌と模索の時代はとっくに過ぎて、公式の教育・教習施設としての組織化、体系化もかなり進捗しています。長くなりますが、このホームページ情報からいくつか書き抜いて紹介します。

＊

チベット盲人施設プロジェクトの概要

「チベット盲人施設」は盲人のための教習施設として計画され、そこにおいて盲目の子供と成人に晴眼者の世界で生活する準備をさせる。当施設の目的は、
・盲目の子供に予備学校において特殊な技術と方法を教え、彼らが、盲人用特殊教材を用いて、晴眼者の学校に統合できるようにする。
・盲目の青少年（十六歳以上の未成年者。以下同じ）と成人は当施設において、晴眼者の世界でしかるべき職業を営む能力を付与する教育を受ける。

当施設において予備教育を受ける子供は五歳から十五歳までとする。生徒はチベット自治区の村や町から選抜される。故郷の村は概してラサから遠く離れているので、生徒は寄宿舎に収容される。教育はチベット語と中国語の点字の習得、および生徒の活動能力を改善し強化するため、盲人技術と生活実践技能の習得と訓練を包含する。半年間の予備教育段階を修了した子供は、特殊専門教育を受けた教師により、普通学校の初学年の教材に習熟するための教育を受ける。

しかるべき教材を用いて、子供は一年ないし二年後、故郷の村の学校に統合される。村における子供とその教師は、チベット盲人施設とのコンタクトを維持し、同施設より恒常的な援助を受ける。

子供のための予備学校と並んで、二〇〇〇年秋に盲目の青少年と成人のための教習コースが設けられた。教習生は点字とオリエンテーション技術、および医療、手工業、音楽、農業の分野での、

当人の適性に応じた職業資格を得るための授業を受ける。

さらにチベット盲人施設は、中国の全チベット語圏において盲人教育に当たる教師を養成する。

教師と外勤教職員の養成

盲学校の教師は、チベットの学校制度が規定する教師としての専門教育を受けていることを前提条件とする。教師はチベット語と中国語の文字と言葉に習熟し、英語の基本知識を有していなければならない。さらに教師は、三か国語の点字を習得し、盲人技術を学ぶ意欲と能力がなければならない。教師はチベット盲人施設において当面はテンバーケンより、後には外国または中国の専門教育を受けた講師により、職務のための予備教育を受ける。教師は施設内の学校で授業を行い、あるいは外勤に従事する。

職業教育

盲目・視覚障害の青少年と成人は、チベット盲人施設で活動能力訓練を修了する。さらに職業教育プログラムを受講し、それにより盲人は各人の適性に応じて以下の分野における職業上の技能を取得する。

- チベット医術と看護——マッサージ、脈診断、指圧（二〇〇〇年秋に開設）
- 音楽教習——歌唱、作曲、器楽（二〇〇一年三月に開設）
- 牧畜——ミルク、ヨーグルト、チーズの製作（二〇〇二年夏に開設予定）

・農業——野菜と穀物の栽培（二〇〇二年夏に開設予定）
・伝統手工業——毛糸編み衣類、絨毯、織物、陶器、篭細工の製作（二〇〇二年冬に開設予定）
・事務職——点字走査、言語シンセサイザーなど特殊装置付きのコンピュータ操作等

盲人と視覚障害者のための教材の製作

チベット盲人施設はチベット語点字による教科書を刊行する印刷所を設置した。ドイツの盲目の数学者エバーハルト・ハーンがそのためのコンピュータ・プログラムを開発した。書かれたチベット語はワイリー転写を用いてチベット語の点字に転換され、点字印刷機で印刷することができる。盲人用の特殊な補助手段、たとえば長杖、カード、点字タイプライター、玩具なども、この作業場で製作する予定である。

プロジェクトの教職員

・一人の寮父と一人の寮母が施設内で暮らし、子供の日常生活の世話をしている。この二人は授業以外の全時間にわたり子供に責任を負っている。
・一人の炊事婦が毎日子供と職員の食事を作っている。
・三人のチベット人の教師（女）がサブリエ・テンバーケンからチベット語点字を学んだ。この三人はすでに独自にチベット語、中国語、英語、算数の授業を行っている。
・一人の後に失明した英語教師（男）が、すでに教育済みの教師から点字を学んだ。

・一人の盲目のチベット人の有名歌手（男）が音楽部門のために雇い入れられた。
・二人の盲目のマッサージ師（男）が医療部門のために雇い入れられた。
・子供はスポーツと体操の授業も受けている。

プロジェクトの現状、二〇〇一年三月現在

・チベット盲人施設はラサ市内にある有名な旧家の元の屋敷で営まれている。訓練教習施設のために、この家は理想的な条件を備えている。母家はチベットスタイルで建てられ、子供と教習生の居室・寝室として使える広い部屋部屋がある。二〇〇〇年秋に地階を改築し、教室と職員室にした。前庭は新たな棟を建てるに充分な広さがあり、教室3、浴室付きのマッサージ訓練室1、印刷所1、トイレとシャワー室1、寝室1、職員と教習生の居室4を増築した。マッサージと物理療法の訓練を行う医療部門はいまのところ母家で営まれている。
・施設は市の中心部に近いので、活動訓練を町なかで行うことができる。そのため白杖を使って自分の世界を探知する盲人の姿は、まもなくラサの日常風景になるだろう。
・現在は十九人の子供、青少年、成人が盲人施設で学んでいる。授業は四つのグループに分かれている。

a．普通学校への編入を直前にした子供の授業段階（女の子3、男の子3）
b．あと一年ないし二年間盲人施設で学ぶ子供の授業段階（女の子2、男の子7）
c．マッサージと物理療法の職業教習（青少年〔女〕1、成人〔女〕1）

d. 歌唱、作曲、器楽の職業教習（男の子2、青少年〔男〕2）

•二〇〇〇年秋に盲目の青少年と成人のための職業教習コースが開設された。

•この教習コースのために選ばれる職業は、一方では盲人用の特殊な方法によって学べるもの、他方ではチベット社会の文化的需要に合致するものとする。盲人施設はさしあたり医療マッサージ師と物理療法師の職業に集中する。

•これまでチベットではマッサージ師や物理療法師が一人も営業していないので、マッサージ技術の教習と訓練は盲目のチベット人に多大な職業チャンスを与えるだろう。マッサージの教習は二人の盲目のマッサージ師の指導下で行われている。教習生は中国とチベットのマッサージ術を学んでいる。さらに指圧療法、チベット式の脈診断、西洋式の物理療法の教習も受けている。

•農業と牧畜の教習コースは二〇〇二年夏に開設を予定している。後に失明した成人の多くは高地の牧畜民と農民である。失明によって彼らの大部分は失業し、自立して生活費を稼ぐことができなくなっている。盲人用の特殊な方法と技術を新たに取得することにより、これら牧畜民と農民を元の職業に復帰させることを、盲人施設は計画している。ここでは馬とヤクの飼育、ヨーグルト、チーズ、ミルクの製作、大麦と野菜の栽培の訓練を目指している。

•盲学校生徒と教習生のための教材を製作するため、施設内に小さな作業場を建てた。そこで点字印刷機を使って教材を作ることができる。

＊

このホームページには、すでにおなじみの五人の子供たちの素描も載っています。本文とかなり重複しますが、ラサ盲学校第一期生の、あれから一年後のようすもうかがえるので、ここに全文を紹介します。

＊

テンジンは十二歳、ラサから約四〇キロ離れた小さな農村からきている。非常に利発で知的な少年だ。村落共同体内でいくつかの任務を有し、それによって良く統合されていた、チベットでは数少ない盲目の子供の一人だ。他の子供たちが学校で教科書をめくっているとき、テンジンは山で村のヤクと山羊を飼育するという、責任の重い任務を与えられていた。たいへん言語の才能に恵まれ、小学校の四学年の教材をやすやすと読みこなす。オリエンテーションの技能に優れ、いつも率先して他の子供たちや寮母のために掃除、洗濯、ベッドづくりを手伝っている。将来なにになりたいかと聞くと、初めは「うんと勉強して、将来はジープを運転したい」と答えていたけれど、近ごろは教師になりたいと言っている。テンジンは、今年中に普通の小学校に統合される、最初の四人の子供の一人になるはずだ。

メトは十五歳の女の子。八歳のときに砲弾の爆発によって重度の視覚障害になった。ラサの近郊からきているので、しばしば両親が学校に訪ねてくる。メトはクラスの最年長なので、みんなの姉がわり、あるいは先生の役目さえ引き受けることがよくある。朝早く他の子供たちを起こし、教室に整列させて、朝のお祈りを唱えさせる。メトは非常に勉強熱心な生徒で、将来は教師か医者になりたいと思っている。この少女も今年中に普通学校で統合教育を受けることになっている。

チラエは十歳の男の子。ラサから一三〇キロ離れたドリグン地区の村からきている。とても人懐っこくて、想像力にあふれる夢想家だ。しょっちゅう犬や山羊と日向ぼっこをしながら、動物たちに物語を語り聞かせている。チラエはすばらしく綺麗な声の持ち主で、ふさわしいときにもふさわしくないときにも、大いに楽しみながら故郷の地方の歌をうたっている。まもなく予備学校部門から音楽部門に移ることになっている。

ギェンゼンは十三歳の男の子、ラサから南東に約二〇〇キロ離れたロカ地区からきている。小学校の一学年を好成績で修了したが、九歳で重い眼の感染症に罹り、もよりの眼科医まで遠く離れているので、早期に治療を受けることができなかった。いまでは完全に失明している。しかしオリエンテーションの技能は抜群で、勉強でも優等生。乗馬と水泳が好きで、いつも比類なく明るい笑顔をたたえた陽気な少年だ。親友のテンジンとともに、ギェンゼンも今年中に普通学校に統合されるはずだ。

ノルブは十二歳の男の子、子供のなかで体が一番小さい。故郷の村はトンメン地方に属し、ラサから約七〇〇キロ離れている。ノルブは片目がまだすこし見える。エネルギーにあふれているので、ほとんどいつも動いている。たいていは自動車みたいにブーブーうなりながら庭を駆けまわっているか、級友の押す両輪付きの車軸に乗って階段を上がったり下がったりしている。将来なにになりたいかとの質問には、運転手になりたいけれど、それがだめなら自ら自動車になると言っている。

＊

なお、本書の終わりのほうに「チベット障害者連盟（ＴＤＰＦ）」というのが新しいパートナーとして出てきますが、これは中国障害者連合会の下部組織だそうです。会長はチンペル、副会長はワンチェン・ゲレクというチベット人で、サブリエたちのプロジェクトをさまざまなかたちで支援しています。どうやらこの組織が、気むずかしい中国当局との円滑な関係を維持する触媒になっているらしい。TDPFは二、三年後にチベットの盲人のリハビリテーションと教習の責任を引き継ぎ、盲人施設をサブリエとパウルの精神に沿ってさらに前進させることになっています。

＊

ここで、本書の著者サブリエ・テンバーケン（Sabriye Tenberken サブリエという母親が付けたファーストネームはトルコ語で、「刺のある果実」という意味だそうです。サブリエはあるインタビューで「これはわたしにぴったりだ」と言っています）という、創意と行動力にあふれた意志の強い女性の経歴を、本文との重複をいとわず記しておきます。この若い盲目の女性は、チベットに赴く前から、故国でもじつに旺盛に社会活動をしていたようです。

＊

サブリエは生まれたとき（一九七〇年）から強い視覚障害を負っていた。先天的な進行性の網膜退化がしだいに失明をもたらした。ボンのフリードリヒ・ヴィルヘルム大学で中央アジア学を専攻し、とくに「チベット」と「モンゴル」を重点的に勉学した。現代中国語の集中講座も受けている。副専攻として哲学と社会学を選んだ。それまで中央アジア学を専攻した視覚障害者はおらず、依拠すべき経験が皆無なので、独自の勉学法を開発し、チベット語の点字を発明した。

勉学のかたわら大学政策にアンガージュした。三学期にわたりボンの大学のＡＳｔＡ（学生自治会）で障害者学生を代表して代議員をつとめる。二か月のネパールとチベット滞在の後、一九九四年四月にボンの学生議会から一年任期でＡＳｔＡの副委員長に選出され、一九九五年一月に専攻学科の代表として大学評議会の評議員に選ばれた。一九九五年夏に評議会の機構委員会の一員となり、ボンの大学で中央・南東アジアにかかわる地域学の拠点の創設に取り組む。この拠点は、将来は南北の発展途上国研究のセンターとなることを目指した。この分野でサブリエは中央アジア学科の教授や若い研究者とともに、ヨーロッパで唯一の専門講座である「中央アジア地域学」の構想を練った。その講座では、学生は主としてモンゴル、チベット、あるいは中央アジア・トルコの現代社会誌と現代語を学び、現地に詳しい発展途上国援助員としての訓練を受ける。この講座は一九九五年冬に承認され、一九九六／九七年の冬学期に開講した。それに関連して、一九九七年夏、サブリエは単身で中国に赴き、北京からラサにいたる。その後の活動は本書の記述に詳しい。

＊

というわけで、サブリエがチベット盲人施設を立ち上げるについては、それ以前にかなり重厚な積み重ねがあったことがわかります。なおサブリエは二〇〇〇年三月に国際婦人クラブ（International Women's Club）からエリザベス・ノーガル賞（Elisabeth-Norgall-Preis）を贈られました。また本書を上梓する前に、別の出版社から『タシの新しい世界』という児童書を出しています。

つぎにサブリエの伴侶、パウル・クローネンベルク（Paul Kronenberg）についても触れておきます。パウルはサブリエより二歳年上で、一九六八年生まれのオランダ人技師。大学で技術・経済分野の四つの専攻科目を修了しました。すなわちメカニカル・エンジニアリング、コンピュータ・サイエンス、コマーシャル・テクノロジー、コミュニケーション・システム・サイエンス。学生時代からさまざまな発展途上国援助プロジェクトで働き、アフリカ、東ヨーロッパ、中国の各地を歩いていています。サブリエと出会ったチベットでは、本文にもあるように、スイス赤十字に雇われてシガッェで災害救助ステーションの設計者と建築主任をつとめました。豊富な経験と卓越した技術・経済の知識を有するパウルは、施設の建物の改築、新築、備品の修繕、コンピュータ操作と職員へのその技術伝授、点字印刷所の建設、さらには帳簿係、広報係と、チベット盲人施設にはなくてはならない存在です。

＊

チベット盲人施設は世界から寄せられる寄付金で賄われています。支援の仕方は前記のホームページに詳しいので、関心のある方はアクセスしてみてください。英、独、仏、蘭のいずれかの言語で読めます。写真も豊富で、その後のプロジェクトのようすが具体的にわかります。

おわりに、本書を刊行するにあたり、ご専門の方々に多大なアドバイスをいただきました。上野哲司（東京都立久我山盲学校教頭）古賀才子（「ぞうさんの部屋」主宰）濱井良文（毎日新聞「点字毎日」記者）牧田克輔（日盲連情報部長）松浦正史（毎日新聞「点字毎日」編集長）皆川春雄（全国盲学校長会会長・東京都立文京盲学校校長）米谷忠男（東京都立久我山盲学校校長）各氏に厚く御礼申し上げます。

二〇〇一年八月　　平井吉夫

サブリエ・テンバーケン(Sabriye Tenberken)

1970年生。ドイツ・ボン出身。出生時より強い視覚障害を負い、先天的な進行性の網膜退化のため12歳で完全失明。両親は、サブリエを目の見える子供と同じように扱い、急流でカヌーを漕がせ、スキーを教えた。人々が、盲目であることを無能や愚鈍ととりちがえるのにしばしば立腹。ボンのフリードリヒ・ヴィルヘルム大学で中央アジア学を専攻し、「チベット」と「モンゴル」を重点的に学ぶ。とりわけチベット語の点字を発明したことで、チベットに盲学校を創ろうと決意。多くの試練ののちにラサでその夢を実現させた。本書はその辛苦と歓びの記録。この世界を彩り豊かに捉えようとする、そのみずみずしい感性と社会参加の意識は多方面からの称賛を得た。本書はドイツ国内でベストセラー入りし、数か国語に翻訳され、映画化の予定もあるという。ある雑誌は、「彼女にはサンテクジュペリの星の王子さまと似たところが多い。〝心で見るとよく見える〟という言葉は、サブリエ・テンバーケンのために書かれたかのようだ」と評した。

平井吉夫（ひらいよしお）

1939年生。翻訳家。訳書に、V・デディエル『クレムリンの敗北』、P・ファンデンベルク『神託』、H・ベンマン『石と笛』（河出書房）、J・M・ジンメル『白い殺意の異邦人』、同『ひばりの歌はこの春かぎり』（中央公論）、J・ペチュル『コマンド・フセインの復讐』、B・ジュルツァー『ハルツ紀行作戦』（新潮文庫）、W・テーリヒェン『あるベルリン・フィル楽員の警告』（音楽之友）など多数。著書に『スターリン・ジョーク』、『任侠史伝』（河出書房）など。

わが道《みち》はチベットに通《つう》ず

初刷二〇〇一年十月十五日

著者　サブリエ・テンバーケン

訳者　平井 吉夫

発行人　山平 松生

発行所　株式会社 風雲舎

〒162-0805 東京都新宿区矢来町122 矢来第二ビル

電話 〇三—三二六九—一五一五（代）

注文専用 〇一二〇—三六六—五一五

FAX 〇三—三二六九—一六〇六

振替 〇〇一六〇—一—七二七七六

URL http://www.fuun-sha.co.jp/

E-mail info@fuun-sha.co.jp

電子組版・印刷 株式会社 堀内印刷所

製本 株式会社 難波製本

落丁・乱丁本はお取り替えいたします。（検印廃止）

ISBN4-938939-24-X

〈風雲舎の本〉

花の贈りもの

●フィンドホーンのフラワーエッセンス

花の強烈な生命力を用いると、人間や動物は、その肉体、精神、霊力などのバランスを実にみごとに回復させることができます。フラワーエッセンス第一人者の名著！

フィンドホーン財団 マリオン・リー 著
羽成行央 訳

（四六版並製 カラー一三六p 定価一八九〇円）

気功的人間になりませんか

●ガン専門医が見た理想的なライフスタイル

ある人は逝き、ある人は帰還する。ガン医師の目に映じたもっとも理想的な生活、それが「気功的人間」の暮らしだ。この本を読むとほっとして元気が出ます！

帯津三敬病院院長 帯津良一

（四六版上製 定価一六八〇円）

宇宙方程式の研究

●小林正観の不思議な世界

こういう不思議な人がいるのです！人相手相が読めて、人の生死に通じ、超能力に富み、脳波がいつもシータ波で、あの世もこの世も見えている——、それが小林正観の不思議な世界です。

（B六版並製 定価一五〇〇円）